Mon frère, le Pape

Titre original : *Mein Bruder, der Papst. Aufgezeichnet von Michael Hesemann*

www.herbig.net
Cet ouvrage a été proposé à l'éditeur français par l'agence EDITIO DIALOG,
Michael Wenzel, Lille

18, rue Barbès, 92128 Montrouge Cedex
ISBN : 978-2-227-48344-6

Georg Ratzinger

Mon frère, le Pape

Propos recueillis par Michael Hesemann

Traduit de l'allemand par Nicole Casanova
et Olivier Mannoni

bayard

« Depuis le début de ma vie, mon frère a été pour moi non seulement un compagnon, mais aussi un guide fidèle. Clair, déterminé, il a toujours été pour moi un point d'orientation. Il m'a constamment montré quel chemin je devais prendre, même dans des situations difficiles. Mon frère a laissé entendre que nous sommes aujourd'hui arrivés à la dernière étape du chemin de notre vie — la vieillesse. Il nous reste de moins en moins de temps à vivre. Mais aujourd'hui encore, mon frère m'aide, avec son sérieux, son humilité et son courage, à supporter chaque fardeau. »

Pape Benoît XVI
21 août 2008[1]

---

1. À l'occasion de la remise de la dignité de citoyen d'honneur de la ville de Castel Gandolfo à son frère, le prélat Georg Ratzinger.

INTRODUCTION

PAR MICHAEL HESEMANN

L'idée de ce livre est née en un lieu extrêmement inhabituel, l'église de pèlerinage d'Absam, non loin d'Innsbruck, dans le Tyrol. On y vénère une image de Marie aussi singulière que, par exemple, la Vierge noire de Częstochowa en Pologne, la « Consolatrice des affligés » à Kevelaer en Rhénanie ou toute autre image miraculeuse de la Mère de Dieu dans l'un des nombreux lieux de pèlerinage de la vieille Europe. Elle est la seule du vieux monde, comparable à la Tilma de Guadalupe, au Mexique, que l'on croit n'être « pas faite de main humaine ». Sa naissance est en tout cas une énigme à laquelle la science n'a pas encore apporté d'explication à ce jour. Le 17 janvier 1797, la jeune paysanne Rosina Bucher vaquait à ses travaux manuels, près d'une fenêtre, au rez-de-chaussée de la maison paternelle, dans la lumière du soleil couchant. À cet instant, confia-t-elle plus tard, au procès-verbal, une jeune femme la regarda par la vitre, et son visage ne s'en effaça jamais plus. Il était désormais littéralement pyrogravé dans le verre, comme un dessin grossier, la tête légèrement inclinée de côté, la bouche fermée, un voile noué autour de la tête. Son regard grave, qui exprime la tristesse autant que l'espoir, touche chacun jusqu'au fond du cœur. On dirait qu'elle veut regarder encore une fois notre monde par la fenêtre de la céleste demeure paternelle.

1797 fut une année difficile pour l'Église. Le vent froid, parfois glacial, des Lumières avait balayé depuis longtemps le dernier village montagnard du Tyrol, les troupes de Napoléon imposaient les valeurs de la Révolution française, si nécessaire par la force des armes. Elles allaient même s'attaquer à Rome et au pape. L'image miraculeuse d'Absam suscita d'abord scepticisme et refus. On crut à une peinture sur verre, et la vitre fut à maintes reprises minutieusement nettoyée à la brosse ; à chaque fois, l'image de Marie disparaissait pour apparaître de nouveau, une fois la vitre sèche, dans toute son ancienne splendeur. Des essais pour la meuler ou l'effacer durablement avec de l'acide échouèrent pitoyablement. Une fois les enquêtes terminées, les services épiscopaux finirent par céder et autorisèrent le transfert de l'image sur la vitre dans l'église Saint-Michel d'Absam. C'est là qu'aujourd'hui encore, enchâssée dans un splendide reliquaire en or, elle est vénérée par de nombreux pèlerins.

Les marques de reconnaissance des pèlerins — le plus souvent des tablettes d'ex-voto — remplissent tout un entrepôt et témoignent de l'efficacité avec laquelle la Vierge d'Absam a écouté les prières. On aimait bien aussi se marier à Absam. Des couples venus de tout le Tyrol venaient sceller leur lien conjugal en présence de la Mère de Dieu si miraculeusement apparue. Ce fut le cas pour un couple de Mühlbach, près d'Oberaudorf en Bavière, qui se maria le 13 juillet 1885 à Absam : Maria Tauber-Peintner (1855-1930) et le boulanger Isidor Rieger (1860-1912). « La fiancée est bien instruite dans la religion », nota le curé dans le compte rendu de l'examen de mariage de la jeune fille ; c'était plutôt inhabituel pour une simple servante. Trente-cinq ans plus tard, leur fille Maria devait à son tour se présenter devant l'autel. Cette fois la Mère de Dieu avait en quelque sorte arrangé personnellement le mariage. La jeune Maria avait fait la connaissance de son mari par une annonce matrimoniale dans le *Altöttinger Liebfrauenboten*, le journal local d'Altötting, le sanctuaire marial et le lieu de pèlerinage le plus important de toute la Bavière. Voici le texte de l'annonce :

« Fonctionnaire, célibataire, catholique, âgé de 43 ans, passé irréprochable, originaire de la campagne, cherche à se marier promptement avec une bonne jeune fille, catholique, propre, qui sache bien cuisiner et s'entende à tous les travaux ménagers, soit aussi habile en couture et possède un mobilier. »

C'était la deuxième tentative du gendarme Joseph Ratzinger pour trouver enfin une épouse ; la première, parue en mars 1920, demeura apparemment sans succès. Maria

Peintner[1] répondit à la deuxième annonce, en juillet 1920. Ce fut probablement un coup de foudre. Le couple se maria quatre mois plus tard, le 9 novembre 1920, à Pleiskirchen, près d'Altötting. Treize mois après, le 7 décembre 1921, le premier enfant vint au monde, c'était une fille et elle fut naturellement baptisée Maria. Le premier fils, né le 15 janvier 1924 lui aussi à Pleiskirchen, allait être prénommé Georg. Son frère cadet, qui vit la lumière du jour le 18 avril 1927 à Marktl, près d'Altötting, fut prénommé Joseph comme son père. Cent vingt ans exactement après les noces de ses grands-parents à Absam, le 19 avril 2005, les cardinaux de l'Église catholique élurent ce même Joseph Ratzinger deux cent soixante-cinquième successeur de l'apôtre Pierre. Il porterait désormais le nom de Benoît XVI.

Le pape bavarois venait de fêter le cinquième anniversaire de son pontificat, et se rendait à Turin en pèlerinage auprès du Saint Suaire de Jésus, quand je mis à profit mon retour en Allemagne pour faire un crochet par Absam. J'espérais, là où tout avait commencé, sonder le mystère du premier Alle-

1. Extrait des actes de mariage de l'année 1920 : « L'administration municipale de Rimsting atteste ici à Maria Peintner, cuisinière, en vue de son mariage projeté, qu'elle est née le 8 janvier 1884, fille légitime des boulangers Isidor et Maria Rieger, née Peintner, et qu'elle est domiciliée dans la communauté soussignée. Elle n'a pas d'enfants. Rieger Maria porte le nom de Peintner, car l'acte de reconnaissance paternelle n'a pas été fourni à ce jour et l'occupation par les Italiens ne permet pas d'aller chercher les documents nécessaires au Tyrol. Commune de Rimsting, le 3 octobre 1920 — Le Maire. »

mand élu sur le trône de Pierre depuis Adrien VI (1522-1523[1]). Depuis qu'en 2005, dès son élection, j'avais avec Yuliya Tkachova composé le portrait biographique *Benedetto !* pour les visiteurs des Journées Mondiales de la Jeunesse à Cologne, sa vie me fascinait, et je me demandais si l'on pouvait déceler une sorte de prédestination. Ainsi grandit, avec les années, le désir de m'entretenir un jour en détail avec son familier le plus proche et le plus cher depuis l'école maternelle : son frère Georg.

Georg Ratzinger, aujourd'hui âgé de 87 ans, vit à Ratisbonne (en allemand : Regensburg), véritable légende vivante dans la ville épiscopale. C'est lui finalement qui, *Domkapellmeister* (directeur musical) de la cathédrale et chef de chœur des *Ratisbonner Domspatzen* mondialement connus (« les Moineaux de la cathédrale de Ratisbonne »), valut à ce chœur d'enfants ses plus grands succès. Avant l'année 2005 marquée par le destin, il arrivait que le cardinal Joseph Ratzinger se présente comme « le petit frère du célèbre chef de chœur ». Depuis le conclave, le prélat Dr Georg Ratzinger, dont le pape Jean-Paul II fit déjà un « protonotaire apostolique », est devenu, malgré ses propres mérites impressionnants, « le frère du Pape ».

1. Adrien VI était originaire d'Utrecht, qui faisait alors partie du Saint Empire romain germanique. Le dernier pape originaire du territoire de l'actuelle République fédérale fut Victor II (1055-1057), ancien évêque d'Eichstätt, de la lignée du comte de Dollnstein-Hirschberg.

En décembre 1910, Roswitha Biersack, la directrice de la section bavaroise de l'association de soutien au Pape « Deutschland pro papa[1] », me présenta à Ratisbonne à l'ancien directeur musical de la cathédrale, alors en retraite et âgé de quatre-vingts ans. Pendant la conversation, il apparut qu'il n'était pas hostile à l'idée d'une assez longue interview d'où pourrait naître un petit livre ; mais il voulait d'abord se débarrasser d'une opération du genou imminente. Une fois l'intervention passée, et qu'il eut achevé sa rééducation, il nous reçut le 8 mai 1911 pour la première des séances, qui durèrent de deux à cinq heures, dans sa maison de la Luzengasse à Ratisbonne. « Je suis maintenant votre Peter Seewald » : ainsi commençai-je l'entretien en faisant allusion à l'interview de son frère réalisée par le journaliste munichois, et d'où était né le merveilleux volume *Lumière du monde*[2]. Je n'aurais pu souhaiter meilleur moment. Dans les églises, en ce troisième dimanche du temps de Pâques, on rappelait la première prédication de Pierre pour la Pentecôte à Jérusalem. Une semaine auparavant, j'avais pu assister, avec un million et demi de personnes, à la béatification par Benoît XVI de son « bienheureux prédécesseur » Jean-Paul II. La veille, le 7 mai, « Deutschland pro papa » m'avait invité à parler lors d'une

1. Pour en savoir plus sur l'activité de l'association : http://www.d-pro-papa.de/

2. Traduit de l'allemand par Nicole Casanova et Olivier Mannoni, Paris, Bayard, 2010. (*N.d.T.*)

manifestation sur l'Odeonplatz de Munich. L'Allemagne catholique se préparait dans la fièvre à la visite du Pape en septembre, et les frères Ratzinger s'apprêtaient à fêter ensemble leur jubilé sacerdotal de diamant. Le 29 juin 1951, il y a soixante ans, le pape actuel et son frère s'étaient irrévocablement mis au service du Seigneur en prononçant solennellement leur « *Adsum* » (« Je suis là »). Il me semble que ce jubilé commun est le plus beau motif pour une rétrospective de deux vies bénies de prêtre.

Un mot encore sur la forme de ce livre. Comme il s'agit ici des souvenirs de Mgr Georg Ratzinger, j'ai renoncé pour des raisons de lisibilité à un schéma rigide en questions-réponses. Les propos de *Herr Domkapellmeister,* « Monsieur le Directeur musical de la cathédrale », comme on l'appelle de préférence à Ratisbonne[1], ont tout au plus été revus sur des questions de style et complétés pour des détails ; ils sont imprimés en caractères romains, mes réflexions, questions, digressions et compléments en *italiques.*

La première intention de ce livre est bien entendu d'apporter une source d'information importante sur la vie de notre pape allemand. Le témoignage de son frère complète particulièrement ses souvenirs personnels, qu'il publia en 1997-1998

1. Le titre protocolairement correct depuis qu'il a été nommé protonotaire apostolique par le pape Jean-Paul II en 1994, est naturellement « *Hochwürdigster Herr Prälat* », ou en italien « *Monsignore* » ! [en français : Monseigneur (*N.d.T.*)]

alors qu'il était encore cardinal, sous le titre *Aus mein Leben* (« De ma vie »). Ils s'arrêtaient assez tôt, après son départ pour Rome en 1982. La carrière impressionnante du directeur musical de la cathédrale Georg Ratzinger joue en revanche dans le présent livre un rôle plutôt secondaire ; elle a déjà été décrite dans la biographie, minutieuse et agréable à lire, d'Anton Zuber, *Der Bruder des Papstes. Georg Ratzinger und die Regensburger Domspatzen* (« Le frère du Pape. Georg Ratzinger et les Moineaux de la cathédrale de Ratisbonne », Fribourg, 2007).

Mais au-delà, je voudrais revenir à ma question d'origine : derrière cette exceptionnelle « carrière allemande », du fils de gendarme au chef de 1,3 milliard de catholiques, y a-t-il plus que le simple hasard ? Il est sûr que Joseph Ratzinger n'a jamais brigué la dignité pontificale, que cette très grande mission lui est littéralement tombée entre les mains, comme bien des choses dans sa vie. Lui-même a fait inscrire sur son blason les mots « *operatores veritatis* », « collaborateur de la vérité », en référence à la 3e épître de Jean (verset 8). Mais plus j'en apprenais sur sa vie, plus je me rappelais clairement la devise de la jeune école de mission « Emmanuel » (ESM) d'Altötting, où je pus participer à un séminaire en janvier 2011 : *Give all — get more !* Joseph Ratzinger a lui aussi toujours tout donné dans sa vie, pour recevoir d'autant plus du Seigneur en retour, mais sans que ce fût son but. Ce livre voudrait ainsi apporter aux jeunes hommes tentés par l'idée de s'engager sur le chemin du sacerdoce, en dépit de tous les obstacles intérieurs et extérieurs, le courage de suivre leur vocation. C'est un chemin riche en grâce qui, à ceux qui n'attendent rien et donnent tout, rend davantage encore.

J'ai aussi été particulièrement impressionné par l'évocation que fait Georg Ratzinger des premières années marquantes de notre pape. Il se dessine l'image d'une famille qu'une foi profonde et vécue rendit assez forte pour résister à toutes les tempêtes de l'époque, même à celles du régime nazi impie. À nous qui vivons en un temps où de plus en plus de mariages échouent et de familles sont déchirées, cette famille peut servir de modèle. Aux États-Unis, j'ai souvent entendu ce proverbe qui contient tant de vérité : *A family that prays together stays together* — « Une famille qui prie ensemble reste ensemble » ! Seule la force de la foi, réconciliatrice, dispensatrice de force, permet de maîtriser les crises du quotidien familial et de transmettre aux enfants la sécurité et les valeurs qui leur ouvrent la porte d'un bel avenir.

Puisse ce livre contribuer à ce qu'un plus grand nombre de familles découvrent la force et la joie de la foi chrétienne et célèbrent la prière commune et les fêtes de l'Église avec leurs enfants. La famille est l'avenir de l'Église. Ou bien, pour le dire avec les mots du Pape qui devinrent la devise de sa visite en Allemagne en septembre 2011 : « Là où est Dieu, là est l'avenir. »

Toute sa vie est une justification de cette phrase.

Michael Hesemann
Rome, le 29 juin 2011.

I

Les racines

Nous étions trois enfants, tous nés près d'Altötting, le célèbre lieu de pèlerinage marial, mais pas dans le même village. Ma sœur Maria (*née le 7 décembre 1921*) et moi (*né le 15 janvier 1924*), nous sommes venus au monde à Pleiskirchen ; mon frère Joseph, le Saint-Père (*né le 16 avril 1927)*, à Marktl-sur-l'Inn. Notre père était gendarme de son métier, et la règle voulait qu'il soit souvent muté. Mais nous sommes allés plusieurs fois, avec toute la famille, en pèlerinage à Altötting. Le sanctuaire, cette merveilleuse petite église, a une longue et importante histoire qui remonte au temps des Carolingiens. Ce n'est cependant pas ce caractère historique qui nous poussait à nous rendre en pèlerinage : nous y allions parce que nous savions que c'était un lieu de très profonde spiritualité. Notre père appartenait à la congrégation des Marianistes, une fraternité masculine dont le siège se trouve à Altötting et qui s'est entièrement consacrée au culte de la Sainte Vierge. C'était un motif suffisant pour qu'il y revienne régulièrement, et nous avec. Cette atmosphère empreinte de spiritualité que favorisait l'éveil constant de la prière nous fascinait alors déjà profondément, mon frère et moi. Être élevés si près d'Altötting a joué un rôle important dans notre vie et dans la formation de nos valeurs. Nous pouvions toujours confier à la Mère de Dieu nos soucis et nos détresses, si petits fussent-ils encore dans notre enfance. Nous nous sentions toujours sous sa protection.

On ne parlait jamais du temps qui avait précédé le mariage de nos parents. J'ignorais ainsi que mes grands-parents s'étaient mariés dans un autre sanctuaire marial, à Absam. Mais il est beau de savoir que manifestement la bénédiction de la Vierge reposait aussi sur leur mariage.

La famille de ma mère était originaire du Tyrol. Ses parents étaient boulangers. Son père, un Souabe bavarois nommé Isidor Rieger, est né à Welden (*le 22 mars 1860*) ; on dit que c'est un très joli village. Ses grands-parents avaient possédé près de Brixen, dans le Sud-Tyrol (*qui était encore autrichien à l'époque*), un moulin qui fut ensuite emporté lors d'une crue de la Rienz. Après quoi toute la famille partit s'installer en Bavière. Jusqu'à la fin de sa vie, ma grand-mère eut la nostalgie de son pays natal. Quand elle tomba malade et se sentit glisser peu à peu vers la mort, elle répéta souvent : « Si j'avais seulement un peu d'eau de chez moi, je guérirais. » L'eau du Tyrol, elle en était persuadée, était très différente de l'eau

Maria Peintner, la mère de Joseph et Georg Ratzinger, dans ses jeunes années.

bavaroise. Elle croyait aussi que sa petite cabane pleine de foin tyrolien était plus nourrissante pour le bétail que toute une charrette de foin bavarois. C'était vraiment une grande patriote tyrolienne[1].

Ma mère, Maria Ratzinger, née Peintner, vint au monde le 8 janvier 1884 à Mühlbach près d'Oberaudorf (dans le canton de Rosenheim), à l'extrême sud-est de la Bavière, et c'est là aussi qu'elle fut baptisée. Elle se rendit à l'école à Rimsting, sur le lac de Chiemsee. Ses parents, je l'ai dit, étaient boulangers, les enfants devaient alors livrer le pain avant d'aller à l'école. Les clients voulaient qu'on leur dépose à domicile les petits pains frais et le pain du petit déjeuner. Elle fréquenta l'école pendant sept ans, puis occupa différents emplois comme servante. Son premier patron était un *Konzertmeister*[2] de Salzbourg. Il s'appelait Zinke, il était tchèque et s'exerçait toujours avec ardeur. C'est ainsi qu'elle découvrit la musique. Mais hélas le *Konzertmeister* était très mal payé, il devait donner sans arrêt des concerts supplémentaires pour pouvoir survivre et le salaire de ma mère ne valait guère mieux. Plus tard, elle travailla à Kufstein dans une boulangerie. Puis trouva une place à Hessen chez un

1. Cela explique peut-être qu'elle ait absolument voulu se marier à Absam, dans le Tyrol, même si elle vivait depuis longtemps, à cette date, dans le village bavarois de Mühldorf.

2. Premier violon solo d'un orchestre, chef de pupitre des premiers violons (*N.d.T.)*.

certain général Zech qui habitait à Hanau. Et pour finir elle partit pour Munich, où l'hôtel Neuwittelsbach cherchait une cuisinière pour les entremets, ce qu'elle aimait particulièrement préparer. Elle avait donc déjà un certain vécu quand elle rencontra mon père. La chaleur et la cordialité de ma mère compensèrent dans notre enfance la sévérité de notre père. Elle était toujours joyeuse, aimable avec tout le monde et avait l'habitude de chanter des cantiques à Marie en lavant la vaisselle. Mais c'était d'abord une femme très pratique et compétente qui savait se débrouiller dans toutes les circonstances, une personne aux multiples talents. Elle taillait des vêtements, fabriquait son savon et savait aussi préparer un repas savoureux avec les ingrédients les plus simples. Elle s'entendait particulièrement à confectionner de délicieux entremets qui aujourd'hui encore font partie de nos plats préférés, mon frère et moi. Ses nouilles bavaroises à la vapeur, sur une croûte épaisse, étaient un délice. Elle les servait avec une sauce à la vanille. Nous aimions aussi ses *apfelstrudel*[1]. Dans un véritable *apfelstrudel*, les bonnes ménagères le savent, la pâte est si mince qu'elle est presque transparente. Suffisamment large, les coins étirés, on la fourre avec des lamelles de pommes, des raisins secs et toutes autres sortes de bonnes choses. Un *apfelstrudel* avec une pâte aussi fine, c'est une merveille. Il faut aussi parler des crêpes qu'elle servait toujours avec des *ribisl*, comme elle

1. Sorte de gâteau aux pommes. (*N.d.T.*)

appelait les groseilles — un vieux nom tyrolien que presque personne ne pouvait comprendre en Bavière. Et pour finir je ne dois pas oublier son *Kaiserschmarrn*[1], tout bonnement excellent.

Nous vivions assez simplement. Élevés de façon très économe, car la solde d'un simple gendarme n'autorisait pas de grands excès. Notre père gardait serrés les cordons de la bourse. Mais nos parents tenaient toujours à ce que nous donnions une impression convenable. Le travail de notre mère soulageait beaucoup le budget familial. Nous avions un jardin où elle faisait pousser des légumes. Pendant les mois d'été, nous n'avions pas besoin d'en acheter, elle semait et récoltait elle-même salades, chou-rave et carottes. Jardiner était toute sa passion. Elle plantait aussi quelques jolies fleurs, qui lui procuraient tant de joie.

Notre mère tricotait toujours avec zèle. C'est elle qui confectionnait les bonnets, pull-overs, écharpes et gants que nous portions en hiver. Elle n'avait donc à acheter que la laine, ce qui allégeait d'autant les dépenses du foyer. En ce temps-là, il n'était pas habituel, à la campagne, d'acheter des vêtements de laine tricotés. Nous avions en tout cas à choisir entre les moufles, qui dégageaient juste le pouce, et les gants à doigts. Notre mère, c'était notre grande chance pour mon père et pour nous.

1. Dessert bavarois à base de crêpes. (*N.d.T.*)

La grande famille Ratzinger lors du quatre-vingtième anniversaire de la grand-mère paternelle, Katharina Ratzinger, à la ferme Ratzinger à Rickering. À gauche en bas, Georg (7), à droite en bas Joseph (4) ; debout en robe blanche, Maria (9) ; à droite en haut, debout, les parents Joseph et Maria Ratzinger. À gauche en haut l'oncle Anton ; devant, assis, le prêtre Alois Ratzinger.

J'ai pu connaître mes deux grands-mères de leur vivant. La mère de ma mère, Maria Rieger-Peintner, qui vivait à Rimsting, n'est morte qu'en 1930. Je lui ai quelquefois rendu visite avec ma mère. C'était une femme assez rude, capable de dire son fait à tout le monde, comme on me l'a raconté.

De ma grand-mère paternelle (*Katharina Ratzinger, née Schmid, 1851-1937*) je n'ai gardé que le souvenir d'une très vieille femme, avec un foulard noir sur la tête. Je ne l'ai vue qu'une fois, pour son quatre-vingtième anniversaire (*en 1931*). Il y eut alors une grande fête avec tous les parents, en amont du Danube, à Altenmark, je crois. Il y a même une photo, que le chercheur en histoire régionale et ancien conseiller ministériel Johann Nussbaum a publiée dans son livre sur les racines de notre famille[1]. L'original est en la possession de cousins, la famille Anton Messerer, à Rickering, près de Schwanenkirchen, la ville de naissance de mon père. Leur grand-père était un frère de mon père.

L'oncle de mon père, mon grand-oncle, était lui aussi originaire de Rickering. Le Dr Georg Ratzinger, qui était prêtre et politicien, devint député au Reichstag. Notre père a souvent parlé de lui et de son œuvre principale, *Geschichte der kirchlichen Armenpflege* (« Histoire de la charité de l'Église »), sa thèse de doctorat. Il l'avait rédigée sur les conseils du célèbre historien de l'Église Ignaz von Döllinger. Il y montrait comment la charité florissante du Moyen Âge avait pris fin avec la Réforme. Mais il a encore écrit d'autres livres, par exemple *Die Volkswirtschaft in ihren sittlichen Grundlagen* (« L'économie nationale dans ses fondements moraux »), où il évoquait la possibilité de lier théorie économique et éthique

1. Nussbaum, Johann, *Die Spuren des Papstes und seiner Familie in Rimsting*, Rimsting, 2006.

chrétienne ; la question sociale était au cœur de l'ouvrage. Il s'est en outre fait connaître comme un adversaire déclaré du travail des enfants. Un historien de Trèves, le Dr Karl Heinz Gorges, lui consacre une monographie ; et il faut naturellement nommer ici le Dr Tobias Appl, de Ratisbonne, un autre historien, titulaire d'un doctorat d'histoire régionale. Il a tenu une conférence sur la vie et l'œuvre de mon grand-oncle lors d'un congrès organisé en 2008 ici à Ratisbonne.

Membre du Parti des patriotes bavarois, de 1875 à 1877, le Dr Georg Ratzinger (1844-1899) a été député à la chambre bavaroise puis de 1877 à 1878, au Reichstag. De 1893 à 1899 il a de nouveau été élu au parlement bavarois, d'abord comme membre de la Ligue paysanne bavaroise, puis, à partir de 1894, comme non-inscrit. En tant que tel, il fut de nouveau membre du Reichstag de 1898 à sa mort, l'année suivante.

Ratzinger passait pour un excellent écrivain, avec un penchant pour la polémique. Au sommet du « Kulturkampf » mené par Bismarck contre l'Allemagne catholique, ses écrits furent confisqués, et lui-même placé en détention préventive. Il fut un temps rédacteur en chef du Fränkisches Volksblatt *à Wurtzbourg. Il compte parmi les principaux pionniers du journalisme ecclésiastique naissant. En tant qu'élève conservateur de Döllinger, il était considéré comme suspect non seulement par l'État, mais aussi par les milieux catholiques qui lui étaient fidèles, ce qui l'empêcha de faire une carrière universitaire d'historien de l'Église. Cela a suffi à le faire entrer en politique. Lui-même se désignait comme un « ennemi du Reich » et un « social-clérical ». Il refusait la volonté de la Prusse de devenir une grande puissance militaire. Il considérait que le militarisme pesait principalement sur les épaules des ouvriers et des paysans qui payaient des impôts et servait la volonté de monopole du grand capital. Il comprit dès 1895, avec une grande clairvoyance, que les tendances militaristes allaient aboutir à une guerre mondiale. Il pensait que la seule manière de déjouer ce destin serait de réorganiser l'État selon les principes de la doctrine sociale de l'Église.*

De son vivant déjà, la carrière de Georg Ratzinger fut accompagnée de diverses tentatives de calomnie. Aujourd'hui, son œuvre, sans aucun doute considérable, de réformateur social est assombrie par l'accusation d'avoir été l'auteur de deux écrits antisémites, publiés sous les noms de « Dr Robert Waldhausen » et « Dr Gottfried Wolf ».

Mon père nous en a parlé, mais nous n'avons jamais rien appris de plus précis. Nous savions simplement, et nous nous en réjouissions, que parmi nos ancêtres il y avait eu une personnalité qui avait joué un certain rôle et avait eu une certaine importance. Son modèle n'a toutefois eu aucune influence sur nous. Dans la famille, nous n'avons jamais lu ses ouvrages et nous ignorions ses écrits sur les Juifs, qu'il n'aurait même pas publiés sous son nom.

Si l'on en croit l'arbre généalogique accroché au musée de la Maison du Pape à Marktl-sur-l'Inn, les Ratzinger étaient une vieille famille paysanne. On peut suivre leur arbre généalogique sans interruption au moins jusqu'en l'année 1600, quand un Georg Ratzinger, paysan à Ratzing dans l'évêché de Passau, fut mentionné pour la première fois dans les registres paroissiaux. En fait, leurs racines plongent bien plus loin encore. Comme l'a démontré l'historien Herbert Wurster lors du congrès consacré au Dr Georg Ratzinger, la famille remonte à un Razi qui vivait à Sandbach, dans l'évêché de Passau, à la fin du X*e siècle. Comme l'indique la note concernant les années 947-970, il était au service de l'église de Passau et il a peut-être même fondé le hameau de Ratzing, situé à un kilomètre de Sandbach. C'était sans doute de lui que descendait un officier seigneurial nommé Dietricus de Rezinge, qui apparaît vers 1173-1200 dans les dossiers du cloître de Vornbach. Le tribunal municipal de l'actuel centre-ville de Passau fut confié en 1258 à un certain Hainrich Ratzinger ; c'était donc un serviteur de haut rang, manifestement compétent, des princes-évêques de Passau. La famille était alors visiblement fortunée ; en tout cas en 1318 un Otto Ratzinger est mentionné comme bourgeois et propriétaire au centre-ville de Passau. L'un de ces deux Ratzinger pourrait avoir été, selon Wurster, le fondateur du second Ratzing, dans l'actuelle commune de Freinberg, dans la région de l'Innviertel (aujourd'hui Haute-Autriche), où il acquit apparemment une terre et une ferme. Le domaine de « Recing », plus tard « Räzinger am untern Freinberg », est en tout cas mentionné pour la première fois en 1304 dans un document du chapitre de la cathédrale. Ainsi se forma sur le domaine Ratzinger cette lignée* *paysanne autrefois bourgeoise, dont on peut suivre la trace sans interruption après 1600. Depuis 1802, la propriété de Rickering, où naquit le grand-père de Benoît XVI, est en possession de la famille.*

Mon père était lui aussi originaire de Rickering, un hameau sur la paroisse de Schwanenkirchen. L'aîné des enfants de la famille fut une fille, prénommée Anna, née avant le mariage. Puis notre père, Joseph Ratzinger, le deuxième enfant, vint au monde. Il ne s'est en réalité jamais senti bien là-bas dans sa jeunesse ; en tant que fils aîné il dut travailler très tôt à la terre. C'était un travail dur et difficile. Puis il a fréquenté l'école primaire. Là, enseignait un *Kooperator* — c'est ainsi qu'on appelait les chapelains à l'époque — qui répondait au nom de Rosenberger ; il a joué un rôle important dans la vie de Joseph, notre père, et l'a profondément impressionné et marqué. Il dispensait un enseignement religieux très intense et de grande valeur, que notre père appréciait sans doute déjà beaucoup. Il avait en outre un professeur, M. Weber, qui accueillit les enfants très tôt dans le chœur de l'église. Il accompagnait de sept à huit messes avec eux, et notre père était du lot. Il a toujours aimé nous raconter, plus tard, qu'il avait chanté, jeune garçon, dans le chœur de l'église de Schwanenkirchen sous la direction de M. Weber. La musique religieuse l'a donc très vite enthousiasmé et a, semble-t-il, joué un rôle important dans la vie spirituelle de cette paroisse.

C'est à cette époque que s'est approfondi l'amour de notre père pour la musique. Un jour, il s'acheta une cithare et suivit quelques leçons, mais il fut principalement un autodidacte. Il possédait en tout cas un carton rempli de cahiers de musique toujours posé en haut de l'armoire de la cuisine, tout près de son instrument. Le soir, il allait souvent chercher la cithare et jouait et chantait pour nous. L'ambiance était toujours particulière, quand nous nous rassemblions autour de lui et qu'il jouait d'abord un air militaire plein d'entrain, puis une quelconque chanson de l'époque. Plus personne aujourd'hui ne comprendrait sans doute ces chansons, elles étaient un peu larmoyantes et sentimentales, mais elles nous émouvaient profondément. En tout cas, c'était toujours de très beaux moments, ceux où notre père jouait de la cithare, et cela m'a certainement ouvert à la musique. Pour le reste, notre père était un homme sévère, mais très juste. Il nous a toujours dit ce qui était bien, et ne nous a jamais grondés inutilement. Il ne nous blâmait que lorsque nous l'avions vraiment mérité. C'était une personne qui inspirait le respect, sous un air toujours modeste, aimable avec tous. Il portait une moustache en croc, c'était alors la mode, et il se trouvait toujours impeccablement vêtu. Pour les grandes occasions, notre mère astiquait avec du Sidol (*un produit d'entretien*) le casque, le sabre et le ceinturon de l'uniforme de gendarme. Tout devait être rutilant.

Après l'école primaire, notre père fréquenta l'école des jours fériés, avec d'anciens élèves de l'école primaire qui avaient déjà un emploi, comme notre père qui avait dû depuis longtemps prendre sa part des travaux des champs. L'école des jours fériés avait lieu le dimanche, et même si l'on y enseignait d'autres matières, l'instruction religieuse était au cœur de cet enseignement.

Le 20 octobre 1897, à 20 ans, il fut appelé sous les drapeaux. Il fut certainement un bien meilleur soldat que mon frère et moi nous ne l'avons jamais été. Il devint sous-officier, il a porté la fourragère, car c'était un très bon tireur, et ses supérieurs l'avaient recommandé. Pour lui, le service militaire n'a pas été un mauvais souvenir ; il n'en fut pas de même pour nous, je dois l'avouer, je n'ai pas aimé être soldat, et mon frère non plus. Mais notre père se rappelait volontiers son temps à l'armée. Il servit deux ans au 16e régiment royal bavarois d'infanterie de Passau, trois autres années dans la réserve, puis il se retira avec le grade de sous-officier. Il nous a parfois raconté des histoires de cette époque. Il y avait un lieutenant von Hazy très vaniteux. Quand le commandant l'appelait « Lieutenant Hazy », il ne bougeait pas. Mais quand il entendait « Lieutenant von Hazy », il répondait par un tonitruant « *Jawohl*, commandant ! ». Après l'armée, notre père revint à la maison. Il comprit bientôt qu'il n'hériterait pas la ferme paternelle, et qu'elle irait à son frère cadet Anton. Notre père ne nous a jamais donné les raisons de ce choix. Il dut alors chercher sa voie et se renseigna sans doute pour savoir où il aurait les meilleures chances avec sa formation de sous-officier. On lui expliqua qu'il y avait deux possibilités :

la gendarmerie, comme on appelait autrefois la police rurale, ou les chemins de fer. Je ne sais pas quels motifs l'ont déterminé, mais il postula auprès de la gendarmerie et fut accepté.

Dans les Archives centrales de Bavière, on trouve aujourd'hui encore son dossier de service, que l'historien local Johann Nussbaum, de Rimsting, a découvert il y a quelques années. On y indique qu'il avait « vingt-cinq ans, était catholique, célibataire, mesurait un mètre soixante-quatre ». Son premier lieu d'affectation fut Niederambach près de Schrobenhausen. Après plusieurs mutations il fut, au bout de six ans et demi, nommé sergent à Königsee, et huit ans et demi plus tard — en 1917 — promu sergent-chef à Kolbermoor, deux ans plus tard brigadier à Unterneukirchen, puis, en 1921, commandant de poste. En trente-cinq années de service, il fut muté quatorze fois. « Extérieurement, il avait l'air dégingandé et opiniâtre. Il portait une moustache qui grisonna tôt », écrit Nussbaum, qui a pu retrouver des témoins de l'époque. « Il avait une allure sobre et sévère. Un homme vigoureux, honnête et taciturne — typique pour les gens de cette région située entre le Danube et la forêt bavaroise. »

En ce temps-là, les gendarmes étaient souvent mutés, pour éviter tout favoritisme. Je ne peux pas énumérer tous les postes où il a été affecté. À Königsee, à Holledau et pendant la Première Guerre mondiale à Ingolstadt, où l'on renforça à cette époque l'unité de police, par crainte des émeutes ouvrières parce qu'il y avait là beaucoup d'industries.

Joseph Ratzinger, le père du Pape, jeune officier.

Les jeunes policiers étaient mal payés ; et notre père a dû penser que sa solde ne suffirait pas à nourrir sa famille. Il attendit donc, pour se marier, de gagner assez d'argent. Il avait déjà 43 ans. Nous n'avons jamais su qu'il avait fait la connaissance de notre mère par petite annonce, il ne nous l'a jamais dit.

Comme c'était alors l'usage pour les gendarmes, il dut, malgré ses 43 ans, demander à ses supérieurs l'autorisation de se marier. Nussbaum a trouvé aux Archives centrales de Bavière la lettre suivante : « Le 9 novembre (1920) je prévois de me marier avec la cuisinière célibataire Maria Peintner, née le 8 janvier 1884 à Mühlbach, canton de Rosenheim, et je demande par la présente l'autorisation nécessaire. » Il la reçut chez lui une semaine plus tard.

Vinrent les noces. Je crois qu'elles eurent lieu à Pleiskirchen, où ma sœur et moi naquîmes. Il habitait dans un hameau du bourg appelé Klebing, au bord d'un lac ou d'un étang peuplé de grenouilles bruyantes.

J'ai visité Pleiskirchen il y a seulement quelques années, par l'entremise d'un de nos évêques auxiliaires, l'évêque Karl Flügel, décédé en 2004. C'est un joli village, avec une très belle église et un château dont les premières pierres remontent au XIe siècle.

Ma mère s'est sentie très mal à l'aise dans cette maison isolée au bord du lac, elle y a même souvent eu peur. Mon père lui offrit un chien, une bien gentille bête qui se révéla encore plus peureuse que ma mère.

D'une manière générale, ce fut une époque agitée. Avec une inflation sauvage, les prix augmentaient de façon incalculable, une miche de pain pouvait coûter jusqu'à deux cents millions de Reichsmarks ! Mon père touchait sa paie chaque jour, mais à peine lui était-elle versée qu'elle ne valait déjà plus rien. Les prix avaient augmenté entre-temps ! Quand je vins au monde en 1924, me raconta plus tard mon père, ma mère tomba gravement malade et faillit être emportée. Lui-même était alors en mission ; à son retour, j'étais déjà là, dans une corbeille, m'a-t-il dit.

Mais il dut aussi y avoir de beaux moments, car notre mère disait toujours que la plus belle partie de sa vie était celle où nous étions encore des petits enfants. Un an plus tard, en mai 1925, mon père fut muté à Marktl. C'est là que naquit mon frère Joseph.

L'avis de mutation de la « Direction de la gendarmerie du Land de Bavière », daté du 22 avril 1925, est lui aussi conservé aux Archives centrales de Bavière. Selon ce document, le commandant de station de la gendarmerie occupa ses fonctions à partir du 1er mai « au même poste, avec le même traitement de base, conformément aux barèmes ». Le 1er novembre 1927, Joseph Ratzinger Senior fut ensuite promu, « au nom du gouvernement de l'État libre de Bavière », commissaire de la sûreté en zone de traitement VI, avec un salaire de base annuel de 2 124 Reichs-

marks. En tant que commandant de la station de gendarmerie de Marktl, il faisait naturellement partie des notables locaux, même si, comme le confirmèrent des témoins, il observait toujours une attitude réservée et modeste. « Au cours de la période relativement brève qu'il a passée ici, il s'est attiré le respect de la population de Marktl par sa bienveillance et son amabilité », écrivit le Burghauser Anzeiger *en 1929 lors de son décès. Marktl-sur-l'Inn, expliqua le* Süddeutsche Zeitung *quand Joseph Ratzinger fut élu pape, est situé littéralement « entre le ciel et l'enfer », c'est-à-dire à mi-chemin entre le sanctuaire marial d'Altötting et la ville autrichienne de Braunau-sur-l'Inn. C'est là, le 20 avril 1889, qu'était né l'homme dont l'ombre tomba bientôt sur l'enfance du petit Joseph et de son frère Georg : Adolf Hitler.*

Si Dieu nous parle par des signes à travers l'Histoire, alors peut-être le fait-il aussi à travers ce qui suit : Marktl se situe à trente kilomètres de Braunau ; la même distance sépare Wadowice, lieu de naissance de Jean-Paul II, et le camp de concentration d'Auschwitz. Wadowice avait aussi un sanctuaire marial à proximité, Kalwaria Zebrzydowska, avec son icône de la Vierge, dont on dit que des larmes se seraient écoulées. Les deux papes sont donc nés à proximité immédiate de ces lieux qui symbolisent plus qu'aucun autre la montée et l'inhumaine horreur du national-socialisme. Mais de la même manière, les deux lieux de naissance étaient sous la protection de la Mère de Dieu, qui vainc toujours le mal.

II

Marktl
(1925-1929)

Mes plus anciens souvenirs d'enfance viennent du temps où nous habitions à Marktl-sur-l'Inn. Les logements des gendarmes, et donc celui de mon père, se trouvaient dans une maison spacieuse sur la place du marché, le « Mauthaus » érigé en 1701. Au moment de notre déménagement, j'avais un peu plus d'un an, ma sœur déjà quatre. Comme aujourd'hui, l'église représentait le cœur de Marktl. Il n'en reste plus qu'une partie, car l'ancien édifice religieux a été intégré à un nouveau bâtiment construit ultérieurement.

La maison de Dieu remonte à une fondation du pieux comte Berengar III de Leonberg, qui mourut en 1296. Elle avait été à l'origine bâtie toute en style gothique et dédiée à saint Oswald. L'église et avec elle une grande partie du village furent incendiés par la foudre en 1701, mais un an plus tard déjà on commença la reconstruction. Avec les années, elle devint trop petite ; elle fut rasée en 1853 et reconstruite. En 1964, on édifia un nouveau bâtiment, le quatrième, dans lequel on intégra

Marktl-sur-l'Inn vers 1930.

une partie de l'église du XIXe *siècle, y compris l'autel néo-gothique de 1857.*

Je me rappelle encore qu'elle comprenait un oratoire, qui servait de jubé latéral. De là, notre mère nous a souvent montré l'endroit où notre père avait chanté avec le chœur de l'église. Le curé était alors le père Köppl, son *Kooperator* ou chapelain, un certain Joseph Stangl, un homme assez sévère, disait-on. Le curé Köppl en revanche était aimable et bienveillant. Il avait une gouvernante, Olga, qui possédait un chien auquel j'apportais souvent des os, et les restes de nos repas. Mais la personne qui m'impressionnait le plus à

Marktl, c'était le secrétaire de mairie, Andreas Eichner, qui a signé l'acte de naissance de mon frère. Musicien de l'église et chef de chœur, il tenait l'orgue et dirigeait un orchestre de cuivres. C'était un petit homme, l'« Andresl », comme nous l'appelions, et il devint dans une certaine mesure mon premier grand modèle. Il jouait lui-même du plus grand instrument, le tuba, et tout le monde disait : « Voilà le petit Andresl avec la grande Musi ! » Nous le connaissions bien, parce que notre père chantait avec lui dans le chœur. Naturellement, nous autres enfants étions alors trop petits pour assister régulièrement au service religieux, mais parfois les parents nous emmenaient avec eux.

Chez nous, à la maison, vivait l'une des premières dentistes de Bavière. Amelie Karl, célibataire, exerçait comme dentiste ambulante. « La demoiselle », comme on l'appelait, était vraisemblablement la seule du village à posséder une moto aussi moderne. Elle produisait un bruit d'enfer quand elle démarrait le matin, provoquant une immense sensation dans tout le village.

À Marktl, notre sœur se rendit pour la première fois à l'école. Il y avait une école primaire tout près de notre maison. À cette époque, je passais mon temps à attendre ma sœur, désormais seul le matin à la maison, avec ma mère occupée par les travaux ménagers ou les courses. Quand Maria revenait, nous nous disputions parfois, mais nous nous réconciliions vite, comme le font les enfants. C'était une personne très ordonnée, avec elle tout était toujours à sa place, tandis que j'étais plutôt un petit génie du désordre. Chez moi régnait un chaos assez considérable, mais je savais toujours très exactement où je devais mettre la main quand j'avais besoin de quelque chose. Ma sœur venait souvent ranger chez moi et tout déballer comme il le fallait, après quoi je ne trouvais plus rien. C'était bien sûr une source de querelle. Une de ses camarades d'école, elle s'appelait Marei, est morte alors que nous étions en cours moyen, ce qui nous a bouleversés, nous autres enfants. On a dit que Marei était tombée gravement malade parce qu'elle mangeait tout le temps de la neige. On nous recommanda alors de ne pas l'imiter. Était-ce vrai ? S'agissait-il d'une simple croyance populaire ? Je l'ignore.

Ce dont je me souviens encore bien, c'est le grenier de notre maison à Marktl. Il y avait beaucoup de livres entreposés qui excitaient ma curiosité ; et qui avaient sans doute appartenu à un ancien habitant. Nous voulions sans arrêt monter au grenier et, au moins, regarder les livres — car nous ne savions pas encore lire. Nous avons aussi découvert un tambour là-haut, je crois que les parents nous ont défendu d'en jouer. En tout cas j'ai reçu plus tard à Noël un tambour qui me fascinait extraordinairement. Quand le soleil s'y reflétait, on voyait surgir sur la peau par enchantement les motifs les plus variés. Je pensais même qu'il devait y avoir quelque chose de particulier à l'intérieur, et j'ai fini par crever la peau du tambour ! Le beau tambour n'y résista pas, bien entendu, et mon premier essai pour apprendre à me servir d'un instrument de musique avait échoué lamentablement.

Vint ensuite cette journée sur laquelle on a tant écrit, ce 16 avril 1927 où mon frère Joseph vint au monde. C'était le Samedi saint, on dit qu'il faisait froid et qu'il y avait beaucoup de neige, un temps terrible. Je me souviens seulement m'être réveillé et m'apercevoir que j'étais seul. Or je n'étais pas habitué à dormir seul, en ce temps-là mes parents et ma sœur dormaient encore près de moi. Mais ce jour-là, personne ne m'avait réveillé comme on le faisait d'habitude, et au lieu de cela j'entendais les échos d'une activité fébrile. Des portes claquaient, des pas rapides résonnaient dans l'entrée, on parlait à voix haute. Quand j'entendis la voix de mon père, j'appelai : « Père, je voudrais me lever ! » Mais il répondit : « Non, il faut que tu attendes encore, un petit garçon nous arrive aujourd'hui ! » Tout cela était pour moi alors un peu énigmatique.

Le pape Benoît XVI est né à 4 h 15 du matin, son baptême a eu lieu dès 8 heures. Comme sa marraine, Anna Ratzinger, n'avait pas pu être avertie assez vite, une religieuse du nom d'Adelma Rohrhirsch la remplaça.

En ce temps-là, la liturgie de la nuit de Pâques était déjà célébrée le matin du Vendredi saint. La consécration de l'eau baptismale et le rite du baptême étant des composantes fixes de cette liturgie, les parents n'hésitèrent pas longtemps. « Maintenant qu'il est là, le gamin, on le baptise. » C'était en quelque sorte un hasard providentiel, une manière de présage. Seuls les deux enfants, Georg et Maria, durent rester à la maison, car les parents craignaient qu'ils prennent froid. La mère aussi resta chez elle, elle était encore trop éprouvée par la naissance pour avoir le droit de sortir dans la neige. Ainsi le nouveau-né fut-il le premier baptisé avec l'eau fraîchement consacrée et reçut le nom de « Joseph Aloisius ». « Devant la porte de Pâques, mais pas encore entré » devint désormais une métaphore pour toute sa vie, qui dès le début avait pénétré si profondément dans le mystère de Pâques.

Le baptistère néogothique en calcaire clair du Danube décoré de six têtes d'anges, au-dessus duquel le petit Joseph Alois fut alors tenu, est heureusement conservé. Il a d'abord été relégué dans le jardin paroissial lors de la reconstruction de l'église, en 1965, avant que les habitants de Marktl le transportent en 1992 dans leur musée régional. Des recherches ont révélé qu'il était une œuvre du sculpteur de cour Anselm Sickinger (1807-1873), qui avait participé à la construction de la porte de la Victoire à Munich. Après que Joseph Ratzinger eut été élu pape, le baptistère fut « autorisé » à revenir dans l'église. Depuis, il est placé devant l'autel néogothique d'Oswald, un vestige de l'ancienne maison de Dieu. Le dimanche de Pâques 2006, qui tombait par hasard le jour de la naissance et du baptême du Pape, il servit pour la première fois de nouveau au baptême d'un enfant.

Au bout de quelques jours, j'ai enfin pu le voir à mon tour, mon petit frère Joseph. Il était tout frêle et délicat. Notre père avait engagé une religieuse pour assister ma mère au cours de ces journées, car elle était encore assez souffrante. Cette religieuse soignait mon petit frère, le baignait et l'habillait. Notre grande inquiétude à l'époque était qu'il ne gardait pas sa nourriture. La religieuse essaya tout, il n'aimait rien, jusqu'à ce que l'idée lui vienne de lui donner des flocons d'avoine. Surprise, il parvint à les absorber, et les mangea volontiers. Ces flocons lui ont pratiquement sauvé la vie, tant la religieuse ne savait plus quoi faire. Depuis, il aime toujours manger des flocons d'avoine, comme notre père d'ailleurs. Contrairement à ma sœur et moi qui n'aimions pas tellement ça.

Mais, hélas, il tombait assez souvent malade. Il fut atteint par une grave diphtérie. Notre père est immédiatement parti chercher le médecin. Le traitement fut assez douloureux, le petit poussait de grands cris. Le jour où la diphtérie s'est déclarée, nous étions dans notre jardin où poussaient des fraises magnifiques. Notre propriétaire, celui qui louait les logements des gendarmes, portait le joli nom de Narrnhammer (« le marteau des fous ») et c'était un homme terriblement gentil. Quand il vit que les fraises nous fascinaient, nous autres enfants, il nous permit d'en cueillir quelques-unes. Mon frère en a choisi une particulièrement belle, mais il n'a pu l'avaler tant sa gorge était déjà enflée et enflammée par la maladie. Il devait alors avoir un ou deux ans, je ne sais plus exactement.

Nous avions alors de bonnes relations avec la propriétaire, Mme Narrnhammer, une personne très gaie. Je la revois encore mettre ses poings sur les hanches et lancer un éclat de rire retentissant. Elle avait deux filles. Quelquefois, quand notre mère était occupée, l'une des deux la remplaçait et veillait sur nous.

À gauche de notre maison, se trouvait le petit couvent des sœurs de Mallersdorf. Là vivait une certaine sœur Pia que j'estimais particulièrement. Elle devint plus tard mère supérieure. Un peu à l'extérieur du bourg, les sœurs entretenaient encore une seconde maison, l'Antoniushaus. Il y a quelques années, elle était encore la propriété de l'ordre et servait de foyer d'éducation pour des enfants qui n'avaient pas de maison.

Un jour, elles signalèrent à notre père que leur jardin était régulièrement pillé. Elles avaient un grand potager où elles cultivaient des fruits et des légumes pour leurs repas et ceux des enfants. Notre père a vite découvert le voleur. Le couvent, en remerciement de cette arrestation, lui a offert un gros paquet. Notre mère fut tout émue : il y avait du sucre, de la farine, tout ce dont on a besoin pour nourrir une famille.

Il y avait aussi à Marktl le magasin Lechner, une grande épicerie située pratiquement en face de notre maison. Aujourd'hui, c'est une pharmacie. Nous y allions toujours pendant l'Avent — ma sœur à droite, moi à gauche avec au milieu le petit Joseph, qui ne savait pas encore marcher — pour admirer l'étalage et les décorations des vitrines. On pouvait y voir, entourés de branches de sapin, papier doré et guirlandes d'argent, les jouets que les enfants convoitaient. Joseph était fasciné par un ours très amical. Nous y sommes

Le magasin Lechner à Marktl, où Joseph a vu son premier ours en peluche.

allés chaque jour, par tous les temps, pour rendre visite à l'ours, car il nous plaisait à tous, mais c'est mon frère qui l'avait pris le plus en affection. Il aurait tant aimé le tenir une fois dans ses bras. C'est ainsi que la propriétaire du magasin, une femme très gentille, nous demanda d'entrer et nous confia le nom du petit ours : Teddy ! Un jour, peu avant Noël, nous voulions voir Teddy encore une fois, mais il n'était plus là. Mon frère a alors versé de chaudes larmes : « L'ours Teddy n'est plus là ! » Nous avons essayé de le consoler, mais il était beaucoup trop triste, et pour tout dire, nous aussi. Nous sommes rentrés, déçus, à la maison.

Puis vinrent Noël et les cadeaux. Quand Joseph entra dans la pièce décorée pour la fête, où se dressait l'arbre de Noël, il éclata de rire, fou de bonheur. Car au milieu des cadeaux des enfants se tenait l'ours Teddy. Le Petit Jésus le lui avait apporté. Cela lui a valu la plus grande joie de sa jeune vie.

Au demeurant, Noël était toujours très important dans notre famille. Les préparatifs commençaient dès le premier jour de l'Avent. En ce temps-là, les messes Rorate[1] étaient célébrées à 6 heures du matin, et les prêtres portaient des chasubles blanches. Normalement, la couleur liturgique de l'Avent c'est le violet, mais il s'agissait là de messes votives spéciales, qui rappelaient l'apparition de l'archange Gabriel à la Mère de Dieu et les paroles qu'elle avait prononcées : « Vois, je suis la servante du Seigneur, qu'il me soit fait selon sa parole » (Luc 1,38). Pendant ces « offices de l'ange », comme on les appelait, on lisait le passage correspondant de l'Évangile selon saint Luc. Quand nous allions déjà à l'école, nous assistions à ces messes très tôt le matin, avant le début des cours. Dehors, il faisait nuit noire, tout était sombre et les gens tremblaient de froid. Mais l'éclat chaud de la maison de Dieu nous récompensait de nous être levés de bonne heure et de la neige et la glace du chemin. Des bougies et des cierges éclairaient l'église sombre. Offrandes des fidèles, ils dispensaient non seulement de la lumière mais aussi un peu de chaleur. Après cela, nous revenions d'abord à la maison prendre le petit déjeuner et

1. Messes célébrées pendant l'Avent uniquement en semaine. (*N.d.T.*)

ensuite nous partions pour l'école. Ces offices de l'ange nous guidaient merveilleusement jusqu'à Noël.

Le matin du 24 décembre, nous commencions à dresser la crèche familiale. Chaque année, nous nous piquions de l'embellir encore davantage. En 1929, nous sommes partis pour Tittmoning, au bord de la Salzach, et là, le long de la rivière, nous avons ramassé des pierres de tuf. Des pierres volcaniques d'aspects très différents, quelques-unes trouées, d'autres avec des cannelures, d'autres encore aiguisées et tranchantes. On pouvait en orner la crèche. Nous avions alors rapporté un plein panier de pierres et nous avons fait de merveilleux paysages de collines. C'est mon frère, aujourd'hui, qui possède toujours la petite crèche familiale avec les pierres de tuf de Tittmoning. Elle est dressée pour Noël dans la salle à manger de son appartement du palais apostolique. Puis nous nous procurions des branches de sapin qui formaient l'arrière-plan et offraient un beau contraste avec les pierres grises ; nous grattions de la mousse sur les arbres, elle servait de prairies pour les moutons des bergers. Ainsi, notre crèche prenait chaque année un autre visage et nous la complétions régulièrement. Certaines années, notre mère rachetait aussi des figurines, quelques moutons supplémentaires ou un nouveau berger.

L'après-midi, notre mère nous suggérait d'aller nous promener. La plupart du temps, il y avait une neige profonde, et nous faisions de la luge pendant que maman ornait le sapin. À la fin de l'après-midi, nous revenions à la maison, on commençait par dire le chapelet. La récitation du chapelet était une habitude dans notre famille, souvent quotidienne et au moins chaque samedi. Nous nous agenouillions sur le sol dans la cuisine, chacun avait une chaise devant lui, nos bras étaient appuyés sur la chaise et l'un de nous, la plupart du temps notre père, récitait la prière.

Après le chapelet, nous entendions le son d'une cloche, un tintement dans la salle en face de la cuisine. L'arbre de Noël était là, un petit sapin, avec les cadeaux sur la table. Ce spectacle, l'éclat de la lumière des bougies, nous impressionnait toujours profondément. Nous utilisions de vraies bougies qui répandaient une odeur merveilleuse. L'arbre était orné de boules, de cheveux d'ange et de guirlandes, mais aussi d'étoiles, de cœurs et de comètes que notre mère avait découpés dans de la pâte de coings. Puis notre père lisait l'Évangile, l'histoire de Noël d'après l'Évangile de Luc, et nous chantions des cantiques de Noël : *Stille Nacht*, *Oh du fröhliche* et bien sûr aussi *Ihr Kinderlein kommet*. Un jour, en 1936, j'étais déjà au lycée, j'ai moi-même écrit une petite composition pour Noël. Nous l'avons jouée à trois, ma sœur à l'harmonium, mon frère au piano et moi au violon. Notre mère était émue aux larmes et notre père, bien que d'un naturel plus réservé, fut impressionné. Pendant quelques années, j'ai régulièrement composé quelque chose pour Noël.

Parce que nous étions tellement impatients, la distribution des cadeaux avait lieu chez nous un peu plus tôt que dans les autres familles ! Elle avait toujours quelque chose de merveilleux, de féerique. Nous ne recevions naturellement pas de cadeaux magnifiques, mais avant tout des choses dont nous avions besoin, vêtements, chaussettes que notre mère avait tricotées pour nous, bonnets ou ce qui manquait cette année-là. Chacun avait en outre une assiette pleine de petits gâteaux, de quetsches ou poires séchées et de « pain aux fruits ». C'étaient des présents merveilleux, nous nous en souvenons aujourd'hui encore avec une grande joie.

Nous pouvions naturellement tous demander quelque chose. Je me souviens encore, tant d'années après, ce que j'ai reçu alors à Noël. En 1933 — nous vivions déjà à Aschau —, le *Christkindl*, le Petit Jésus, m'apporta un appareil de projection de la marque Fimoli, avec lequel on pouvait projeter sur le mur des séries d'images. Il était accompagné de rouleaux d'images, un consacré à Altötting, un autre à l'histoire de la représentation de la croix et un troisième à Rome. Cela m'a beaucoup réjoui. Quand le curé l'a appris, il m'a demandé de me servir de ces images pour illustrer une conférence sur Rome qu'il prononçait devant la paroisse. Pour l'année sainte 1933-1934, il avait fait un pèlerinage dans la Ville éternelle, mais on n'avait pas l'habitude, à l'époque, de prendre des photos. Ainsi, à l'âge de 10 ans, j'ai projeté des images représentant des curiosités et les églises les plus importantes, qu'il aurait dû, autrement, se contenter de décrire ; cela fit naturellement sensation.

En 1935, j'effectuais ma première année d'internat. On m'offrit un livre de chants utilisé au séminaire. Il coûtait tout de même cinq marks. C'était un gros livre de mille pages avec les paroles en latin et la musique. Joseph fut très impressionné parce qu'il n'y avait pas un seul mot d'allemand dans ce gros recueil ; mais j'étais déjà au lycée et je suivais des cours de latin. Pour ma deuxième année, on m'a offert la partition de la messe Rheinberger en fa mineur, que nous avons chantée au séminaire, et dans la troisième classe, la version pour piano de la belle composition *Le chant de la cloche*, la mise en musique par Andreas Romberg (*1767-1821*) du célèbre poème de Friedrich Schiller.

Quand nous étions plus jeunes, on offrait à mon frère Joseph des animaux en peluche et à moi des jeux de construction. Nous ne partagions pas tout à fait les mêmes désirs ni les mêmes talents. Mon frère reçut encore un second ours en peluche, puis un cheval, un canard et un chien. Il aimait beaucoup les bêtes, et mes parents lui offraient régulièrement des animaux. Mais le Petit Jésus lui apporta aussi une fois un chemin de fer.

Pour finir, on nous servait à nous autres enfants un punch qui naturellement n'était pas trop fort, accompagné de petits gâteaux. Ensuite, on ne tardait pas à nous envoyer au lit. Quand nous fûmes plus âgés, nous nous relevions à 23 heures pour la messe de minuit. Le matin du premier jour de Noël, il y avait toujours un petit déjeuner très festif, avec une brioche de Noël et du café, que notre père aimait particulièrement et dont il se réjouissait toujours. L'après-midi à 14 heures, nous allions aux vêpres, toujours très solennelles, avec les chants du chœur de l'église.

Mais Noël n'était pas la seule fête marquée par les usages religieux de notre pays et la foi profonde de nos parents. Ceux-ci nous ont appris ce que signifie avoir une solide foi en Dieu. Chaque jour, on priait ensemble, avant et après chaque repas, le petit déjeuner, le déjeuner et le dîner. La prière principale avait lieu après le déjeuner, quand s'exprimaient les principales demandes de la famille. On disait aussi la prière à saint Dismas, le « bon larron », un ancien voleur qui avait été crucifié avec Jésus au Calvaire, s'était repenti sur la croix et avait imploré la miséricorde du Seigneur. Nous le priions en tant que patron des brigands repentis, pour qu'il protège notre père des difficultés professionnelles.

Le métier de gendarme était assez dangereux et nous avions souvent très peur pour notre père, surtout lorsqu'il était de service la nuit et qu'il devait partir en patrouille. Quand un méfait ou un crime avait été commis dans son secteur, son devoir était de l'élucider. Notre père était ainsi souvent de service de nuit ; ou il arrivait qu'il soit retenu pour des raisons quelconques et qu'il rentre plus tard. Alors bien sûr, nous avions peur, nous et notre mère, et nous priions pour que rien ne lui soit arrivé. Grâce à Dieu, cela n'a jamais été le cas, nous en étions toujours très reconnaissants. Ainsi, notre vie de prière témoignait du souci que nous nous faisions pour notre père. Quand nous étions enfants, nos parents nous mettaient encore au lit et récitaient avec nous la prière du soir. Ils utilisaient alors une formule de bénédiction très particulière qu'ils répétaient trois fois. Je ne m'en souviens malheureusement plus aujourd'hui. Elle était suivie d'une autre, un peu plus longue. Un jour, j'ai demandé à mon père ce qu'elle voulait dire, et il me répondit simplement : « Je ne le sais pas non plus exactement. Mon père et ma mère priaient déjà ainsi près de mon lit. »

Je dois avouer que nous allions rarement ensemble à la sainte messe, notre père était souvent de service le dimanche ou chantait dans le chœur. Quand nous fûmes un peu plus âgés, nous avons, moi d'abord, puis mon frère, servi la messe la plupart du temps le dimanche et parfois en semaine, tandis que notre mère et notre sœur assistaient à un autre office. Parfois, nous y assistions deux fois le dimanche, une fois comme enfants de chœur à la messe de 6 heures du matin et une autre avec la famille, à la grand-messe de 8 heures ou 8 h 30, par exemple. L'après-midi, à 14 heures, il y avait encore un office, et les jours de fête, les vêpres.

Cette piété vécue et pratiquée a forgé toute notre vie, même si aujourd'hui je ne célèbre qu'une messe dans la journée et que je renonce à m'y rendre une seconde fois. Ce que l'on a reçu dans notre berceau quand nous étions enfants, nous y sommes restés fidèles toute notre vie.

Je suis persuadé que l'absence de cette piété traditionnelle dans beaucoup de familles est aussi une explication au manque actuel de vocations sacerdotales. Ce que bien des gens pratiquent de nos jours tient plus d'une forme d'athéisme que de la foi chrétienne. Ils pratiquent n'importe où une vague religiosité, vont peut-être encore à la messe pour les grandes fêtes religieuses, mais cette foi rudimentaire ne pénètre plus leur existence, elle n'est plus inscrite dans leur vie quotidienne. Cela commence par les repas, qu'ils prennent sans même penser à une prière, et au bout du compte ils ne vont même plus régulièrement à la messe le dimanche. Voilà comment s'est introduit un mode de vie presque païen. Quand, dans le cadre familial, il n'existe aucune pratique de vie religieuse, cela se retrouve dans toute l'existence d'une personne. Je discute souvent avec mes frères prêtres ; chez tous, ou presque, il semble que l'on ait régulièrement prié dans leur famille et que l'on ait assisté ensemble à la messe. Cela a marqué toute leur vie et l'a orientée vers Dieu. Ainsi, leur vocation a été semée sur un terrain fertile.

En Amérique, il y a un proverbe qui dit : « A family which prays together, stays together. » — *« Une famille qui prie ensemble reste ensemble. » Aujourd'hui, les divorces sont monnaie courante, il y a de plus en plus de mariages brisés et de familles monoparentales. Cela pourrait-il tenir au fait que de moins en moins de familles sont prêtes à confier leurs problèmes à Dieu ? Les familles se perdent-elles aussi par manque de foi et de prière, les mariages échouent-ils parce qu'elles ne laissent plus d'espace à Dieu ?*

J'en suis certain. Quand on réduit tout à notre stricte humanité, il manque alors la dimension décisive dans laquelle les problèmes peuvent se résoudre.

Comment la famille Ratzinger vivait-elle ses conflits conjugaux et familiaux ?

Nous ne l'avons pas su, chacun s'est arrangé tout seul dans sa prière personnelle et avec Dieu. On ne parlait jamais de cela. Ces problèmes, comme il y en a dans chaque famille et comme il y en avait certainement aussi chez nous, relevaient de la prière. Nos soucis personnels s'y coulaient et nous y trouvions sans doute leur solution.

On raconte du défunt archevêque de Fulda, Johannes Dyba *(1929-2000)*, qu'il était originaire d'une famille pleine de tempérament dont les membres avaient entre eux des relations plutôt énergiques… Mais après la confession, une paix tout à fait particulière était de retour dans cette famille. Il régnait soudain une ambiance conciliatrice. Aujourd'hui, la confession est malheureusement beaucoup trop négligée, bien qu'elle soit l'offre de grâce la plus généreuse que Dieu puisse nous faire. Nous allions nous confesser tous les mois. Quand j'étais au séminaire de Traunstein, un jésuite nous recommandait même de nous confesser chaque semaine. Je dois honnêtement avouer que nous ne nous y sommes jamais tenus, mais la confession mensuelle est sûrement juste et nécessaire pour chacun.

Tout le cours de notre année était défini par les fêtes religieuses. Il faut nommer, avant même Noël, et bien sûr en premier lieu, la fête de Pâques. Pendant tout le Carême, nous participions aux offices du jeudi, le jour où le Christ avait si désespérément prié au jardin de Gethsémani, qui se déroulaient le dimanche à la campagne, pour des raisons pratiques. Ils consistaient en un long sermon de Carême, et le service proprement dit rappelait les trois chutes du Christ. Jésus au mont des Oliviers est tombé trois fois, cet office se compose donc de trois parties. On entendait chanter le chœur de l'église. La plupart du temps on commençait par un solo masculin avant la prière que le curé récitait suivie d'un silence. Au milieu du silence, la grosse cloche sonnait, créant une atmosphère particulièrement impressionnante. Dans les villages où je fus chapelain quatre années durant *(de 1953 à 1957)*, il y avait dans l'église un autel baroque représentant le mont des Oliviers, avec le Christ en prière. Pendant le service, le sacristain tournait une manivelle et faisait descendre du plafond un ange accroché à une corde, avec à la main un calice pour donner de la force à Jésus dans son épreuve et son agonie. Autrefois, au temps du baroque, on aimait, c'est connu, ce genre de mises en scènes. Parfois il arrivait que la manivelle ne fonctionne pas ; et l'ange dégringolait littéralement du ciel. Mais ces offices étaient toujours une manière aussi belle que prenante de vivre le Carême.

La fête de la nuit de Pâques, je l'ai déjà mentionné, avait lieu le matin du Vendredi saint, avec la consécration de l'eau baptismale et la lumière de Pâques qu'on allumait. L'après-midi suivait la fête de la Résurrection, une autre forme baroque de piété. En ce temps-là, il y avait dans beaucoup d'églises, y compris à Tittmoning et Aschau, un saint-sépulcre, un autel avec la forme du tombeau du Christ. Le Saint Sacrement y était exposé, recouvert d'un voile blanc transparent. Sous l'autel se trouvait une statue du Christ gisant au tombeau, ornée de fleurs. Comme ornement particulier, des vases de couleur, en forme de boules, étaient remplis de liquide rouge, jaune et vert. Ainsi, le saint-sépulcre offrait un merveilleux spectacle.

Pour la fête de la Résurrection, l'église était plongée dans l'ombre, tous les vitraux voilés de tissus noirs. Puis, le curé en ornements de fête et en « manteau pluvial » (*vêtement liturgique*) chantait trois fois « Christ est ressuscité », avant que le chœur réponde à la troisième fois « Alléluia ». En réalité, les prêtres devaient chaque fois chanter un ton plus haut, mais ils ne savaient pas distinguer les tonalités, car ils n'étaient pas toujours musiciens. Près de chaque fenêtre se tenait celui qui, dès que le prêtre entonnait le troisième « Christ est ressuscité », laissait tomber le rideau. Ce fut notre rôle, à Aschau, mon frère et moi, pendant un certain temps. Le soleil de printemps pénétrait dans la nef et répandait une ambiance pascale. Cela s'achevait avec une procession lors de laquelle le chœur de l'église chantait un motet pascal, par exemple, à Traunstein, le *Attolite Portas* de Caspar Ett (*1788-1847*), un compositeur munichois qui a œuvré à Sankt Michael. Cette procession avec le Saint Sacrement sous le « ciel » — ainsi appelait-on le baldaquin — avec des effluves d'encens, était toujours une occasion très solennelle qui contribuait à porter le message de la Résurrection profondément dans le cœur du peuple croyant.

On sacrifiait en outre pour Pâques à certains usages populaires. On bénissait les mets que toutes les familles apportaient pour la consécration, du lard, par exemple, du sel et quelques œufs ; naturellement, on coloriait aussi les œufs. Notre mère et les femmes les teintaient, la plupart du temps avec des pelures d'oignons pour qu'ils deviennent bruns, c'était la solution la moins chère. Mais il y avait aussi des couleurs chez l'épicier, on pouvait les acheter et obtenir ainsi des œufs de Pâques le plus bariolés possible. Ils étaient apportés pour la consécration avec les *Osterfladen*, des sortes de brioches tressées et d'une préparation particulière. Nous les mangions après la fête. Notre mère faisait en outre cuire un agneau de Pâques qui nous était servi au petit déjeuner.

J'ai aussi gardé un beau souvenir des offices de mai, le mois de Marie. Nous y allions toujours volontiers parce que l'église était décorée avec une telle solennité, des fleurs à foison qui enrichissaient la nef de leur spectacle et de leurs parfums. Le chœur de l'église ou un groupe d'enfants chantaient.

D'une manière générale, la Vierge a toujours été présente chez nous. Dans notre cuisine étaient accrochés, à gauche du crucifix, une image du Christ, de l'autre côté une image de Marie. Chez nous, je l'ai déjà dit, on récitait le chapelet presque tous les jours. Pendant le mois du chapelet, le mois d'octobre, nous allions le réciter à l'église. La fête de la Chandeleur [« *messe de la lumière de Marie* », (*N.d.T.*)], célébrée le 2 février, occupait une place à part dans l'année ecclésiastique. Aujourd'hui, c'est davantage une fête du Christ, car elle rappelle la première visite de Jésus dans la maison de son Père, sa présentation au Temple. Mais en ce temps-là c'était avant tout une fête de Marie. Ce jour-là, la famille récitait le chapelet d'une manière particulière. On posait devant soi, sur la chaise, des bougies longues et minces que l'on allumait et qu'on laissait se consumer pendant le chapelet. On croyait à l'époque que le membre de la famille dont la bougie s'éteignait le premier serait aussi le premier à mourir. Mais ce n'était qu'une superstition !

Et puis il y avait les cierges, comme j'en possède encore quelques-uns aujourd'hui. À l'église, les femmes gardaient souvent à côté d'elles un cierge qu'elles laissaient brûler pendant la messe. Il y avait des cierges simples, d'autres richement ornés. Ils jouaient un rôle tout particulier dans les fermes où il y avait encore des valets et des servantes. Les servantes devaient prendre soin des valets, elles faisaient leur lit et reprisaient leurs chaussettes, etc., et en remerciement le valet donnait à la servante qui s'était occupée de lui un cierge pour la Chandeleur.

Le 2 février était aussi ce que l'on appelait le *Schlankeltag*, du bavarois *schlankeln*, déménager. C'était le jour où les serviteurs quittaient leur patron habituel pour une nouvelle place. Quand quelqu'un voulait prendre un autre travail, l'engagement prenait toujours fin après la Chandeleur. L'usage, au moins ici en Bavière, était que le paysan demande d'abord à ses valets et servantes s'ils voulaient rester, et s'ils y étaient prêts, ils recevaient ce jour-là cinq marks. En tout cas, c'était un jour important dans le calendrier des paysans, et aussi un jour férié pendant lequel on ne travaillait pas. Cela se terminait toujours par un chapelet, le soir, avec les cierges allumés.

Nous célébrions particulièrement le jour de notre fête : Maria (12 septembre), Joseph (19 mars) et Georg (23 avril). Pour l'occasion, ma mère tissait une nappe particulière, je la possède aujourd'hui encore. Cette nappe-là, celle de ma fête, ma gouvernante, Mme Agnes Heindl, la ressort chaque année le jour dit. Le matin de bonne heure, on servait un peu de café et une tarte préparée par ma mère. Notre père avait acheté une bouteille de vin. Spécialement à Aschau, quand nous étions déjà un peu plus âgés, il y avait toujours deux sortes de vins, du malaga ou du samos. Nous avions droit, nous autres enfants aussi, à un tout petit verre de l'un ou de l'autre. Et nous prenions un repas de fête pendant lequel nous recevions des cadeaux. L'anniversaire, en revanche, n'était jamais particulièrement fêté chez nous, on nous félicitait et c'était tout.

Mais je constate que j'ai déjà beaucoup anticipé. En effet, avant que nous n'arrivions à Aschau en 1932, nous avons d'abord quitté Marktl pour Tittmoning, une petite ville qui nous fascinait extraordinairement. Elle nous parut cependant très citadine, en comparaison avec notre bourg campagnard. C'est une jolie petite ville, dominée, selon le modèle du Sud, par une grande place autour de laquelle se pressent de petites boutiques. Elle allait nous accueillir pour les trois années suivantes.

III

Tittmoning

(1929-1932)

Pour la famille, l'étape suivante est Tittmoning, au bord de la Salzach, cette rivière qui marque la frontière avec l'Autriche. Joseph Ratzinger a décrit la petite ville, dans son livre Ma vie, *comme le pays des rêves de son enfance. Il était impressionné par la grande place et ses élégantes fontaines, l'hôtel de Ville et sa somptueuse façade dans les niches de laquelle paradaient les bustes d'empereurs romains, les vieilles et immenses maisons bourgeoises, les portes médiévales de la ville et la fière arrogance du château du* XIIe *siècle qui trône sur la hauteur de la ville et servait depuis le* XVIIe *siècle de résidence d'été (à vrai dire rarement utilisée) aux évêques de Salzbourg. Il était toutefois aussi impressionné par le riche passé ecclésiastique de la ville. Ici, le mystique Bartholomäus Holzhauser n'avait pas seulement rédigé ses visions de la fin du monde, mais il avait aussi fondé un « Stift », une maison religieuse, une communauté de vie pour les prêtres séculiers. Depuis lors, les curés s'appelaient « doyens », les chapelains « chanoines », le presbytère trônait comme un joli petit château au-dessus de la ville.*

La gendarmerie, où étaient donc logés les Ratzinger, était située dans l'une des plus belles maisons de la petite ville historique, la maison Stubenrauch. Elle donnait directement sur la place et elle appartenait autrefois au Stift. Une plaque au 3 de la Wagnergasse rappelle encore aujourd'hui le séjour de la célèbre famille, la maison abritant pour sa part la caisse d'épargne locale. Sa façade majestueuse, avec le bel encorbellement, faisait oublier, au moins par moments, le piteux état du domicile. Mais cela ne dérangeait pas les enfants. Ils trouvaient tout cela aussi palpitant et mystérieux que s'ils avaient vécu dans un vieux château féodal.

Tittmoning portait entièrement l'empreinte de Salzbourg. La ville avait été une succursale des évêques salzbourgeois et devait une grande partie de sa richesse au commerce du sel. La maison dans laquelle nous habitions appartenait au chapitre de Salzbourg. Nous avions une très grande chambre, la pièce qui servait autrefois de salle du chapitre. Mais la demeure n'était pas très pratique. Le sol en tomettes était friable, l'escalier de bois grinçant, abrupt et incommode. Chauffer une telle demeure exigeait de grands efforts, car il fallait monter par cet escalier étroit et raide le combustible pour les poêles à bois et à charbon. Monter sans cesse les lourds paniers d'osier devint une corvée éreintante pour notre mère ; elle commanda donc un jour chez le vannier une hotte que l'on pouvait porter sur ses épaules. En été, lorsqu'il était, par bonheur, inutile de chauffer, elle n'avait qu'à transporter le bois pour le fourneau ; mais en hiver le transport des bûches était accablant.

Les frères et sœur Maria, Joseph et Georg Ratzinger.

Au rez-de-chaussée de la maison se trouvait un magasin où l'on vendait de la vaisselle, du fer, des clous et toutes sortes de choses. Le patron, un certain M. Stubenrauch, était un homme singulier. Un peu dur d'oreille. Il fallait toujours parler très fort si l'on voulait qu'il comprenne quelque chose. Il avait une servante qui débarquait parfois en pleurs chez mon père pour se plaindre de son patron. Mon père devait de temps en temps le rappeler à l'ordre. Je l'ai revue plus tard. Elle s'appelait Rosa. Elle était domestique au séminaire de Traunstein. Pendant la guerre, elle croisa de nouveau mon chemin. Je servais alors dans différentes paroisses autour de Traunstein comme organiste auxiliaire ; elle était entre-temps devenue gouvernante d'un curé dans les environs de Traunstein.

Tittmoning avait un veilleur de nuit que j'avais commencé par redouter. Nous ne connaissions pas cela à Marktl. Une nuit, il chanta si fort qu'il nous réveilla, mon frère et moi : « Écoutez, braves gens, ce qu'on vous dit : notre horloge a sonné douze coups. » Je dis à mes parents — nous dormions tous dans une grande salle : « Il y a un méchant homme dehors, il crie, que se passe-t-il ? » Mes parents commencèrent par me calmer, puis m'expliquèrent que c'était le veilleur de nuit qui s'assurait que tout allait bien.

C'était du reste une petite ville très romantique. Quand je pense à Tittmoning, je revois d'abord sa très belle église qui exerçait déjà une certaine fascination sur les enfants que nous étions. On y vénère un portrait du Christ souffrant peint de telle manière qu'on a l'impression qu'il vous suit des yeux. Il y avait aussi l'église du couvent qui était en même temps celle de l'école. On y célébrait les messes scolaires. Dans l'église du couvent, une fraternité tenait chaque mois un office solennel avec procession. Au cours de cette procession, deux enfants étaient chargés de porter un « bâton », c'est-à-dire une hampe avec l'emblème spirituel de la fraternité. J'ai été porteur de « bâton » et j'en étais très fier. Nous recevions pour cela une aube blanche avec une courroie de cuir à la ceinture et, en tant que porteurs des « bâtons », nous avions le droit d'entrer dans l'église lors des processions mensuelles. Notre mère assistait toujours à cet office avec mon frère et ma sœur, ne fût-ce que pour me voir dans la procession.

Il y avait aussi à Tittmoning une très belle église de pèlerinage, la chapelle Ponlach, officiellement Maria Brunn de Ponlach, située un peu plus haut. Tittmoning est pour ainsi dire encadré, des deux côtés, par une montagne plate, ou plutôt une colline. Sur cette colline se trouve un grand et puissant château qui servit plus tard de centre aéré pour les enfants des écoles. Mais il nous intéressait moins en ce temps-là que le sanctuaire de Ponlach, tout près du château, et qui nous plaisait beaucoup. Nous sommes souvent allés avec notre mère dans cette petite église rococo, claire et aimable. Située en pleine forêt, au-dessus d'une gorge, où l'eau de la Ponlach bruissait si joliment. C'est pour moi un merveilleux souvenir, cette magnifique église et la gorge dans la forêt avec le murmure du ruisseau, nous aimions tant nous y promener.

Le bâtiment central de l'église de pèlerinage, qui datait du baroque tardif, avec perron et niches à fontaines, fut consacré en 1717. En ce temps-là déjà une statue de Marie en bois de tilleul attirait les pèlerins. L'image miraculeuse était l'œuvre du sculpteur salzbourgeois Hans Pernegger dans les années 1639-1640, c'est-à-dire au milieu de la guerre de Trente Ans. Plus tard seulement, la Mère de Dieu fut revêtue d'un vêtement de fête. Les autels latéraux de la chapelle étaient ornés de statues du sculpteur de Tittmoning Johann Georg Itzlfeldner, le plafond, de scènes de la vie de Marie. Au-dessus de la tribune, neuf fresques figurent différents lieux de pèlerinages mariaux en Europe, tandis qu'une inscription explique : « Maria Plain, consolatrice universelle, (Alt)Oetting riche en grâces pour chacun, Allzeit Etal une salle miraculeuse, la Protectrice apporte de l'aide à Passau, Maria Zell protège le corps et l'âme, Maria Schnee [neige] console dans la douleur, Loretto parure fleurie par le ciel, Einsiedeln consacré par Dieu même, Montserrat réjouit toute la chrétienté[1]*. » Dans la fosse de Ponlach, qui est riche en sources, le Ponlachbach traverse la vallée ombragée en une série de petites cascades.*

Il y avait aussi ce que l'on appelait le Bienenheim, le « foyer aux abeilles », un petit parc où les habitants pouvaient élever leurs abeilles et où notre mère aimait se rendre avec nous. Elle s'asseyait alors sur un banc et se consacrait à ses travaux

1. Ces inscriptions sont rédigées en assonances approximatives : « *Hilf zu Passau bringt die Schutzfrau…* » (*N.d.T.*)

manuels pendant que nous jouions, et nous passions ainsi l'après-midi ensemble. Un autre endroit où nous aimions passer notre temps libre se situait aux abords de la prison de Tittmoning. C'était une partie de l'école de filles que fréquentait Maria. On avait installé des bancs contre le mur à l'arrière ; nous nous y rendions parfois le dimanche. La grande place de Tittmoning était encadrée par deux vieilles portes de la ville, la porte de Burghauser et la porte de Laufen. Si l'on passait par la porte de Laufen, on arrivait d'abord à la gare. Quand un train entrait avec sa locomotive, un tourbillon de poussière et de suie accompagnait le fracas des machines. De là, on allait de Tittmoning à Wiesmühl-sur-l'Alz, où nous nous rendions nous aussi assez souvent. Ensuite, derrière la gare, on arrivait au cimetière avec sa belle église que nous allions assez souvent visiter. Là, tout près du cimetière, vivait un homme qui possédait un harmonium. Max Auer — nous l'appelions l'« Auer Maxl ». Il montrait de bon cœur son harmonium à tous ceux qui lui rendaient visite. Ce que nous fîmes à notre tour, et il me permit même d'appuyer sur les touches de son instrument. Mes deux jeunes doigts n'ont pas produit du grand art !

Tittmoning a une banlieue au bord de l'eau. La ville elle-même est située un peu en hauteur, le faubourg entouré d'eau se trouve directement face au pont sur la Salzach. La rivière marque en même temps la frontière avec l'Autriche. Il y avait là un poste de douane, chacun de ceux qui passaient le pont devait payer dix pfennigs et déjà nous étions à l'étranger. Cela nous fascinait bien sûr. Notre mère s'entendait bien avec la femme du douanier, et nous faisions à chaque fois une petite pause avant de poursuivre notre voyage en Autriche.

La première localité sur l'autre rive de la Salzach s'appelait Ostermiething. Au bord de la route, il y avait l'atelier d'un forgeron. Un jour, alors que mon frère était encore un petit garçon, il demanda tout haut : « C'est une forge ? » Et une voix tonitruante lui répondit depuis l'intérieur : « Non, une fabrique de pain d'épice ! » C'était un homme plein d'humour. Près de la frontière, au nord d'Ostermiething, il y avait encore une autre petite localité qui s'appelait Sankt Radegund, en l'honneur de sainte Radegonde, dont la vie est passionnante.

Après que le roi des Mérovingiens Clotaire Ier l'eut emporté sur celui de Thuringe, sa fille Radegonde (en latin : Radegundis, 518-587) fut emmenée avec son frère comme otage dans le royaume de France, où elle reçut le baptême. Après la mort de la reine, Clotaire la força à l'épouser. Une fois mariée, elle préféra se vouer à une vie de pénitence et de charité, ce qui lui valut des conflits constants avec son royal époux. Après l'assassinat de son frère, elle s'enfuit chez l'évêque de Noyon, qui la consacra religieuse. En 560 elle fonda à Poitiers un couvent pour femmes où elle entra elle-même comme simple religieuse. Bientôt, des femmes de tout le royaume suivirent son exemple et voulurent également devenir nonnes. Même l'empereur byzantin entendit parler de la pieuse ex-reine et lui envoya en 569 une relique de la Vraie Croix, ce qui l'incita à donner à sa fondation le nom de Sainte-Croix.

Tittmoning, place centrale. Carte postale historique. Devant à gauche, avec l'encorbellement, la maison Stubenrauch où logeait la famille Ratzinger.

Là-bas, à Sankt Radegund, on organisait régulièrement des représentations de la Passion, auxquelles j'assistais avec notre mère. Une autre fois, nous avons vu dans un théâtre en plein air un spectacle d'*Andreas Hofer*[1]. Nous aimions en général le théâtre. Un de nos amis avait même un théâtre de marionnettes qui ravissait le petit Joseph.

Tittmoning était réellement romantique, je dois le dire. La grande place, surtout, pendant l'Avent, quand il neigeait, était

1. Hofer fut le héros de la résistance tyrolienne à Napoléon. (*N.d.T.*)

un spectacle magnifique, notamment parce que les étalages des magasins débordaient de décorations. À Marktl, il n'y avait qu'un seul commerce dont la vitrine était ornée pour Noël, le grand magasin Lechner déjà mentionné. Mais à Tittmoning, c'était un alignement de boutiques. La maison voisine de la nôtre appartenait aux Pustet. Une vieille famille de libraires, dont la lignée professionnelle remonte à Friedrich Pustet (*1798-1882*), originaire de Passau, qui s'installa plus tard à Ratisbonne. Il fonda des maisons d'édition et des librairies dans de nombreuses villes, pas seulement en Bavière, mais dans le monde entier. Son neveu Anton créa à son tour les éditions Anton Pustet à Salzbourg. Et chez nous à Tittmoning, il y avait une librairie Pustet dont la vitrine était toujours merveilleusement décorée à Noël.

D'une manière générale, les livres jouaient un rôle important dans notre famille. Notre mère nous racontait toujours ce qu'elle venait de lire. Elle aimait par-dessus tout lire des romans historiques, par exemple sur les Fugger, un beau livre que je possède encore, mais aussi des histoires romantiques. Je me souviens d'un roman de Kurt Allmendinger, intitulé *Roma, la perle de la Ville Éternelle*, qui avait paru en 1930. Je venais de suivre à l'école ma première année de latin et je pensais que Roma était le nom de la ville de Rome, mais dans le roman c'était aussi un prénom féminin. Elle nous a raconté de belles histoires à ce sujet, entre autres des histoires de spiritualité, car ses lectures étaient pour la plupart l'œuvre d'écrivains populaires catholiques. Notre père lisait, spécialement le samedi, « le Goffiné », l'œuvre principale du père Leonhard Goffiné (*1648-1719*), un « sermonnaire de poche chrétien » comme l'indiquait son titre, *Christkatholische Handpostille.* Le livre contenait les « lectures » des messes des dimanches et des jours de fête, mais il les expliquait aussi très bien et les mettait en relation avec des thèmes de la vie religieuse. Notre père nous en a souvent lu des passages. Et il y avait aussi bien entendu « le Schott », du nom de son éditeur le père bénédictin Anselm Schott (*1843-1896*), qui publia en 1884 le premier *Livre de messe pour laïcs*. Depuis, son nom désigne des missels de toutes sortes. Quand nous étions petits, nous avions un livre de messe pour enfants, un petit livre avec des images et de toutes petites légendes qui expliquaient le déroulement des sacrements, si bien que nous pouvions très bien suivre ce qui se passait à l'autel. Plus tard nous avons eu un « Schott pour enfants », où figuraient les textes essentiels de la liturgie. Nous l'avons alors étudié avec application. Nos parents possédaient naturellement le vrai « Schott » que leur curé leur avait offert en 1920, le jour de leur mariage. Nous avons été ainsi introduits pas à pas dans le mystère de la liturgie, ce qui, la maturité venant, nous enthousiasmait de plus en plus.

À Tittmoning, les choses sérieuses commencèrent pour nous, les deux frères. J'entrai à 6 ans à l'école primaire, tandis que mon frère fréquentait désormais le jardin d'enfants au rez-de-chaussée du couvent des Augustins. « L'établissement pour la garde des enfants », comme il s'appelait alors officiellement, était tenu par les sœurs des « Demoiselles anglaises » et placé sous la direction de sœur Maria Korbiniana Kreuzburg, une petite nonne très énergique.

J'avais aimé aller à l'école maternelle, mais mon frère, au début, ne s'y est pas du tout plu. Il aurait préféré rester à la maison avec notre mère ! C'est plus tard qu'il y a pris goût. Un jour, il revint très impressionné à la maison. C'était le jour de la Saint-Nicolas, qui n'était pas le simple équivalent germanique de la tournée du Père Noël, mais qui correspondait aussi au passage du Krampus, son méchant compagnon. Les sœurs utilisaient cette histoire dans un but pédagogique. Ce jour-là, le Krampus avait bel et bien tambouriné et fait du tapage à la porte, deux sœurs auxiliaires avaient dû s'y arc-bouter pour qu'il n'entre pas. Elles expliquèrent ensuite aux enfants qui était le Krampus, et leur dirent qu'elles étaient là pour empêcher qu'il leur fasse du mal — ce qui leur permettait d'inspirer aux petits une peur du mal authentique.

Mais cette idylle enfantine — qui apparaît comme telle — fut bientôt perturbée par les événements du temps. La pauvreté et le chômage frappèrent aussi Tittmoning, le climat politique se détériorait. On était en campagne électorale permanente, la ville était couverte d'affiches criardes et de slogans énergiques, les rassemblements politiques viraient à l'émeute. Le gendarme Ratzinger devait sans cesse intervenir. Le NSDAP était un fauteur de troubles permanent, toujours prêt à employer la violence. Il excitait volontairement les gens, afin de se faire passer pour l'unique alternative au chaos.

Je me rappelle encore, sur les murs de Tittmoning, des affiches de propagande des différents partis, qui appelaient aux rassemblements et aux réunions politiques. Ses fonctions de gendarme exigeaient bien entendu la présence de mon père, alors que les bagarres éclataient souvent et que la situation devenait franchement dangereuse. Il en parlait beaucoup quand il revenait à la maison, mais nous n'avons pas vécu tout cela de manière immédiate.

Joseph, âgé de 5 ans, et son frère sentaient bien que leur père se faisait de plus en plus de soucis pour l'avenir. Adolf Hitler, le rédempteur autoproclamé du parti nazi, inspirait aux catholiques croyants une très profonde répugnance. Le gendarme était un lecteur enthousiaste de Der gerade Weg, *« Le chemin droit », qui était devenu l'organe du catholicisme politiquement engagé. Le rédacteur en chef du journal, le Dr Fritz Michael Gerlich, ne mâchait pas ses mots lorsqu'il parlait de Hitler. « Le national-socialisme est une peste », titrait-il le 31 juillet 1932, avant d'annoncer dans une prophétie : « Le national-socialisme, c'est l'hostilité envers les nations voisines, le règne de la violence à l'intérieur, la guerre civile, la guerre des peuples. Le national-socialisme, c'est le mensonge, la haine, le fratricide et une détresse sans limites. Adolf Hitler proclame le droit du mensonge. Vous, qui avez succombé à ce mensonge d'un possédé par la domination de la violence, réveillez-vous ! Il s'agit de l'Allemagne, du destin de vos enfants ! » Après la prise du pouvoir, cet homme courageux paya de sa vie tant de franchise. Des hommes de la SA le rouèrent de coups et le laissèrent pour mort dans son bureau avant de revenir l'incarcérer. On le garda prisonnier et on le tortura pendant quinze mois, puis il fut envoyé au camp de concentration de Dachau où on l'assassina.*

Je ne suis pas sûr que mon père était abonné, mais je me rappelle bien que *Der gerade Weg* était souvent à la maison et qu'on l'appréciait beaucoup. Notre père parlait peu de politique avec nous, car il connaissait le proverbe : « Les enfants et les fous disent la vérité. » Il craignait que nous ne puissions laisser échapper quelque bavardage qui pourrait autant lui nuire à lui qu'à nous. Notre mère en disait un peu plus, elle était plus ouverte. En tout cas, nos parents ne dissimulaient pas qu'ils étaient nettement antinazis et qu'ils abhorraient Hitler de tout leur cœur. Ils admiraient Fritz Michael Gerlich pour son courage.

Il était naturel, pour mon père, de lire *Der gerade Weg* : ce journal reflétait sa pensée. Pour le reste, il était abonné au *Münchner Tagblatt*, proche du Parti populaire bavarois, le Volkspartei (BVP). C'était alors le parti catholique, ici, en Bavière, le plus fort adversaire du NSDAP dans le pays. Après la prise du pouvoir par les nazis, ces deux journaux furent malheureusement contraints de se saborder.

L'Église, elle aussi, prenait alors ouvertement position contre le mouvement de Hitler. Dès octobre 1930, le journal du Vatican,

L'Osservatore Romano, *déclarait dans un éditorial qu'être membre du NSDAP était « incompatible avec la conscience chrétienne ». L'archevêque munichois, le cardinal Michael von Faulhaber, employa des mots encore plus clairs et désigna l'idéologie nazie comme une « hérésie » blasphématoire. Il fut « strictement interdit » au clergé catholique de soutenir les nazis de quelque façon que ce soit. Après une série de directives semblables émises par des évêchés, la conférence épiscopale allemande décréta en août 1932 des consignes unifiées pour les relations avec le national-socialisme. Le programme du NSDAP fut déclaré « doctrine erronée », le « caractère hostile à la foi » du mouvement nazi ouvertement dénoncé. « L'appartenance au parti » fut interdite aux catholiques, quiconque y dérogeait était exclu des sacrements. Catholicisme et nazisme étaient ainsi clairement inconciliables.*

Notre chemin prit une tout autre direction. La musique m'a toujours fasciné, surtout la musique religieuse. Cela commença à Marktl, avec Andresl mon modèle, et cela continua à Tittmoning quand j'ai rencontré « Auer Maxl » et son harmonium. À l'église, j'ai fait la connaissance d'un prêtre organiste et d'un laïc qui dirigeait le chœur. La musique religieuse m'a alors énormément intéressé et captivé. Par bonheur, mes parents soutinrent d'emblée mes goûts et mes envies. Quand notre séjour à Tittmoning toucha à sa fin, mon père lut une annonce où l'on proposait, je ne sais où, un harmonium d'occasion. Il coûtait, je m'en souviens encore précisément, deux cent quarante et un Reichsmarks, et il fut livré à notre nouvelle adresse d'Aschau. Ainsi commença mon chemin vers la musique, la carrière qui allait me mener au poste de chef de chœur de la cathédrale. Un jour, j'ai demandé à mon père comment s'appelait l'homme qui dirigeait le chœur dans l'église épiscopale. Mon père connaissait la réponse, l'homme portait le titre de *Domkapellmeister*. « Dans ce cas, je serai un jour *Domkapellmeister* », lui ai-je annoncé. Plus tard, j'eus des doutes. Mais en ce temps-là, pour moi qui étais encore si jeune et si naïf, c'était une certitude absolue. Exactement comme mon frère, alors à Tittmoning, était parfaitement certain d'être cardinal un jour. C'était, en toute raison, une sottise d'enfant. Et nous ne pouvions pas soupçonner que cela se passerait exactement ainsi.

À cette époque, le cardinal Faulhaber, archevêque de Munich et de Freising, vint à Tittmoning pour une confirmation[1]. C'était une personnalité imposante, qui voyageait dans une limousine noire comme il n'y en avait pas à Tittmoning. Nous n'avions encore jamais vu d'aussi belle voiture que celle du cardinal, et la portière resta fermée jusqu'à ce que notre père, gendarme chargé de la protection des lieux, portant pour cette occasion son uniforme astiqué à blanc avec casque, sabre et ceinturon, l'ouvre enfin largement. Le cardinal en sortit avec dignité et parcourut la foule d'un regard majestueux.

1. D'après les notes du cardinal Faulhaber, qui sont conservées dans les archives diocésaines de Munich, ce fut le 19 juin 1931. Joseph Ratzinger avait 4 ans.

Dans l'atelier photo, les enfants Ratzinger dans leur tenue du dimanche.
À droite, la pomme dans la main comme un globe impérial, le futur pape.

Joseph Ratzinger (cercle) au jardin d'enfants de Tittmoning.

Cela nous a extraordinairement impressionnés ; et mon frère a déclaré, laconique : « Un jour je serai cardinal. »

Quelques jours plus tard, on repeignait notre logement. L'artisan s'y prenait avec tant d'habileté que mon frère commença par observer le spectacle, fasciné, avant de nous annoncer : « Un jour, moi aussi, je serai peintre. » C'était deux vocations assez éloignées, et mon frère avait encore tout le temps pour se décider !

IV

ASCHAU (1932-1937)

Notre père s'était déjà confronté à la SA durant les années qui ont précédé la période nazie, il avait dispersé des manifestations et s'était ainsi taillé la réputation politique d'un antinazi sans faiblesse. Tout le monde le savait à Tittmoning. Il n'en parlait pas trop en famille, sans doute volontairement, afin de nous protéger. Quand on comprit que les nazis allaient prendre le pouvoir, ses supérieurs lui conseillèrent de quitter Tittmoning. Cela pouvait devenir dangereux pour lui. Après seulement trois années de service, il demanda donc à quitter la petite ville pour être muté dans un village, et fut nommé à Aschau.

À la mi-décembre 1932, peu avant Noël et six semaines seulement avant la prise de pouvoir par Adolf Hitler, les cinq membres de la famille déménagèrent. Joseph Ratzinger décrit Aschau-sur-l'Inn, leur nouveau lieu de séjour, comme « un village paysan tranquille, avec de grandes fermes de belle apparence ». En son centre, il y avait, « comme c'est l'usage en

Aschau, la grand-rue ; sur la droite, la maison de la famille Ratzinger.

Bavière, une superbe brasserie dont l'auberge était le rendez-vous dominical des hommes ; la place du village se trouvait à l'autre extrémité du bourg, on y trouvait une autre belle auberge, église et école ». Leur nouveau domicile était une maison moderne selon les critères de l'époque, avec encorbellement et balcon, qu'un riche paysan avait bâtie et qu'il louait à présent à la gendarmerie. Le futur pape la jugea en tout cas « un chez-soi où l'on se sent bien ».

Aschau était un bourg étiré en longueur de part et d'autre d'une rue unique. Notre maison était à une des extrémités du bourg, loin de l'église. C'était une belle maison familiale,

« une vraie villa », pour reprendre l'expression de notre mère. Au rez-de-chaussée se trouvait le local de service de notre père et de son gendarme auxiliaire, avec son logement. Nous habitions pour notre part au premier étage. C'est dans le local de service que les gens venaient porter plainte contre un voisin ou contre n'importe qui d'autre. Il y avait un téléphone, comme à Tittmoning, mais nous ne devions pas le toucher, il était réservé aux activités de mon père, et nous n'avions pas encore de ligne personnelle à cette époque. La maison avait une belle fenêtre en encorbellement, ce qui nous plut tout de suite. Le premier étage abritait une grande cuisine à vivre où se trouvaient le fourneau et une table. On y avait aussi installé un canapé. L'harmonium, qui nous fut livré peu après notre emménagement, y trouva lui aussi sa place. En face, la salle de séjour, très bien meublée, mais que l'on chauffait rarement en hiver. Nous disposions d'une chambre à coucher où mon père dormait avec nous, les garçons, et d'une seconde pour notre mère et notre sœur. Dans un couloir qui reliait les pièces entre elles, on dressa la crèche dès notre arrivée. Nous nous sommes très vite sentis chez nous. Une petite annexe de la maison hébergeait la cellule. Les contrevenants que notre père avait arrêtés devaient y passer la nuit, avant que lui ou son auxiliaire les conduise à pied le lendemain matin jusqu'à la prison de Mühldorf, à 17 kilomètres de là. Comme le gendarme devait aussi nourrir les prisonniers, notre mère partageait notre repas avec eux. Ils n'avaient pas à se plaindre : elle cuisinait toujours très bien.

La maison avait en outre un joli jardin qui faisait la joie de notre mère. Il était pourvu d'un petit étang qui servait de vivier de carpes et où mon frère, un jour, frôla la noyade de peu. Le plan d'eau était situé au pied d'une petite pente que Joseph, turbulent comme le sont les petits garçons, avait pris l'habitude de descendre en glissade jusqu'à ce qu'il tombe un beau jour dans l'eau. Nos parents réagirent à temps, le tirèrent de l'étang et lui sauvèrent la vie. La mare aux carpes fut comblée peu après ; nul ne sait plus aujourd'hui où elle se trouvait. Quand mon frère devint pape, on m'a invité à Aschau pour l'inauguration d'un monument en son honneur. J'ai alors parlé avec le maire, un homme très aimable, qui ne se souvenait même plus de l'existence de cet étang.

Près de l'église se trouvait l'épicerie. Il y avait plusieurs boutiques dans le village, mais c'était la plus importante. Elle appartenait à une certaine Mme Bastl qui avait plusieurs enfants et dont l'un des fils allait en classe avec moi. Le magasin regorgeait de tout ce qui faisait envie : vivres et confiseries, bonbons et chocolat, crayons et porte-plume, livres, papier, tissu pour les tabliers et les robes de notre mère et de notre sœur. On y trouvait de tout. C'était pour nous un véritable royaume magique. À l'autre extrémité du village, il y avait le hameau Thann, où habitait un étudiant, Franz Xaver Kronberger *(1913-2010)*, qui venait de passer le baccalauréat. Je me rappelle encore qu'il portait, comme c'était alors l'usage, un bonnet de bachelier couvert de velours rouge où l'on avait imprimé l'insigne. Il portait aussi la pochette du baccalauréat, un morceau d'étoffe triangulaire accroché à sa montre de poche en même temps qu'un ruban blanc et rouge. Cela nous avait beaucoup impressionnés. Plus tard, il étudia la théologie et devint vicaire de la cathédrale à Munich. Nous l'avons revu par la suite, et nous avons noué de bonnes relations personnelles.

L'homme le plus important d'Aschau, c'était bien entendu le curé. Le nôtre s'appelait Alois Igl et vivait dans un logement mis à sa disposition par Georg Rinser, un oncle de l'écrivain Luise Rinser. Mme Rinser était peut-être un peu excentrique, mais son oncle était un homme extrêmement gentil. Légèrement handicapé, mentalement et physiquement, il avait été autrefois piqué par des frelons et en était tombé si gravement malade qu'il avait dû prendre sa retraite. Il avait une gouvernante du nom d'Elis, plus noble que l'habituel « Lisl », et chaque fois que nous passions par là, elle nous donnait quelque chose, une noix ou un petit cadeau. Elle avait toujours besoin de faire un petit plaisir à tous ceux qui lui rendaient visite, et c'était une raison suffisante pour aller la voir de bon cœur.

Il y avait d'autres notables à Aschau, le directeur de l'école primaire et d'apprentissage, ainsi que ses professeurs, quelques riches paysans dont certains se révélèrent malheureusement bientôt être des nazis purs et durs. Le gendarme, c'est-à-dire notre père, faisait partie des notables et inspirait aux gens le respect nécessaire. On racontait aux petits que le gendarme punirait les méchants enfants, même s'il ne se souciait naturellement que des délinquants adultes.

Andreas Brand était un homme unique en son genre. Outre son métier de coiffeur, il exerçait aussi les fonctions d'horloger, d'électricien, d'agent d'assurances, de propriétaire d'une station-service et de photographe. C'est lui qui prit nos premières photos d'enfants. Quand il disparaissait derrière le gigantesque appareil, il disait toujours : « On ne bouge plus ! », mais à chaque fois quelque chose allait de travers. Il était un peu lent, assez taciturne, mais il finissait toujours par s'en tirer et, finalement, se débrouillait partout. En 1934 ou 1935, nous nous sommes acheté un appareil photo tout simple, un Kodak qui coûtait trois ou quatre marks cinquante. Nous étions extrêmement fiers de cet appareil, même si, bien entendu, il ne faisait pas d'aussi bonnes photos que Brand dans son atelier. Cet appareil, les Américains sont repartis avec en 1945, après avoir occupé notre maison près de Traunstein ; nous en avons été très tristes.

À côté de nous il y avait la brasserie Ametsbichler, c'était la famille la plus riche de l'endroit. Ils avaient cinq enfants ; l'aîné, Thomas, était déjà en internat, le deuxième, qui s'appelait aussi Georg, était dans ma classe, la quatrième, Bärbel, avait le même âge que mon frère et fréquentait en 1933 la même classe que lui ; ils se sont sans doute liés d'amitié. Sinon, nous autres garçons, nous n'avions pas beaucoup de contacts avec des filles. Les garçons de cet âge ont un tout autre tempérament. Dans les salles de classe, nous étions séparés ; à gauche les filles, à droite les garçons. Ceux-ci nouaient bien plus d'amitiés entre eux — et les filles, elles aussi, restaient entre elles. Ce comportement était le même dans la famille. D'abord, il y eut Maria et moi, qui avions le statut d'aînés, tous les deux face à mon frère. Mais plus tard, nous sommes devenus solidaires, mon frère et moi, et notre sœur s'est davantage rapprochée de notre mère. Cela dit, elle racontait bien les histoires et nous rapportait toujours, dans tous les détails, ce qu'elle avait fait à l'école. Nous écoutions attentivement, car nous voulions savoir ce qui nous attendait quand notre tour d'y aller serait venu. Mais nous n'avons pratiquement presque jamais joué à trois. En tant que frères, Joseph et moi ne formions qu'un cœur et qu'une âme. Nous nous sommes bien sûr disputés et bagarrés, c'est dans la nature des choses, mais nous restions inséparables, et il en a été ainsi toute notre vie.

Étiez-vous de jeunes garçons sages ou de vrais galopins bavarois ?

Je crois que nous étions un peu les deux ! Nous n'étions pas toujours sages, c'était clair. Je dirais que mon frère était encore plus sage que moi. Mais nous n'étions pas non plus de vrais sauvages qui auraient fait les quatre cents coups, je ne peux pas dire cela.

Que faisiez-vous donc comme sottises ?

Eh bien, de l'autre côté de notre maison vivait un petit paysan qui possédait une charrette à bœufs. Il marchait toujours cinq pas devant eux et il criait derrière lui : « *Via* ! » Vous connaissez les commandements avec lesquels on fait marcher le bétail ? Quand on criait « *via* ! », les bêtes avançaient, avec « *hue* ! » elles s'arrêtaient, à « *hott* » elles allaient à droite et à « *vust* ! » à gauche. Lui criait toujours « *via* ! » et « *hue* » sans même se retourner. Il est souvent arrivé que de « méchants » écoliers arrêtent discrètement les bœufs et la charrette, si bien que le paysan rentrait chez lui tout seul. Il se retrouvait tout d'un coup sans rien ni bêtes derrière lui !

Nous vivions bien sûr à Aschau une vie toute différente de celle que nous avions eue à Tittmoning, marquée par son caractère citadin. Mais cela ne nous intéressait pas vraiment. Nous allions certes régulièrement dans les champs, au printemps pour cueillir de la mâche, mais pour le reste nous avions relativement peu à faire avec les travaux agricoles. Nous savions bien que notre vocation se jouerait dans un tout autre domaine et qu'Aschau n'était qu'une étape sur ce chemin.

Au XIXe siècle vivait un saint bien sympathique, Konrad von Parzham (1818-1894, également nommé Conrad de Thuringe en français). Cet ancien paysan entra à 31 ans au monastère des capucins d'Altötting, où il resta comme portier toute sa vie. Tous ceux qui lui demandaient conseil et aide trouvaient en lui un homme plein d'amour dévoué et de serviabilité. Ni l'âge, ni la maladie, ne l'empêchèrent d'accomplir ses dix-huit heures de service. Quand, épuisé, il pria enfin son supérieur de le libérer, il mourut trois jours plus tard. Le pape Pie XI, qui proclama le frère Konrad bienheureux en 1930 et saint en 1934, déclara : « En lui resplendissaient pureté et humilité, amour de Dieu et du prochain, fidélité à ses devoirs » — vertus qui en imposaient aussi au jeune Joseph Ratzinger. Il se demanda souvent, plus tard, comment il se faisait que Dieu se montre le plus clairement chez les hommes simples. Ce fut aussi pour lui une incitation à ne jamais oublier ses propres racines et à ne jamais « décrocher » spirituellement.

Je me rappelle encore très bien la canonisation de frère Konrad en 1934 (*c'était le 20 mai, le jour de la Pentecôte*), pour laquelle nous sommes retournés en pèlerinage à Altötting. Nous étions, les trois enfants, avec notre mère, nous regardions les foules interminables qui passaient devant nous en une solennelle procession de lumières, priant avec ferveur : « Ô Marie, aide-moi, ô Marie, aide-moi, un pauvre pécheur t'implore. » À moi, petit garçon de 10 ans, cela paraissait lassant, mais j'étais tout de même impressionné de voir tant de gens tenir une bougie à la main et implorer la Mère de Dieu.

L'église du couvent me fascinait aussi, surtout la chapelle votive dont le déambulatoire était couvert du haut en bas d'ex-voto offerts par des gens qui, dans leur grande détresse, avaient imploré la Sainte Vierge et reçu son aide. C'était pour nous un signe visible des miracles qui s'étaient produits là, un signe que la Vierge était intervenue dans ce monde et avait allégé les hommes de leurs soucis et problèmes. En ce temps-là, les gens avançaient encore en glissant sur les genoux dans le déambulatoire tout en récitant le chapelet. Nous savions qu'ils avaient un grand souci ou une importante demande à faire et se confiaient pleins d'espérance à la protection et à l'aide de Marie. L'exercice de la pénitence, la prière à genoux, leur permettait d'expier et renforçait leur prière.

Mais en ce jour de la canonisation, tout tournait bien sûr autour de frère Konrad. Nous autres enfants, nous ne savions pas grand-chose de lui, hormis que c'était un très brave homme qui était monté au ciel parce qu'il était si bon et avait mené une vie croyante et chrétienne. Cela nous a impressionnés et incités à suivre son exemple. Il était bon de savoir qu'avait vécu tout près de nous un homme qui était sûrement maintenant au ciel près du bon Dieu et pouvait nous servir de modèle.

Mais ce fut aussi une journée difficile. À midi, au couvent des Demoiselles anglaises, on nous avait servi une soupe dans laquelle se trouvait une guêpe ou une abeille qui piqua mon frère à l'œil. Mon frère est allergique au venin d'abeille. Cette piqûre lui a valu un très gros bouton, et il en a souffert jusqu'au soir.

À Altötting, je commençai à m'intéresser aux rayons où l'on pouvait acheter des articles de piété. On y offrait beaucoup de belles petites choses que nous autres gamins pouvions utiliser pour jouer au prêtre, par exemple de petits ostensoirs, des calices miniatures, des chandeliers et bien d'autres objets encore, avec des cierges de toutes les formes possibles. Mon frère et moi, nous aimions jouer au prêtre. C'était alors un jeu d'enfants très apprécié dans les familles catholiques, avec naturellement en arrière-plan l'idée de préparer les garçons au service d'enfants de chœur et peut-être même plus tard à une vocation sacerdotale. On pouvait alors acheter dans n'importe quel magasin de jouets des autels pour enfants avec de petits calices, des ostensoirs, etc. Nous en avions un nous aussi, bien sûr, mais le nôtre avait été fabriqué par notre oncle Benno, celui qui vivait à Rimsting. C'était vraiment un bel autel, muni d'un tabernacle tournant. L'oblation était effectuée avec de petites burettes et des calices d'étain. Nous n'utilisions naturellement pas de vin, mais de l'eau dans notre jeu pour la transsubstantiation. Nous avions aussi un encensoir qui s'emmêlait souvent quand on le balançait, et même des vêtements liturgiques que nous confectionnait la couturière de notre mère et de notre sœur. Elle s'appelait Wally Kifinger et habitait de l'autre côté de la rivière d'Aschau qui traversait toute la localité. On gagnait sa maison par une étroite passerelle. Elle avait une sœur malade, appelée Fanny, qui habitait avec elle, alitée depuis des décennies. Comme enfant de chœur, j'ai franchi chaque jour avec le curé l'étroite passerelle pour lui apporter la communion des malades. Le curé marchait en aube, avec étole et ciboire, je marchais devant lui avec une cloche que je faisais sonner. Les gens qui nous croisaient s'agenouillaient et faisaient un signe de croix, car ils savaient que nous portions avec nous la sainte Eucharistie. Nous allions chez elle chaque jour, hiver comme été. En hiver, la passerelle était la plupart du temps verglacée, ce n'était pas si simple. La plupart des habitants d'Aschau étaient des catholiques profondément croyants. Il y avait aussi plusieurs fraternités qui célébraient solennellement leurs jours de fête.

De grands cris de joie emplirent notre maison quand l'harmonium que notre père avait acheté fut livré à Aschau, peu après notre déménagement. Je me rappelle encore très bien ce merveilleux instrument. Il avait treize registres, et comme particularité une harpe éolienne. C'est un 2' dans les basses — on appelle les registres 8', 16' et 4', ce qui correspond à chaque hauteur de ton. Cela nous a beaucoup impressionnés, mais nous ne savions pas encore jouer. Notre père est alors allé voir le curé et lui a demandé s'il connaissait un professeur pour nous, c'est-à-dire d'abord pour ma sœur et moi. Il ne connaissait personne, hormis son élève du « Lizeum », Else Pölzl. Un « Lizeum », c'était alors une sorte de cours complémentaire général pour jeunes demoiselles, fréquenté par les filles de bonnes familles après l'école primaire. Else nous donnait à chacun une demi-heure une fois par semaine, ce qui nous permit d'apprendre au moins les bases, car elle ne s'y connaissait guère en musique. Mon père lui donnait un peu d'argent de poche. Sa sœur Hilde fréquentait la même classe que notre sœur. Elle se maria plus tard et eut cinq fils, dont trois firent partie des *Domspatzen* de Ratisbonne. Je suis encore en contact avec eux aujourd'hui.

Ma carrière de musicien d'église a commencé de manière inespérée. Voici toute l'histoire. Notre professeur était en même temps notre organiste et musicien d'église, mais c'était aussi un nazi pur et dur, au point de se présenter souvent à l'école en chemise brune. Plus tard, pendant la guerre, il fut mobilisé et tué. Toujours est-il qu'un beau jour, il n'accepta plus de jouer de l'orgue dans l'église les jours de semaine. Il disait que ce n'était pas possible, que le Führer ne le voulait pas, que sa place était dans l'école. Mais comme nous avions chaque matin une messe pour les élèves, notre curé ne voulut pas non plus que les enfants soient privés de musique. Il acheta donc un harmonium et me demanda si je pouvais en jouer. Il me sembla que je maîtrisais alors suffisamment cet instrument pour accompagner les airs que chantaient les enfants, et j'acceptai volontiers. C'était en 1934, j'avais dix ans. Je prenais toujours les partitions de l'orgue. Un jour, la partition n'était plus à sa place ; après un moment de confusion, j'ai finalement décidé de jouer les cantiques de mémoire. À la fin, le curé, qui s'y connaissait un peu en musique, me dit que tout avait été très juste. Avoir pu, à 10 ans, accompagner les chants sans les partitions de l'orgue, m'inspira une certaine fierté, je dois l'avouer. Cela ne me parut même pas difficile et ma mère s'en est beaucoup réjouie. Mon père n'a rien dit, il est vrai qu'il ne disait jamais grand-chose.

On peut lire dans la chronique de la paroisse d'Aschau, à la date du 20 décembre 1934 : « Un élève du cours moyen », cela désigne Georg Ratzinger, « accompagne magnifiquement les chants de messe allemands et les chorals en latin. »

Plus tard, mon frère Joseph a lui aussi reçu des leçons d'harmonium. Ma sœur fréquentait déjà, au couvent, ce que l'on appelait une « école des filles de famille ». C'était une école où les filles pouvaient apprendre beaucoup de choses pratiques, depuis la sténo, la comptabilité et la dactylographie jusqu'aux arts ménagers. Nous connaissions donc bien les sœurs de ce couvent, et notre mère conduisait chaque semaine Joseph chez l'une d'elles, Maria, qui lui donnait des leçons d'harmonium. Il prit ainsi ses cours chez les religieuses.

Au séminaire, mon frère a aussi appris à jouer du piano. Le piano c'est le véritable instrument à touches, l'harmonium n'est qu'une imitation de l'orgue, et celui qui veut faire quelque chose de bien sur un instrument de ce genre doit d'abord savoir jouer du piano. Mais nous avons procédé dans un autre ordre. C'est seulement quand mes parents sont partis pour Traunstein en 1937, que nous avons appris que là-bas, à la lisière de la ville, il y avait une maison des Demoiselles anglaises où l'on vendait de vieux pianos. Notre père nous en a acheté un et nous avons pu prendre des cours.

En tant que directeur de musique de la cathédrale, quel est votre jugement sur le talent musical du Saint-Père ?

J'avoue que j'avais plus de facilités, mais il avait un vrai sens musical, il prenait un grand plaisir à la musique et s'est montré très habile. Il faut aussi de l'intelligence pour y arriver. Il a vite appris à lire les notes et a vite compris la musique, ce que favorisaient beaucoup son ouverture spirituelle et sa réactivité. Mais il n'est pas tombé dans la musique aussi spontanément que moi. J'ai toujours passionnément aimé la musique. Lui était un peu plus réservé, bien qu'il ait eu l'esprit très musical.

Le transport de son piano de sa demeure cardinalice au palais apostolique en 2005 a été un vrai casse-tête pour les déménageurs.

C'est vrai. Mais aujourd'hui le piano est dans l'appartement pontifical, dans le salon situé tout près de la salle à manger.

Joue-t-il régulièrement ?

À l'en croire, rarement. Mais la plupart du temps, on voit des partitions de cantiques ouvertes sur son pupitre. Max Eham, qui fut le directeur musical de la cathédrale de Freising, puis de la cathédrale de Munich, a composé en son temps une quantité de chants et les a rassemblés en un petit livre de cantiques que mon frère possède encore aujourd'hui. Ce livre est souvent sur le piano, et mon frère joue aussi les chants religieux les plus courants. Mais on trouve aussi sur son pupitre de la musique pour piano « plus difficile ». Malheureusement, il joue moins, dit-il, depuis qu'il s'est cassé la main *(le 17 juin 2009)*. Les doigts se raidissent avec l'âge. Je remarque moi aussi que mes capacités diminuent au fil des années.

Mais la vie villageoise idyllique, l'apparente insouciance des frères Ratzinger étaient trompeuses. Les ombres de la politique ne s'arrêtèrent pas aux portes du village d'Aschau. Le 30 janvier 1933, le président du Reich Hindenburg appela Adolf Hitler à la chancellerie, ce qui fut célébré par les nazis comme la « prise du pouvoir ». « Et c'en était une en effet », déclara plus tard Joseph Ratzinger dans ses souvenirs : « On fit usage de la force dès le premier instant. »

Nous habitions tout juste depuis six semaines à Aschau lorsqu'on apprit que Hitler avait été élu. La plupart des gens furent choqués. Mais on ordonna que toute l'école primaire défile dans Aschau, c'est-à-dire que l'on organise une manifestation en l'honneur du « Führer ». Comme je l'ai dit, Aschau est un village tout en longueur, l'école et l'église étaient aux deux extrémités. Nous avons donc traversé toute la localité et nous sommes revenus sur nos pas. Il pleuvait à torrents ce jour-là et nous avons bravement marché dans les flaques, ce qui était assez ridicule.

Notre père était très en colère et aussi très inquiet de la manière dont tournaient les choses. Nous autres enfants, nous savions seulement que Hitler était quelqu'un de très mauvais, un bandit, et que l'« Hitlérie », comme mes parents appelaient le national-socialisme, était une affaire grave, c'est à peu près tout. Les gens du village réagissaient de différentes façons. Ceux qui jusqu'à présent n'avaient pas osé montrer leur sympathie pour ces « charmeurs de rats » l'affichaient désormais ouvertement et les autres essayaient de s'arranger avec la nouvelle réalité. Quelques nazis ont créé un groupe local et bien entendu, on a fait pression sur notre père pour qu'il adhère au NSDAP. Il a répondu qu'il n'entrerait en aucun cas au parti, mais pour ne pas trop mettre notre famille en danger, il a conseillé à notre mère d'adhérer, elle, à la section féminine. Elle était dirigée par une certaine Mme A[1], une femme très pieuse qui récitait encore le chapelet en marchant dans la rue. Elle le tenait même à la main en faisant le salut hitlérien ! Notre mère racontait ensuite ce qui se passait pendant les rencontres de la section féminine nationale-socialiste d'Aschau. Elles ne parlaient pas de Hitler, elles échangeaient des recettes de cuisine, parlaient de leurs jardins et parfois aussi récitaient le chapelet ensemble. C'était naturellement une réunion « nazie » assez atypique, qui n'avait plus rien à faire avec l'idéologie brune.

1. Pour protéger les descendants des personnes concernées, Mgr Ratzinger a demandé que les noms soient rendus non identifiables.

Notre gendarme auxiliaire, M. W., n'était pas un membre du parti, mais il était très ambitieux. Un jour il apprit qu'une nouvelle réunion des responsables de la paroisse allait avoir lieu et qu'un père viendrait de Gars pour y tenir le sermon. Il espérait pouvoir faire un rapport sur lui aux autorités. Car en ce temps-là un gendarme recevait une distinction quand il dénonçait un prêtre. Il est donc allé à l'église avec un bloc-notes, espérant entendre ce prêtre tenir des propos qu'il pourrait rapporter et qui lui vaudraient du galon. Mais le curé avait appris que W. comptait prendre des notes et demandé au prêtre de ne faire aucun sermon. Le père a pris le Carême pour prétexte et remplacé son prêche par un chemin de croix avec les fidèles. Au lieu de prendre des notes, notre gendarme auxiliaire a dû s'agenouiller et se relever quatorze fois de suite. Les gens savaient bien sûr qu'il était venu pour une autre raison et ce spectacle les fit tous bien ricaner.

Joseph Ratzinger senior réagit à la prise de pouvoir de 1933 à sa manière à lui, rationnelle et logique. « Nous allons avoir la guerre. Maintenant, il nous faut une maison ! » annonça-t-il à sa famille. La même année, il acquit avec ses économies — en tout 5 000 Reichsmarks — une vieille ferme délabrée (elle datait de 1726) à Hufschlag près de Traunstein, où la famille devait se retirer quand il aurait pris sa retraite.

Joseph entra peu après à l'école. Une photo de classe de ce temps-là le montre, légèrement penché, avec un regard un peu

Aschau, 1933 : Joseph Ratzinger en cours préparatoire (troisième rangée, deuxième à partir de la droite).

sceptique, au troisième rang. Au fond, se tient une institutrice qui regarde sa classe avec sévérité, on peut voir au tableau le résultat de la première addition : 1 + 1 = 2. Les premiers essais d'écriture étaient déjà faits eux aussi : « À mon nez », lit-on au tableau. Au mur est accroché le crucifix, entre deux photos. Elles montrent le président du Reich Hindenburg — et à côté, Adolf Hitler.

Au village, on restait divisé. La plupart des habitants d'Aschau demeurèrent d'abord dans l'expectative après la mise en place du nouveau gouvernement. Joseph Ratzinger se rappelle ainsi le combat qui eut lieu en 1933 autour de l'école confessionnelle. Jusqu'alors, l'école primaire catholique était le modèle courant. Le curé ou le chapelain étaient en même temps professeurs d'instruction religieuse et enseignaient le catéchisme dans les classes. Les nazis voulaient mettre fin à cette liaison. Les écoles ne devaient dépendre que de l'État et ne devaient plus transmettre la foi chrétienne, mais l'idéologie du « Führer ». Pour que l'Église se tienne tranquille, Hitler, tout de suite après la prise du pouvoir, lui offrit un Concordat, un traité fondamental qui, disait-on, assurerait à l'Église ses droits. Les évêques espéraient ainsi pouvoir éviter le pire et ils furent d'abord prêts à traiter avec le régime. Ils ne soupçonnaient pas que le nouveau gouvernement n'avait jamais eu l'intention de s'en tenir aux traités existants. Lorsque les évêques essayèrent de protester contre la violation du droit, il était trop tard depuis longtemps et ils durent constater que cela ne servait à rien. Parmi les professeurs, seule une petite partie était véritablement enracinée dans la foi. Beaucoup d'anciens professeurs avaient de la rancœur envers l'Église, ils s'étaient sentis tenus en laisse par l'ancienne inspection des écoles. Parmi les jeunes, il y avait beaucoup de nazis convaincus. L'un d'entre eux voulut même modifier la vie du village, traditionnellement rythmée par l'année ecclésiastique. Il organisa des fêtes du solstice et déclara que le temps était venu de se tourner vers la sainte nature et nos origines véritables, au lieu de continuer à croire au péché et au salut. C'étaient des idées étrangères, juives, qui avaient été imposées aux ancêtres germaniques par les occupants romains. Il fallait à présent se libérer du joug de cette religion étrangère. Le 1er mai, il fit ériger en grande pompe un arbre de mai. Dans une « prière » composée par lui-même, il le célébra comme « un symbole de la force de la vie toujours renouvelée ». L'arbre devait aider à restaurer un morceau de la religion germanique et à refouler la religion chrétienne. Mais les paysans attachés au terroir, qui vivaient à Aschau, ne firent qu'en ricaner. Et les jeunes du village s'intéressaient davantage aux saucisses qui pendaient à l'arbre de mai, destinées à celui qui grimperait en haut le plus vite.

Malgré cela, la politique ne s'arrêta pas aux portes de l'école primaire. Aussi Joseph dut-il prendre position très tôt et défendre ce en quoi il croyait. Sa stricte éducation catholique fit qu'il n'eut jamais de problèmes pour se démarquer des chemises brunes.

Quand Joseph Ratzinger prépara sa première communion, en 1934, son père lui acheta son premier « Schott », le missel contenant une traduction en allemand des textes liturgiques. Ainsi, le livre, paru dans une édition populaire maniable, devint-il son guide dans le monde mystérieux de la liturgie encore célébrée en latin. La comprendre fut pour le jeune garçon croyant un véritable voyage de découverte. « Pénétrer dans le mystérieux est toujours quelque chose de beau pour un enfant et pour un être jeune », expliqua-t-il plus tard son enthousiasme. « L'amour pour la liturgie permet de s'enraciner dans ce processus et fait

La première communion de Joseph Ratzinger, en 1936 ;
il se trouve au deuxième rang, c'est le deuxième garçon à partir de la gauche.

croître de manière naturelle et précoce l'élément vivant dans le véritable cœur de l'Église — notamment et aussi lorsqu'il s'agit de répondre aux fantaisies et aux rêves. »

Il était donc logique qu'un jour Joseph veuille ne plus seulement suivre ce qui se passait sur l'autel, mais en devenir une partie. « Si nous n'y avions pas été, nous nous serions sentis exclus de ce qui est l'essentiel », avoua-t-il — et il devint enfant de chœur, comme son frère l'avait été avant lui.

Un jour, on érigea un phare sur le Winterberg, à proximité immédiate d'Aschau. La nuit, lorsqu'il parcourait le ciel avec sa lumière éblouissante, il faisait l'effet d'un éclair annonçant un danger indéterminé. On dit bientôt qu'il servait à repérer les avions ennemis. Au-dessus d'Aschau, pourtant, il n'y avait pas d'avions, moins encore d'ennemis. Quelque chose d'inquiétant planait dans l'air, comme un sombre front de nuages à l'horizon. Nous soupçonnions que quelque chose se préparait, sans que personne au village ne veuille s'en rendre compte. Peut-être notre père avait-il raison, peut-être les nazis voulaient-ils la guerre.

La famille Ratzinger en 1937.

V

Traunstein (1937-1946)

Depuis la prise du pouvoir par Hitler, notre père attendait sa retraite avec fébrilité. Servir une autorité publique dont les représentants étaient des criminels lui inspirait un profond dégoût. Il aurait aimé quitter le service avant l'heure : après tout, c'est au roi qu'il avait prêté son serment de fonctionnaire et non, comme il le disait, à un « vagabond » et à une fripouille. Mais il tint bon jusqu'à la fin, aussi difficile que cela lui parut, parce que tous les fonctionnaires qui restaient en service jusqu'à la date de leur retraite recevaient une prime de quelques milliers de marks, dont les finances familiales avaient le plus grand besoin. Il se fit porter malade un certain temps, qu'il mit à profit pour faire de longues promenades avec Joseph, le seul qui habitait encore chez nos parents. À cette époque, j'étais à l'internat, au séminaire d'études archiépiscopal Sankt Michael à Traunstein. Mon frère disait toujours : « Père, raconte une histoire ! », et notre père, qui était un conteur de grand talent, improvisait. Ses récits commençaient tous par ces mots : « Un homme et une femme vivaient à… » et se déroulaient dans la forêt bavaroise.

Le 6 mars 1937, le gendarme atteignit enfin sa soixantième année et put prendre sa retraite. La famille déménagea à Hufschlag, près de Traunstein, dans le vieux corps de ferme que le père avait acheté après la prise du pouvoir par les nazis. Ils s'y rendirent dans une auto qu'on leur avait prêtée. C'était le printemps, le début du mois d'avril, et les prés devant la maison étaient parsemés de primevères. La maison elle-même était très simple. Le toit était encore recouvert de bardeaux en bois sur lesquels on posait des pierres pour qu'ils ne s'envolent pas avec le vent. Il n'y avait pas d'eau courante, on devait puiser de l'eau fraîche au puits, qui se tarissait parfois lorsque l'été était très chaud. Pour Joseph, qui avait alors 10 ans, cet endroit fit pourtant l'effet d'un paradis « comme il n'aurait pu en rêver de plus beau ». Il trouvait tout cela très romantique, aventureux, mystérieux. La forêt commençait juste derrière le terrain, et quand on ouvrait les rideaux de la chambre à coucher, le matin, les deux « montagnes » de Traunstein, le Hochfelln et le Hochgern, semblaient à portée de main. Joseph était heureux. Dans la grange abandonnée il pouvait, maintenant que sa sœur et son frère n'étaient plus à la maison, se livrer entièrement à ses rêves diurnes, et surtout lire, lire beaucoup. C'est l'époque où il s'essaya pour la première fois à l'écriture. Il composa toute une série de poèmes romantiques sur la nature et la vie quotidienne. Pendant les vacances et pour les fins de semaines, son frère revenait de l'internat, et les garçons jouaient ensemble au ballon dans la prairie devant la grange ou ramassaient dans la forêt des baies et du bois de chauffage.

C'était une très vieille ferme, on lisait encore sur sa poutre l'année de sa construction, 1726. L'avant était réservé à l'habitation, l'arrière abritait une étable et des pièces pour remiser le bois et le foin. En entrant dans la maison, on trouvait à droite la cuisine à vivre avec le fourneau sur lequel notre mère préparait les repas, le canapé et la table sur laquelle nous avons toujours mangé. Quand la guerre commença, mon père acheta une radio : il avait conscience que les nazis nous mentaient en permanence et voulait s'informer sur ce qui se passait réellement. Ce poste, qu'il installa dans la cuisine, lui permettait de recevoir des émetteurs étrangers. C'était un délit, mais il s'en moquait. Pour moi, en revanche, l'essentiel était qu'il permette d'écouter de la musique. Cela dit, notre père n'était pas le seul à penser ainsi. Quand il lui fallut reprendre du service dans la gendarmerie, au début de la guerre, un collègue lui demanda s'il écoutait aussi la station PTT. Un émetteur suisse qui diffusait toujours une information très neutre et objective. Plus tard, il écouta aussi les émetteurs militaires français et anglais, qui pour des raisons de propagande diffusaient aussi des émissions en langue allemande. Tous ceux qui n'étaient pas des nazis convaincus écoutaient ces émissions, malgré la plus stricte interdiction. Naturellement, on veillait toujours à ce que personne n'en sache rien, et on mettait le son très bas pour que personne n'entende, car les délateurs étaient légion. La réception était toujours mauvaise, les nazis faisaient tout pour brouiller les émissions. Mais écouter une station allemande ne servait strictement à rien, on n'y diffusait que de la propagande nazie. « La seule chose exacte, c'est l'heure, et peut-être aussi la météo », disait notre père.

La maison se dressait au milieu de notre terrain qui mesurait une bonne « journée », c'est-à-dire un tiers d'hectare. Il y avait un grand jardin à l'avant, et un autre tout aussi vaste à l'arrière. Devant la maison, notre mère avait aménagé un potager de légumes et un jardin d'herbes, où elle cultivait elle-même ce dont nous avions besoin : haricots, salades, radis, et même des fraises, mais aussi de ces fleurs qu'elle aimait tant. Elle appréciait aussi les oiseaux et nous avons toujours eu une maisonnette où elle accrochait une boulette de lard et de la nourriture pour qu'ils aient de quoi manger en hiver. Quelques arbres fruitiers poussaient en outre devant la maison. Un pommier qui donnait des pommes très petites, mais au goût excellent, un poirier et, à l'arrière, un prunier à quetsches et un cerisier. Là aussi, il y avait une prairie que mon père fauchait. Pendant la guerre, quand il n'y avait rien à manger, mon père s'est servi du foin pour nourrir un mouton. Plus tard, il a vendu cette paille pour renflouer un peu la caisse de la famille. Nous entreposions le foin dans un fenil séparé. Nous y montions souvent, nous autres garçons, et le chat que nous avions à Traunstein s'y sentait très bien.

Quelqu'un a écrit dans un livre que nous allions y fumer en cachette ; ce n'est pas vrai. Mon frère n'a jamais fumé, et moi exactement deux fois dans toute ma vie ! Quand j'ai été libéré du travail obligatoire, on disait que tout homme devait avoir fumé une fois dans sa vie, je l'ai donc fait moi aussi pour essayer. Ensuite, au cours de nos études de théologie, j'ai eu un certain Pr Johann Auer qui nous enseignait la dogmatique et l'histoire des dogmes. Le jour de sa fête, à la Saint-Jean *(le 24 juin)*, nous lui avons chanté une sérénade et il nous a offert à chacun une cigarette que nous avons dû fumer. Cela m'a valu une crise de toux immédiate, et comme j'étais déjà très fragile, je me suis dit qu'il était inutile que j'aggrave mon cas avec le tabac. Notre père, en revanche, fumait volontiers, il aimait les cigares de Virginie. Il ne se le permettait pas pendant le service, bien entendu, mais le soir quand il ne travaillait pas. Il pouvait passer toute une journée à fumer un seul cigare, il l'éteignait et le rallumait sans cesse pour le savourer le plus longtemps possible, car un Virginia coûtait cher. Mais nous, les deux frères, nous n'avons jamais fumé.

La maison de Traunstein était vraiment notre havre, un petit paradis. Dès notre emménagement, nous avons assisté à la « chevauchée de saint Georges », qui a lieu aujourd'hui encore le lundi de Pâques en l'honneur du saint. Toute la ville était dans la rue. Un groupe commençait par interpréter sur la place de la ville une danse de l'épée médiévale, avant la chevauchée proprement dite jusqu'à l'église d'Ettendorf, village situé à dix minutes de distance de Hufschlag. Le maire et le curé du lieu suivaient la plupart du temps dans un fiacre, bien qu'il y ait eu aussi des prêtres à cheval. C'était une belle fête, un grand événement pour toute la ville. Une centaine de chevaux magnifiquement parés et autant de cavaliers y participaient.

À Traunstein, qu'il désigne encore comme sa véritable « ville natale », une nouvelle phase de sa vie commença aussi pour Joseph Ratzinger, âgé de 10 ans. Il entrait dans la première classe du lycée « classique », ou l'on enseignait les langues anciennes. Il lui fallait désormais une demi-heure pour se rendre sur le lieu de ses cours, mais cela ne le gênait pas : il avait ainsi au moins « beaucoup de temps pour regarder et réfléchir, mais aussi pour répéter ce qu'il avait appris à l'école ». L'enseignement du latin lui plaisait. Toute sa vie, il serait reconnaissant d'avoir appris la langue de l'Église « dans sa rigueur et sa profondeur d'autrefois ». Plus tard, lorsqu'il fut théologien, cela lui permit de lire dans le texte des documents remontant à près de deux mille ans d'histoire de l'Église. Le grec, langue dans laquelle le Nouveau Testament fut écrit à l'origine, était aussi au programme. Les deux langues anciennes devinrent ainsi ses matières préférées.

Ce qui lui plut encore plus, c'était que le national-socialisme n'avait pas encore pris pied au lycée de Traunstein comme il l'avait fait à l'école primaire d'Aschau. Il vit deux fois son directeur se faire renvoyer parce qu'il ne parlait pas selon les directives du parti. Il avait l'impression qu'une culture classique et la confrontation avec le monde de l'esprit antique immunisaient contre les délires nazis. Quand le professeur de musique ouvrait le livre de chants où se trouvait, à côté du fonds de chants nazis, beaucoup de musique classique, il ordonnait tout de suite à ses élèves de biffer d'un trait épais les mots « mort à Judas[1] » et de les remplacer par « change le mal ». Mais une année suffit pour que cette île de liberté spirituelle soit submergée à son tour. Une loi regroupa tous les lycées du Reich avec les écoles primaires pour former ce qui fut appelé l'« Oberschule ». L'enseignement du grec disparut totalement du programme, le latin fut considérablement restreint et proposé seulement à partir de la troisième année. Les langues modernes et les sciences naturelles prirent plus de poids. Avec le nouveau type d'école vint aussi une nouvelle génération de professeurs dont presque tous étaient des nazis convaincus. Bientôt, l'enseignement religieux fut entièrement banni du programme ; on augmenta en revanche la part du sport dans l'enseignement.

Je ne peux plus dire exactement de quand date ma vocation de prêtre, car en réalité j'avais toujours su que c'était ce à quoi j'étais destiné. Quand j'étais enfant de chœur et que je servais à l'autel, je savais déjà quelle serait ma place : j'étais à présent à côté de l'autel, je serais plus tard à la place du prêtre. Je n'en ai jamais douté, c'était quelque chose de naturel, presque d'organique. Je n'ai jamais vraiment eu à y réfléchir, tellement j'étais sûr de ma vocation.

1. Qui pouvaient être interprétés comme un reflet du slogan nazi « *Juda verrecke* ». (*N.d.T.*)

Il en va bien sûr différemment pour chaque prêtre. Je connais par exemple un curé qui avait déjà entamé une autre carrière professionnelle quand eut lieu dans sa ville natale la première messe d'un prêtre. Dans un premier temps, il ne voulut pas y aller, mais on le pressa d'assister à cette sainte messe. D'abord, il resta loin au fond de l'église, puis il fut peu à peu poussé vers l'avant par les fidèles, et à la fin de cette cérémonie il se retrouva presque devant l'autel. À cet instant précis, il prit conscience que sa place était là et il décida de devenir prêtre.

Il n'y a aucune « règle d'or », aucune règle fixe en la matière. Moi, en tout cas, je n'ai jamais dû me faire violence, je n'ai eu aucune peine à me décider. Il était clair pour moi depuis le début, sans doute aussi parce que j'étais enfant de chœur, et bien sûr, peut-être même en première ligne, à cause de la spiritualité de notre famille, que je prendrais le chemin de la religion. Pour moi, ça a toujours été une évidence.

Je ne sais pas si j'ai été ainsi, d'une certaine manière, un modèle pour mon frère. Mon exemple lui a en tout cas permis de voir quelle vie il vivrait lorsqu'il s'est lui-même décidé à me suivre sur ce chemin. Nous n'en avons jamais parlé directement, mais j'imagine que cela l'a peut-être au moins encouragé ou confirmé dans sa décision. Naturellement, l'esprit antichrétien du temps nous a encouragés à prendre (« surtout maintenant ! ») ce chemin, avec toutes les conséquences que cela impliquerait, et à rester fidèles à notre vocation, quoi qu'il en coûte.

Une intégration assez hésitante à la communauté :
Joseph Ratzinger vers 1940, lors d'une excursion scolaire
(rangée du milieu, 4ᵉ à partir de la gauche).

En tout cas, dès 1935, alors que nous vivions encore à Aschau, j'entrai au séminaire archiépiscopal de Traunstein. Comme le séminaire ne dispensait pas d'enseignement scolaire, nous nous rendions, de là, au lycée classique de Traunstein. Joseph fréquenta le même lycée en 1937, mais il habita encore deux années à la maison avant d'entrer à son tour au séminaire, en 1939. Mon frère fut le dernier à fréquenter une telle classe, la suivante était déjà intégrée à l'« Oberschule » d'État.

Nous étions au commencement trente-huit enfants en sixième, trente-cinq garçons et trois filles, toutes les trois de religion évangélique. En ce temps-là, la plupart des gens de notre région étaient de simples artisans ou paysans, chez lesquels il n'était pas habituel d'envoyer une fille en enseignement secondaire. La plupart des professeurs étaient des messieurs d'âge mûr, et donc de mentalité conservatrice et souvent aussi religieuse. Il n'y avait pas encore de femmes professeurs dans notre lycée. Plus tard seulement s'y adjoignirent quelques enseignants plus jeunes qui introduisirent un autre esprit dans l'école et parmi lesquels il y avait aussi des nazis fanatiques. Notre nouveau directeur, arrivé après qu'une pneumonie eut emporté l'ancien, était l'un d'eux. Mais ce n'était pas le cas de la plupart des professeurs, qui entretenaient de bonnes relations avec le séminaire.

L'année scolaire était alors divisée en trimestres et non en semestres comme aujourd'hui. Elle commençait à la fête de Pâques. Aux vacances de Pâques succédaient trois mois d'école, puis une longue interruption pour les vacances d'été, que nous appelions « les grandes vacances » ; après la reprise, en septembre, elle allait jusqu'aux vacances de Noël avec lesquelles s'achevait le deuxième trimestre ; après commençait le troisième. C'est plus tard que l'on a fixé le début de l'année scolaire à l'automne.

À chaque début de trimestre avait lieu le lever du drapeau. Toute l'école devait se ranger en carré, puis le directeur provisoire prononçait un discours nazi enflammé et l'on hissait le drapeau. Alors le musicien de l'école entonnait l'hymne allemand avant que nous ne chantions tous en chœur. Il y avait un certain comique à le voir faire le « salut allemand » puis, le bras toujours tendu, battre la mesure et diriger tandis qu'un garçon hissait le drapeau du Reich. À la fin du trimestre, on retirait le drapeau. Le directeur provisoire, M. K., était aussi notre professeur de mathématiques. C'était un petit Sarrois avec un gros ventre. Nous l'appelions « Kelli le Bedon ». C'était un croyant, mais aussi un nazi convaincu ; comment pouvait-il concilier les deux ? Je l'ignore encore aujourd'hui. En tout cas, après le lever du drapeau avait lieu le salut au Führer, lors duquel il s'embrouillait régulièrement. Il disait en effet : « À notre très aimé, ardemment aimé, intimement aimé Führer Adolf, Sieg… eh, non, alors à notre intimement aimé, ardemment aimé Führer Adolf Sieg… » Il fallait dire : « Adolf Hitler, Sieg Heil ! » Mais il n'est jamais arrivé à prononcer ces mots, seul un « Adolf Sieg… » franchissait ses lèvres et nous avions bien du mal à réprimer notre rire.

J'avais déjà quitté le lycée quand une de ces grosses têtes nazies venues de Munich se mit à faire des passages réguliers dans l'établissement ; c'était un membre de la direction régionale de la Jeunesse hitlérienne, il venait déverser ses diatribes contre le lycée conservateur, ce qui était sûrement très désagréable.

J'ai bien entendu eu des cours de latin. L'un de nos professeurs, le Dr K., était un linguiste classique. Son fils est devenu prêtre et a longtemps été curé à Trostberg. En tout cas, ce Dr K. aimait particulièrement parler de politique, et nous en profitions. Il y avait toujours quelqu'un pour demander où en était la guerre ; lorsqu'il se mettait à en parler, il déversait un véritable flot de paroles. Nous ne faisions pas cela par intérêt pour la politique, mais pour que l'heure de latin passe vite et qu'il n'ait plus le temps de vérifier que nous avions bien fait nos devoirs.

Puis venait le samedi. À l'origine, on ne travaillait pas ce jour-là, mais bientôt fut introduite une nouvelle matière, le « NG » — « *Nationalsozialistisches Gedankengut* », « patrimoine idéologique national-socialiste » —, et l'on décida que ces cours auraient justement lieu ce jour-là. L'un de nos professeurs devait faire un exposé sur un thème nazi. Je me souviens encore de M. Fauner, originaire d'Amberg, un brave homme conservateur qui avait peu de sympathie pour les nazis. Quand ce fut son tour, il fit un exposé sur le VDA, le *Verein für das Deutschtum im Ausland*, « Association pour l'esprit allemand à l'étranger », c'est-à-dire l'association des écoles allemandes à laquelle il appartenait. Cette association avait été fondée en 1908 et n'avait naturellement rien à voir avec les nazis. Un autre professeur parlait toujours de la Première Guerre mondiale et chacun de ses exposés se terminait par une citation de M. von Schlieffen (*le comte Alfred von Schlieffen, 1833-1913, feld-maréchal et chef de l'état-major général de l'Empire allemand)* qui avait élaboré le plan de la guerre pour la Première Guerre mondiale et s'exclama sur son lit de mort : « Renforcez l'aile droite ! » Voilà l'enseignement que nous recevions. Ensuite nous allions sur le terrain de sport et nous devions nous entraîner, car il fallait que nous soyons tous en bonne condition physique pour aller faire la guerre !

Mon frère a été, dès le début, un excellent élève, bien meilleur que je ne l'ai jamais été. Quand on m'a envoyé au service militaire, c'est-à-dire en 1942, ma mère m'a écrit un jour qu'il figurait parmi les trois meilleurs élèves du lycée. Seule la « gymnastique », comme nous appelions alors les cours d'éducation physique, ne lui convenait pas, il n'était ni un bon gymnaste, ni un bon dessinateur — l'éducation artistique portait alors le nom de « dessin ». C'est la raison pour laquelle il n'était « que » le troisième meilleur élève, mais en lettres et en sciences naturelles il était toujours le premier.

À franchement parler, nous détestions le sport. Notre père nous parlait toujours du temps où il était soldat à Passau, quand il devait se soumettre à des exercices physiques et faire rouler sa tête sur ses épaules. Il disait toujours : « Nous avons tant de travail aux champs, nous n'en venons pas à bout et je suis ici à Passau et je fais rouler ma tête ! » Cela a suffi à nous ôter le goût du sport. Nous n'étions sans doute pas très doués tous les deux dans ce domaine, mais cette antipathie innée n'arrangea pas les choses.

Au début de 1939, le curé de Haslach, Stefan Blum (à la paroisse duquel était rattachée Hufschlag, ce que l'on appelait une paroisse annexe), recommanda à Joseph, âgé de 12 ans, d'entrer au séminaire archiépiscopal afin de recevoir une véritable introduction systématique à la vie spirituelle. Joseph fut enthousiasmé par cette idée. Son frère, qui était depuis quatre ans déjà à l'internat, ne lui en avait dit que du bien et il s'était déjà lié d'amitié avec quelques séminaristes. Pour ses parents, en revanche, ce n'était pas une décision facile, car cela représentait un nouveau sacrifice financier. La retraite de leur père était tout juste suffisante, et leur mère dut prendre un emploi de cuisinière dans un hôtel de Reit im Winkl pour la saison des vacances, afin d'arrondir leurs fins de mois. Toutefois, la sœur de Joseph, après avoir passé l'examen final des études secondaires et avoir effectué l'année d'agriculture alors obligatoire pour les filles, avait pris un emploi de bureau dans une grande entreprise de Traunstein et ainsi allégé quelque peu le budget de la famille. Ce renoncement commun, dit plus tard Joseph Ratzinger, instaura dans la famille « une solidarité intérieure… qui nous a profondément liés les uns aux autres ». Ainsi apportèrent-ils tous ensemble leur offrande et le plus jeune fils put-il entrer, juste après Pâques 1939, au début de la nouvelle année scolaire, le 16 avril, au séminaire archiépiscopal Sankt Michael, à Traunstein, fondé dix ans auparavant par le cardinal Faulhaber.

Dans la lettre de recommandation que le père Ratzinger présenta le 4 mars 1939 au petit séminaire, Hubert Pöhlein, professeur au lycée de Traunstein, fait l'éloge du jeune Joseph, un garçon « sage, appliqué et digne de confiance ». Le Dr Paul

Keller souligne dans son certificat médical que « l'état de nutrition et les forces du garçon » se sont « améliorés » : malgré une légère insuffisance de poids, il était en excellente santé. Joseph avait passé l'examen d'entrée avec les notes 1 en religion, 1-2 en lecture, 1 en grammaire, 2 en orthographe et 1 en rédaction[1]*. Parce que le père Ratzinger, comme il le calcula minutieusement, ne pouvait donner pour ses deux fils que 700 Reichsmarks par an, on décida que telle serait sa contribution.*

Il n'était pas si rare que deux fils veuillent devenir prêtres ensemble. Je connais quelques exemples que j'ai rencontrés sur mon chemin, par exemple l'ancien curé de Sankt Franziskus à Munich, Hans Wammerdinger, originaire de Wasserburg — son père était porteur de pain —, dont le frère est lui aussi devenu prêtre. Je me rappelle aussi que le chœur de notre séminaire fut un jour prié d'assurer les chants à la paroisse Sankt Oswald de Traunstein, parce que le chœur de la paroisse était ce dimanche-là à Anger, où deux frères célébraient ensemble leur première messe. Il n'était donc pas si rare que dans une famille plusieurs garçons deviennent prêtres, et les filles religieuses. Ça n'en représentait pas moins une charge certaine pour nos parents. Aussi notre mère allait-elle de temps en temps à Reit im Winkl pour y travailler comme cuisinière pendant la saison et gagner un peu d'argent

1. C'est-à-dire entre 14 et 20, dans le système de notation allemand. (*N.d.T.*)

supplémentaire. « Veille bien sur Joseph ! », me recommandait-elle encore en chemin, car pour lui toute la vie en internat était assez nouvelle et inhabituelle.

Moi, cela ne m'a posé aucun problème, je me suis tout de suite senti chez moi à l'internat. Mais Joseph ne le trouva pas à son goût, enfin, disons les choses comme elles sont, cela ne lui a pas plu. Il dit pourtant lui-même aujourd'hui que cela lui a fait du bien, car s'il était resté à la maison, il serait vite devenu un original et un solitaire. Cette vie en internat l'a certes forcé à payer un prix qui ne lui convenait pas, mais elle lui a fait découvrir la vie en communauté et appris beaucoup de choses qu'il aurait eu du mal à acquérir autrement.

Ce fut la césure la plus profonde qu'il eut à vivre jusqu'alors. Le jeune Joseph dut admettre qu'il n'était pas fait pour la vie en internat. « J'avais vécu dans une grande liberté à la maison, j'avais fait les études que je voulais et j'avais construit mon propre univers enfantin », a raconté Benoît XVI. « Prendre ma place dans une salle d'étude avec une soixantaine d'autres garçons fut pour moi une torture sous laquelle apprendre. Ce qui m'avait été si facile jusqu'alors me parut presque impossible. » Plus drastique encore, pour l'individualiste amoureux de liberté, l'obligation soudaine de partager le dortoir avec quarante garçons. « Ce fut pour moi une claustration inconnue, dans laquelle je dus soudain m'intégrer à un schéma. Cela m'a été extraordinairement difficile », avoua-t-il.

Les journées étaient strictement réglées. Le lever fixé à 5 h 20, ce que personne ne peut plus imaginer aujourd'hui. Puis nous nous lavions, nous habillions et nous préparions pour la sainte messe, qui commençait à 5 h 40. Tout le séminaire y participait.

En ce temps-là, les prêtres célébraient la messe au maître-autel. Le merveilleux retable, qui représentait une Descente de croix, a malheureusement été endommagé récemment par un incendie. Il y avait aussi deux autels latéraux. Cinq prêtres s'occupaient du séminaire, le directeur, les trois préfets et le confesseur, chargé de la vie spirituelle. Ainsi, à côté de la messe au maître-autel, on pouvait encore célébrer des messes aux deux autels latéraux. Les offices duraient assez longtemps, parce qu'en ce temps-là chaque séminariste recevait la sainte communion.

La messe était suivie de l'étude du matin, jusqu'à 7 h 10, puis du petit déjeuner. Après celui-ci, nous devions préparer nos cartables et à 7 h 30, nous nous mettions en chemin vers l'école. À 7 h 35 précises, tout le séminaire, les neuf classes au complet, descendait en rang par deux vers les salles de classe, pour un enseignement qui commençait à 8 heures.

Après les cours, nous prenions le déjeuner, puis nous devions nous rendre au terrain de sport, ce dont je n'avais jamais grande envie. Là, on s'adonnait à divers jeux. Le football était interdit, nous jouions au handball, au ballon prisonnier et à d'autres jeux de ballon.

À 15 heures commençait l'étude, interrompue à 16 heures par une pause où l'on nous servait du café avec un petit pain.

À 16 h 55 débutait la préparation aux cours principaux. Et à 19 heures on nous servait le dîner. Ensuite nous étions enfin libres. La plupart du temps nous jouions dans la salle d'étude, au billard, aux dames et aux échecs, mais nous lisions aussi des livres.

À 20 h 05 avait lieu la lecture spirituelle, à 20 h 30 la prière du soir dans la chapelle où nous nous rassemblions tous de nouveau. C'était toujours une ambiance très particulière — la chapelle presque plongée dans la nuit, emplie des prières des élèves. À la fin de la prière du soir, l'un des préfets s'avançait et bénissait toute la communauté. Puis, dans un silence absolu, nous nous rendions dans les dortoirs. C'étaient de grands dortoirs de quarante-deux lits. Cela aussi, personne ne peut plus l'imaginer aujourd'hui, mais en ce temps-là cela ne nous dérangeait pas. Dans les dortoirs des classes inférieures dormaient aussi deux élèves des grandes classes, pour le cas où il arriverait quelque chose et où quelqu'un aurait besoin d'aide. Pendant la nuit, une petite lampe rouge foncé restait toujours allumée.

Chacun avait son armoire dans le couloir et son pupitre dans la salle d'étude ; nous disposions en outre d'un casier où nous pouvions garder les victuailles envoyées par nos familles. Ainsi, les premières années, quand mon frère revenait de la maison, il m'apportait toujours le pain que notre mère avait préparé pour ma pause.

Je l'ai dit, tout cela ne m'a pas semblé si terrible et j'ai noué beaucoup d'amitiés au séminaire. Mais pour mon frère ce fut

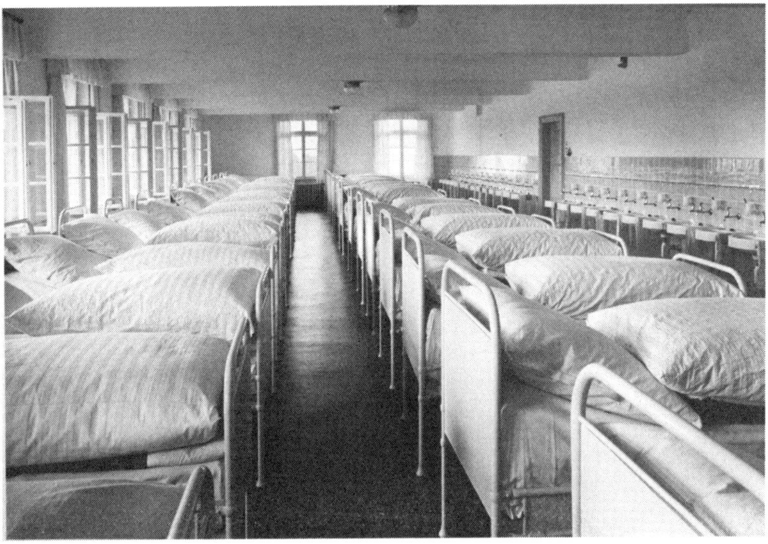

Le dortoir donna à Joseph Ratzinger le sentiment d'une « claustration inconnue ».

une épreuve assez considérable. En tout cas nous formions une communauté soudée, y compris au lycée où nous représentions un tiers de l'effectif. Les deux autres tiers étaient des élèves de la ville, qui habitaient chez leurs parents, et l'on trouvait déjà parmi eux quelques nazis authentiques, ce qui mena inéluctablement à des conflits.

Je me souviens encore fort bien qu'en 1940, nous sommes allés au château de Tittmoning, qui avait été transformé en centre aéré pour élèves. Une violente confrontation eut lieu quand les nazis entonnèrent des chants qui tournaient l'Église en dérision. Nous autres séminaristes, nous nous sommes rassemblés et avons lancé un débat au cours duquel nous en serions pratiquement venus aux mains si le professeur n'était pas arrivé à temps. Lui-même était certes un nazi, mais il voulut se donner le rôle d'un médiateur neutre entre les deux partis. Mais bien entendu, nous dérangions les nazis, nous le savions et on nous le faisait régulièrement sentir.

Depuis l'adoption de la « loi sur la Jeunesse hitlérienne » du 1er décembre 1936, l'entrée dans la « HJ » était obligatoire pour tous les jeunes de 14 ans ; le décret de la « deuxième ordonnance de mise en application » du 25 mars 1939 prévoyait même l'appel à la police pour contraindre les parents réticents. À partir de ce moment, on distingua la « Stamm-HJ », *la Jeunesse hitlérienne de souche, les volontaires qui y étaient entrés auparavant, et la* « Pflicht-HJ », *dont les membres avaient été obligés à adhérer à cause de cette loi. Contrairement à ceux de la* « Stamm-HJ », *les garçons de la* « Pflicht-HJ » *ne portaient pas d'uniforme, ce qui en faisait en quelque sorte de jeunes Allemands de seconde classe. Toutes les filles devaient adhérer au* « Bund deutscher Mädel » *ou BDM, la « Ligue des jeunes filles allemandes ». Pour respecter au moins formellement la loi et éviter d'autres sanctions, le séminaire inscrivit désormais tous les garçons de cet âge dans la HJ. Cela valut pour Georg Ratzinger, comme pour Joseph deux ans plus tard.*

Dès 1938, le séminaire nous inscrivit à la Jeunesse hitlérienne et nous inséra pratiquement par classes entières dans différents groupes de la *Pflicht-HJ*. C'était la loi, on ne pouvait s'y soustraire et le séminaire aurait risqué la fermeture s'il ne l'avait pas respectée. Cela changea seulement au début de la guerre, lorsque le séminaire fut fermé et transformé en hôpital militaire. Tous les séminaristes devinrent externes et retournèrent habiter chez leurs parents ou dans leur famille. La *Pflicht-HJ* disparut ainsi d'elle-même, elle n'exista plus que sur le papier, car les séminaristes étaient soudain dispersés aux quatre vents et nous ne nous sentions bien entendu plus obligés de nous rendre aux séances des Jeunesses hitlériennes.

Le 9 août 1938, le ministère bavarois de l'Enseignement et du Culte publia un décret : désormais, la remise sur les frais de scolarité ne serait plus accordée qu'aux élèves, garçons et filles, qui appartenaient à la HJ. Bien que la pension du gendarme retraité Joseph Ratzinger n'ait été que de deux cent quarante-deux Reichsmarks, il refusa de se soumettre.

Le fils de la maison d'à côté — il s'appelait Albert — avait le grade de *Führer* dans la HJ. Notre voisine ne cessait de répéter que nous devions tout de même, Joseph et moi, fréquenter les séances de la HJ avec Albert, que nous n'y manquerions de rien, naturellement, alors que la remise sur frais de scolarité aurait déjà considérablement soulagé la caisse familiale. Il y eut ensuite ce professeur de mathématiques qui occupa provisoirement le poste de directeur de l'établissement — un nazi assez convaincu, je l'ai déjà dit — et qui insista lui aussi pour que mon frère aille à la HJ afin d'obtenir cette réduction. Cela partait d'une bonne intention, il faut le dire. Mais mon frère lui répondit très clairement : « Non, je ne le ferai pas. » Le professeur avait beau être un nazi, il a plus ou moins compris et s'est contenté de dire : « Bon, restons-en là. » Ensuite Joseph n'a plus eu besoin d'aller à la HJ.

Dans un entretien avec Peter Seewald, celui qui était devenu le pape Benoît XVI déclarait à ce sujet : « Dès que je suis sorti du séminaire, je n'y suis plus allé [à la HJ]. Et c'était difficile parce que la réduction des frais de scolarité, dont j'avais vraiment besoin, dépendait d'une attestation de fréquentation de la HJ. Mais il y eut grâce à Dieu un professeur de mathématiques très compréhensif. C'était lui-même un nazi, mais un homme loyal, qui m'a dit : "Vas-y juste encore une fois, ça nous permettra de l'obtenir..." Quand il a vu que je refusais, il a dit : "Je te comprends, j'arrangerai ça", et ainsi j'ai pu m'en dégager. » Les témoignages de vieux habitants de Traunstein, retrouvés par le Frankfurter Allgemeine Zeitung, *montrent eux aussi que la campagne de presse britannique sur « Ratzinger membre de la Jeunesse hitlérienne » était une pure absurdité. Joseph Friedrich Schmitt, par exemple, qui fréquentait certes le lycée professionnel, mais connaissait Joseph Ratzinger depuis la cour de l'école primaire, se souvient « qu'il était possible que les séminaristes de Traunstein échappent au service ». D'une manière générale, les nationaux-socialistes n'appréciaient pas les aspirants à la prêtrise. Franz Mitterreiter, dont le frère entre-temps décédé fréquentait le séminaire en même temps que les Ratzinger, confirma qu'eux non plus ne durent pas se rendre plus d'une ou deux fois aux manifestations de la HJ. De toute façon, on ne tenait pas à leur présence, parce qu'on les soupçonnait de résister secrètement et de gâter la foi que d'autres Jeunes Hitlériens avaient dans le régime.*

Au séminaire, nous avons aussi vécu la mort du pape Pie XI *(1922-1939)* et l'élection de son successeur Pie XII *(1939-1958)*. C'était la première fois de notre vie, pour moi comme pour Joseph, qu'un pontificat s'achevait et qu'un nouveau commençait : Pie XI avait été pape pendant toute notre enfance. Je me rappelle encore les événements : un dimanche matin, un préfet qui s'y connaissait en technique a utilisé la sonorisation de notre salle d'étude pour retransmettre une assez longue émission d'un radio romaine, captée sur son poste privé, au sujet du nouveau pape. Ce reportage nous a naturellement tous intéressés et nous l'avons suivi avec une certaine attention. Auparavant, le directeur de notre séminaire *(Johann Evangelist Mair)*, un prêtre très digne et de haut niveau spirituel, avait expliqué au téléphone au curé de la ville que le cardinal secrétaire d'État Pacelli serait le nouveau pape. Le curé n'avait pas pu ou pas voulu le croire, et ils avaient fini par faire un pari. C'est le directeur de notre séminaire qui l'emporta, ce qui accrut encore son prestige auprès de nous. Il nous expliqua ensuite que Pacelli était un homme de haute spiritualité, de grande intelligence et de grandes capacités, et qu'il saluait donc son élection. Il le connaissait bien du temps où Pie XII, puisque tel était le nom qu'il avait choisi, était nonce apostolique en Allemagne, d'abord à Munich, puis à Berlin. En tout cas, nous avons d'emblée éprouvé un grand respect pour le nouveau pape et nous avons senti qu'il était l'homme qu'il fallait pour occuper le siège de Pierre.

En septembre 1939, conséquence immédiate de la déclaration de la guerre, le séminaire fut réquisitionné, si bien que nous avons dû, dans un premier temps, rentrer chez nous pour nous rendre au lycée. J'ignore si, dès cette époque, on convoya réellement des blessés de guerre à Traunstein. En tout cas, le bâtiment fut libéré par l'armée quelques mois plus tard et nous pûmes retourner au séminaire. Il fut cependant de nouveau réquisitionné ensuite et on nous attribua de nouveaux logements, en partie à Sparz, dans une maison des Demoiselles anglaises, mais aussi dans d'autres immeubles de plus grande taille. Quelques-uns d'entre nous — peut-être une vingtaine de garçons — furent ainsi logés chez le curé de Waging qui avait un grand presbytère dont il n'avait pas besoin et dans lequel avait jadis habité une communauté de prêtres. De plus en plus de maisons ecclésiastiques étaient réquisitionnées par les nazis. Le mouvement avait d'abord été lent, mais bientôt leur intention sauta aux yeux.

Joseph et Georg Ratzinger habitaient en tout cas dans l'ancien institut pour filles des Demoiselles anglaises. Il était vide, car les nazis avaient fermé toutes les écoles de couvent. Pour Joseph, ce nouvel internat présentait un avantage sans équivoque : il n'avait pas de terrain de sport. Au lieu de cela, les élèves se promenaient l'après-midi dans les vastes forêts des environs ou jouaient dans un proche ruisseau montagnard. On y construisait des barrages et on y pêchait, ce qui était vraiment à son goût. Cette période le réconcilia avec le séminaire et il dut avouer que donner et recevoir dans une communauté lui avait fait du bien.

En fait, Joseph a réussi à s'accommoder de tout cela parce qu'il avait pu se faire au séminaire de bons amis avec lesquels il aimait passer ses loisirs. Alors tout a été moins tragique, bien que la vie en internat soit naturellement plus dure et plus fatigante que la vie à la maison chez les parents.

Les frères essayèrent de tirer au moins le meilleur des circonstances historiques. Au printemps 1938, les troupes de Hitler étaient entrées en Autriche, et le petit pays sur le Danube fut intégré au Reich pour les sept années suivantes. Alors que les frontières étaient fermées depuis la prise du pouvoir par Hitler, Georg et Joseph purent désormais se rendre librement à Salzbourg. Cela leur permit d'y découvrir l'œuvre de Mozart, expérience qui les marqua tous les deux pour le reste de leur vie.

Nous avons fait très tard la découverte de Mozart. Il ne jouait aucun rôle dans les cours d'harmonium. C'est à Traunstein, pour les offices de la Fête-Dieu, au cours desquels on jouait aussi les messes de Mozart, que ce nom a commencé à signifier quelque chose pour nous. La radio, elle aussi, a bien entendu joué un rôle.

Mais notre véritable rencontre avec Mozart eut lieu lorsque nous avons de nouveau pu nous rendre en Autriche, c'est-à-dire après l'*Anschluss*. Nous allions toujours de bon cœur à Salzbourg. Nous montions en famille jusqu'à la basilique Maria Plain pour voir l'image miraculeuse de « Marie consolatrice », et nous restions la plupart du temps jusqu'à l'office du soir. Mozart avait en outre fait jouer ici pour la première fois sa célèbre « Messe du couronnement », à l'occasion du couronnement de l'image miraculeuse. Nous avons assisté à notre premier concert Mozart en 1939 ou 1940, quand le chœur de la cathédrale de Munich chanta le Requiem au Mozarteum de Salzbourg. Le chef d'orchestre était alors Meinhard von Zallinger *(1897-1990)*, qui joua plus tard un rôle à Munich. Cela nous a déjà beaucoup impressionnés.

En 1941, pour le cent cinquantième anniversaire de la mort du compositeur, on organisa une année Mozart à Salzbourg. J'ai alors appris que les *Domspatzen*, les choristes de la cathédrale de Ratisbonne, y chanteraient — sous la direction, à l'époque, de Theobald Schrems. Je ne voulais naturellement pas manquer cela. Les *Domspatzen* chantent peu de Mozart, ce chœur se réservant la plupart du temps à des œuvres *a capella.* Je suis allé là-bas à bicyclette et j'ai pris des billets pour moi et pour Joseph. Le jour venu, nous sommes allés à Salzbourg à bicyclette et nous avons passé la nuit à l'auberge « Tiger » pour trois Reichsmarks cinquante, petit déjeuner compris. Aujourd'hui, des prix aussi bas ne sont même plus imaginables, mais en ce temps-là c'était déjà beaucoup d'argent pour nous. Bref, nous avons entendu ce merveilleux concert des *Domspatzen.* Je connais encore aujourd'hui par cœur la plus grande partie du programme. Le chœur était accompagné par quelques musiciens du Mozarteum et a joué des parties du Requiem de Mozart. Quelques garçons ont chanté aussi le trio du ruban, naturellement avec des coloratures simplifiées, car il comprend des passages très difficiles. Nous étions enthousiasmés, la musique était merveilleuse. Je ne pouvais bien sûr pas imaginer un seul instant que vingt-trois ans plus tard, je dirigerais ce chœur grandiose en tant que *Kapellmeister* de la cathédrale. C'est pourtant exactement ce qui s'est produit.

Une autre fois, nous sommes retournés à Salzbourg pour entendre la Messe en do mineur de Mozart dans l'église Sankt Peters, une œuvre que l'on donne encore de nos jours un samedi pendant le festival, je crois. Pour nous, c'était une excursion dans un monde tout nouveau, qui nous a empoignés et fascinés. Cette musique représentait pour nous un territoire vierge : on ne donnait ce genre de concerts ni à Aschau ni à Traunstein. Nous avons donc pu, pour la première fois de notre vie, assister à un concert magnifiquement interprété de chefs-d'œuvre de la musique qui ont joué pour nous un rôle considérable et nous ont laissé des traces profondes. Mozart est aujourd'hui encore, je crois, le compositeur préféré de mon frère. Il aime bien sûr d'autres compositeurs et leurs chefs-d'œuvre, par exemple les merveilleuses Passions ou la Messe en si mineur de Bach. Haydn a lui aussi écrit de très belles messes. Mais je pense que c'est Mozart qui est le plus à son goût.

À peu près au même moment, il commença à s'intéresser à la littérature. Au lycée, en cours d'allemand, on lisait les grands chefs-d'œuvre des siècles passés, ce qui l'intéressait beaucoup. Mais à côté de ces lectures scolaires obligatoires, il lisait aussi avec enthousiasme d'autres choses qui n'étaient pas au programme. Sa lecture favorite, c'étaient les petites brochures de l'édition Reclam, avec leurs reproductions d'œuvres célèbres, dont les plus minces coûtaient quarante-cinq pfennigs. L'un de ses auteurs préférés était alors Theodor Storm — mais celui-là, nous l'aimions tous beaucoup. De lui, il lisait par exemple *Pole Poppenspäler, Le cheval blanc* et bien d'autres choses fascinantes[1]. Il aimait aussi *Le voyage de Mozart à Prague* d'Eduard Mörike. Il n'aimait pas tellement

1. L'écrivain du nord de l'Allemagne Theodor Storm (1817-1888), originaire de Husum, sur la mer du Nord, se fit un nom comme poète et auteur de nouvelles et de prose du réalisme bourgeois allemand, marquées par le nord de l'Allemagne. Sa dernière œuvre, la plus connue, *Le cheval blanc*, est aujourd'hui encore une lecture scolaire appréciée.

Schiller qu'il jugeait un peu trop pathétique. Mais il appréciait beaucoup Goethe. Je n'ai appris que plus tard, pour le dire honnêtement, que lui-même, à cette époque, s'essayait à l'écriture.

Quand Hitler célébra son grand triomphe, en 1940, l'euphorie régnait presque partout. Seul, le père Ratzinger restait intraitable. Une victoire de Hitler, déclarait-il, ne pourra jamais être une victoire de l'Allemagne. Ce n'était qu'une victoire de l'Antéchrist, qui conduirait forcément à des temps apocalyptiques pour tous les croyants et pas seulement pour eux. Un an plus tard, alors que la classe de Joseph Ratzinger faisait une excursion en bateau sur un lac voisin, on annonça l'entrée des troupes allemandes en Union soviétique. Il semblait qu'un cauchemar était devenu réalité. Désormais le jeune garçon était sûr que Hitler, comme Napoléon, échouerait inéluctablement dans les étendues infinies de la Russie.

Pour notre père, Hitler était l'Antéchrist, même s'il n'employait peut-être pas cette expression telle quelle, du moins en ma présence. Les premiers triomphes de Hitler lui inspirèrent un certain embarras. Ses pires craintes étaient en train de devenir réalité : la Pologne conquise en seulement quelques semaines, suivie au printemps d'après de la France, que notre père tenait en haute estime — il n'arrivait pas à y croire. La France avait édifié après la Première Guerre mondiale la ligne Maginot qui passait pour un dispositif de défense très raffiné et imprenable, et elle se sentait en sécurité face aux Allemands. Mais Hitler, qui n'avait aucun scrupule, la contourna en envahissant la paisible et neutre Belgique. Nous étions bien forcés alors de craindre que Hitler ne gagne la guerre, aussi impossible, aussi inconcevable que cela ait pu nous apparaître.

Pour nous, le signe le plus évident de l'état de guerre était l'obligation de camoufler les fenêtres, le soir, pour nous protéger contre les attaques aériennes. C'était la règle, pas une seule lumière ne devait filtrer à l'extérieur. On nous distribuait du papier de camouflage que l'on fixait à chaque fenêtre avec une petite latte, le soir venu. Les nazis vérifiaient qu'aucun rayon de lumière ne s'échappait de la maison.

Puis on distribua des cartes de rationnement. On ne pouvait plus acheter de produits alimentaires selon ses besoins. Chaque personne inscrite recevait des cartes qui lui permettaient d'acheter la quantité qui lui était attribuée : tant de grammes de graisse, tant de grammes de viande, de sucre ou de pâtes. On devait se débrouiller avec ça. Par chance, notre père connaissait bien quelques paysans dans la région de Traunstein. Il se rendait chez eux à bicyclette et nous rapportait ainsi des vivres supplémentaires, si bien que nous avons toujours eu assez à manger.

Pendant ce temps, les terreurs de la guerre s'approchaient de plus en plus de la vallée de la Salzach. Les convois de blessés en provenance du front se succédaient à intervalle de plus en plus réduit à Traunstein ; on célébra dans l'église un office des morts pour un soldat tombé au front. On vit bientôt parmi les blessés de jeunes hommes que les frères Ratzinger connaissaient depuis le lycée. Il fallut augmenter les capacités d'accueil de l'hôpital et au bout du compte tous les séminaristes revinrent à la maison. À l'été 1942, Georg Ratzinger fut enrôlé — d'abord au Service du travail du Reich[1].

Fort heureusement, au Service du travail, on ignorait que nous étions séminaristes ; nous étions de la main-d'œuvre ordinaire. L'équipe se composait pour moitié de futurs bacheliers de Haute-Bavière et pour l'autre de Slovènes, dont seuls quelques-uns parlaient allemand. Nous étions divisés en seize groupes, à chacun de ces groupes était attribué un Slovène qui maîtrisait à peu près notre langue. Nous avions notre cantonnement à Wartenberg am Roll, dans les Sudètes. Notre première tâche fut, « avec la force des muscles et des bêches », d'aménager un terrain de sport — un terrain de sport !

Nous avions chaque jour un exercice très particulier avec la bêche, ce que l'on appelait « l'appel de la bêche ». C'était une véritable liturgie, un exercice militaire exécuté avec un outil de travail tout à fait banal. La bêche devait être rutilante, on devait pouvoir s'y regarder, car s'il restait seulement un grain de poussière ou une miette de terre collés au fer ou au

1. Un système de travail obligatoire pour les jeunes Allemands. (*N.d.T.*)

manche, cela passait pour un grave manquement qui était puni par une corvée. Puis les ordres retentissaient sur la place : « Garde à vous ! Pelle à l'épaule, droite ! Reposer, pelle ! Pelle au pied gauche, gauche ! », comme si nous avions manœuvré un fusil à l'armée. Tout devait être parfaitement synchronisé, nous ne devions être qu'un seul homme gesticulant avec cette bêche brillante comme un miroir. Nous avions même des entraînements spéciaux pour parachever ce culte de la bêche. Et nous devions recommencer, à chaque fois que notre section recevait une visite, ce spectacle soigneusement réglé, ces cent ou deux cents hommes qui portaient les bêches à l'épaule ou les déposaient au même instant, malgré l'idiotie et la vanité de tout cela.

Cette période dans les Sudètes ne fut qu'un triste prélude à l'engagement dans la guerre. À peine étais-je revenu à Traunstein en novembre 1942 que je fus enrôlé dans la Wehrmacht, après deux semaines de congé. Notre famille était d'humeur bien maussade. J'étais triste de devoir de nouveau quitter ma maison, et mes proches de me voir aller à l'armée. Nous savions tous que c'était une mauvaise affaire, qu'on y épuisait les hommes. Mais j'allais surtout devoir servir une autorité que nous détestions de tout notre cœur. J'arrivai d'abord à Oberammergau, que je connaissais déjà pour ses célèbres représentations de la Passion. Là, mon père et mon frère pouvaient au moins me rendre visite. C'est là que je dus tirer au fusil pour la première fois. Bizarrement, je fus le meilleur tireur de cette séance, ce qui me valut un certain prestige. En réalité, j'étais un tireur médiocre, on s'en aperçut plus tard, j'avais simplement eu de la chance lors de ces premiers essais.

Puis on nous a envoyés en Hollande. Chacun de nous reçut une bicyclette, nous devions aller tous les jours rouler dans les dunes pour nous y entraîner avec des bottes qui ne tardaient pas à être pleines de sable. Un jour, je dus participer à un transport de chevaux, dont ma compagnie avait une quantité considérable. Il s'agissait d'une sorte de punition collective. Nos fusils devaient être lustrés dans leurs moindres recoins, il ne devait plus s'y trouver le plus petit grain de sable. J'étais alors dans une section de mitrailleurs. Un autre jour, en 1943, la veille de l'Ascension, notre officier jugea que mon nettoyage était insuffisant. Avec d'autres soldats dans le même cas que moi, on nous envoya donc avec une équipe chargée de s'occuper des chevaux. Très tôt, le matin de l'Ascension, nous avons dû prendre le train de Leyde à Alphen. Là, on nous conduisit dans un gigantesque hangar qui servait d'écurie. Notre capo, notre sous-officier, nous avait choisi quelques chevaux, et l'on glissa les rennes de deux animaux à chacun de nous. Je n'étais pas fier : le fils de notre voisin, l'un de mes meilleurs amis, avait été tué peu avant à la suite d'un coup de pied de cheval, et je ne voulais pas mourir ainsi. Nous étions environ trente-cinq, nous devions guider soixante-dix chevaux et l'on exigeait que nous marchions les uns derrière les autres. Les animaux qui m'avaient été confiés remarquèrent vite qu'ils n'avaient pas un guide énergique et ils en profitèrent : ils n'arrêtaient pas d'essayer de quitter la route et d'aller dans le champ où le trèfle frais les attirait. Quand mon sous-officier s'en aperçut, il s'en prit violemment à moi. Peu après, lui-même reçut un coup de sabot, ce que je n'ai pas jugé trop injuste. Nous approchâmes enfin de la ville de Leyde. Mes chevaux sentirent manifestement l'air de la ville et souhaitaient rejoindre écurie. En tout cas ils partirent au galop et dépassèrent leurs congénères. Je leur courus après et nous fûmes les premiers à atteindre la caserne, alors que nous étions d'abord à l'arrière de la file. Cela provoqua bien sûr quelques éclats de rire chez mes camarades.

Puis notre unité fut transférée en Italie, d'abord dans l'ouest, sur la côte ligure, près de La Spezia, plus tard près du Mont-Cassin, où se trouvait la célèbre abbaye bénédictine. Les Allemands y avaient dressé leur ligne de défense et étaient exposés aux bombardements constants et massifs des Américains et des Britanniques.

Le 15 février 1944, les Alliés avaient même bombardé le monastère du Mont-Cassin, édifié en 529, parce qu'ils le soupçonnaient d'abriter un poste allemand. Erreur funeste, on s'en aperçut plus tard ; le commandant en chef des troupes allemandes, le feld-maréchal Albert Kesselring, avait expressément refusé d'abuser de ce monument exceptionnel à des fins militaires. Le bombardement fit deux cent cinquante victimes, pour la plupart des moines et des réfugiés qui avaient cherché protection derrière les murs du monastère.

Nous atteignîmes la région du Mont-Cassin alors que le monastère était déjà en flammes. Les Américains avaient établi leur tête de pont près de Nettuno afin de contourner la principale ligne de défense allemande et de pouvoir avancer plus vite vers Rome. Notre position était donc exposée à un double feu constant. En bas, c'était l'enfer, un roulement de tonnerre perpétuel dont Dieu seul savait d'où il venait. On nous annonça un jour que nous devions tous sortir de nos positions : les Américains allaient attaquer. Nous étions couchés sur le sol à quatre ou cinq mètres de distance quand je m'aperçus que mon voisin ne bougeait plus. Toute sa hanche était en sang, il était déjà mort. Nous avons dû alors nous lever et amorcer la retraite. Chacun avait son fusil, sa cartouchière et tout le reste. Les Américains nous poursuivaient avec des tanks, nous étions à pieds. Puis nous avons marché vers Rome. Devant la basilique Saint-Pierre, nous avons pu faire une halte. Nous étions morts de fatigue. Je serais volontiers entré dans cette magnifique église pour faire une prière, mais cela nous était interdit, comme l'accès à toute église en général. On nous ordonna de reprendre la marche et de quitter la ville par la Via Cassia. Nous avons encore entendu les cris de joie de la population quand nous avons quitté Rome. Les gens étaient heureux de voir arriver les Américains après notre départ. Qui pourrait le leur reprocher ?

Mon frère m'a raconté comment le Pr Hubert Jedin *(1900-1980)*, le célèbre historien de l'Église, a vécu cette période. Sa mère était d'origine juive, et il s'était réfugié au Vatican qu'il n'eut pas le droit de quitter durant les neuf mois de l'occupation allemande. Il avait observé les Allemands qui s'éloignaient de Rome à pied tandis que l'armée américaine avançait avec ses véhicules. Les Allemands donnaient une telle impression de fatigue et d'accablement que l'on pouvait deviner comment tout cela allait finir : ils avaient déjà perdu la guerre.

Par la Via Cassia, nous atteignîmes Bolsène, une petite ville du Latium au nord de Rome, où eut lieu au Moyen Âge un célèbre miracle du sang.

Un prêtre bohémien en pèlerinage à Rome avait célébré en 1263 la messe en l'église de Sainte-Christine, quand lui vint des doutes sur la présence du Seigneur dans l'Eucharistie, donc dans la métamorphose du vin et du pain en le sang et le corps du Christ. Mais à l'instant où il rompit l'hostie, des gouttes de sang, du sang humain, tombèrent sur l'autel. Le miracle fut aussitôt annoncé au pape qui séjournait alors à Orvieto ; on lui apporta la nappe d'autel avec la grande tache de sang. On l'expose aujourd'hui encore dans la cathédrale d'Orvieto. C'est après cet événement que le pape Urbain IV (1261-1264) instaura la fête du Saint-Sacrement.

Là, à Bolsène, le 12 juin 1944, nous avons engagé le combat contre les Américains et nous avons essayé de les arrêter. Au milieu des affrontements, un obus a explosé près de moi et m'a soulevé les bras — j'ai vu que le haut de mon bras droit saignait fortement. Je l'ai ramené contre mon corps et j'ai remercié Dieu de pouvoir encore le bouger. Je redoutais de ne jamais plus pouvoir faire de musique, ce qui m'accablait. Je me suis glissé jusqu'au prochain blindé de la Croix-Rouge, j'y suis entré au prix de vives souffrances et je me suis fait transporter dans une grotte où la Croix-Rouge traitait les blessés. Un médecin auxiliaire m'a découpé la manche pour me soigner. J'avais tout le bras couvert d'une croûte de sang qui l'empêcha d'abord de trouver la blessure. Il finit tout de même par découvrir un impact d'un côté du bras, et un orifice de l'autre : une balle ennemie m'avait manifestement traversé le bras au moment où le souffle l'avait levé. « C'est une blessure suffisante pour rentrer à la maison », me dit le médecin avec une légère ironie, devant ce coup de feu qui m'avait transpercé sans laisser de trace sérieuse. Il avait raison. Un transport de blessés m'amena par plusieurs étapes jusqu'à Rosenheim, où l'on avait ouvert un centre de regroupement des malades. J'y ai vu combien de souffrances la guerre avait valu aux jeunes de ma génération, dont plusieurs étaient maintenant invalides après avoir été amputés d'un bras ou d'une jambe. Par chance, il y avait là un médecin chef très pragmatique. Lui-même avait été blessé et amené dans un hôpital militaire où il s'était senti très seul, aussi cherchait-il à répondre aux vœux de chaque hospitalisé. Il me demanda donc où je voulais aller, et je répondis naturellement : « À Traunstein. » Je fus ainsi, en tant que soldat blessé, transféré à l'hôpital militaire de Traunstein, dans les salles de notre ancien séminaire. À cette époque, le 20 juillet 1944, eut lieu l'attentat contre Hitler, mais nous n'en avons pas su grand-chose à l'hôpital. Dans le cas contraire, nous aurions bien sûr espéré que la guerre allait finir, mais on sait que ce ne fut malheureusement pas le cas. Je pus au moins me remettre à Traunstein des fatigues de la guerre. Je pus aussi bientôt bouger mon bras sans aucune gêne, ce qui me soulagea beaucoup. Les infirmières m'avaient bien nourri en m'accordant toujours un peu plus que la ration ordinaire. Tous les dix jours, on me donnait une nouvelle courbe de température qui mentionnait aussi mon poids — au bout de dix jours, cette feuille indiquait que j'avais déjà pris dix kilos. Je n'en doutai pas jusqu'à ce que l'on s'aperçoive que la balance était cassée. En tout cas, j'ai passé là, dans mon ancien séminaire, quelques belles journées pendant lesquelles je repris vite mes forces. Je fus donc bientôt affecté à une compagnie de convalescence et envoyé d'abord à Prague, puis dans l'arrière-pays tchèque où notre mission était d'abattre, de scier et de fendre des arbres. Nous disions alors que nous faisions du bois de chauffage bon marché pour les Tchèques, et ce fut exactement le cas. Quand notre compagnie de convalescence fut stationnée dans une petite ville à l'ouest de la Bohême, on annonça d'abord que nous allions être transférés en Yougoslavie pour combattre les partisans. Mais l'aide de camp de notre division l'empêcha et nous fit rapatrier auprès de notre compagnie d'origine en Italie. Je me retrouvai alors dans la région d'Imola et je fus affecté à la radio. Cela voulait dire que je restais dans le bunker pratiquement toute la journée et que je devais sortir la nuit pour réparer des lignes téléphoniques cassées, ce qui était une mission assez dangereuse.

Notre position suivante, près de Dozza dans la province de Bologne, fut l'enfer sur terre. Nous nous trouvions sur la face nord du Monte Maggiore, tandis que les Américains ouvraient le feu sur nous depuis la face sud. Ils tiraient sur les rochers qui nous surplombaient et d'où se détachaient régulièrement des blocs de pierre qui dégringolaient sur nous. Tout n'était que poussière et fracas ; dès que les Américains marquaient une pause, nous devions consolider notre bunker. Un jour, le 15 avril 1945, le feu d'artillerie se tut soudain pour laisser la place à une canonnade au phosphore qui changea le flanc de la montagne en un océan de flammes. Tout brûlait autour de nous, les buissons comme les arbres. Le jour suivant se leva dans un silence de mort, une impression fantomatique. Nous crûmes un instant que la guerre était finie. Mais ce fut cet instant où les Américains, avec un cri à vous glacer le sang, se ruèrent baïonnette au canon dans notre bunker pour nous en déloger. Ils commencèrent par nous prendre nos montres et nos décorations. J'avais deux médailles, l'insigne des blessés et la croix de fer de 2e classe, attribuée à tous ceux qui avaient réparé les lignes téléphoniques cassées à quelques reprises. Par des chemins détournés, on nous amena dans un camp de prisonniers à proximité du Vésuve. Il y avait là plusieurs camps, chacun pouvait accueillir quatre mille soldats prisonniers. Nous fûmes d'abord surveillés par des soldats blancs, puis ils furent remplacés par des Noirs américains, qui prenaient tout avec un peu plus de décontraction. Il arriva même un jour qu'ils s'endorment à leurs postes de garde et qu'ils laissent tomber un fusil — chez nous dans le camp. C'était naturellement une faute grave, passible habituellement de sanctions disciplinaires. Nous avons donc attrapé le fusil, et nous l'avons restitué aux sentinelles en échange de cigarettes. Il ne fallut pas longtemps pour que les soldats noirs soient remplacés par des Italiens. Nous les avons salués en emboîtant nos conserves pour faire ce qui pouvait ressembler à des canons de fusils pointés sur eux. Les Italiens ont pensé que nous avions des armes et ont fichu le camp, si bien que pendant quelque temps, nous nous sommes retrouvés entre nous.

Finalement, l'administration américaine a constitué le premier convoi de libérés. Ils avaient chargé quelques soldats allemands en qui ils avaient à peu près confiance, dont des théologiens, de dresser la liste des prisonniers à libérer. Tous les métiers indispensables à la vie quotidienne avaient la priorité : agriculteurs, travailleurs des transports, et d'une manière générale tous les ouvriers. Mais le contre-ordre ne tarda pas : ceux qui étaient originaires de l'est de l'Allemagne durent rester au camp. Le premier train de libération fut donc recomposé et l'un des théologiens qui me connaissait me mit sur cette liste. Je me suis retrouvé chez moi avec le premier transport de soldats libérés à faire le trajet de l'Italie vers l'Allemagne. C'était à la mi-juillet 1945.

Joseph Ratzinger n'avait pas non plus échappé à la guerre. En 1943, les Chemises brunes au pouvoir eurent une nouvelle idée. Puisque, de toute façon, les internes vivaient loin de chez eux, on pouvait déplacer leur internat à volonté — par exemple près des batteries de la défense antiaérienne, ce que l'on appelait la « Flak ». Et comme ils ne pouvaient pas étudier toute la journée, leur faire assurer la défense contre les avions ennemis serait certainement une manière judicieuse d'occuper leurs loisirs. Les séminaristes de Traunstein des années 1926 et 1927 furent incorporés à la Flak de Munich. Ils logeaient dans des baraquements comme des soldats réguliers, portaient des uniformes identiques et avaient presque les mêmes missions. La seule différence, c'était l'enseignement réduit que leur dispensaient des professeurs du lycée Maximilian de Munich. Comme les élèves de ce lycée avaient été enrôlés eux aussi, la classe était mélangée. Pour Joseph, rencontrer des garçons de son âge issus de la grande ville fut une bonne expérience. Après les quelques frictions du début, on apprit à s'arranger et à former une communauté.

Leur premier lieu de stationnement fut Ludwigsfeld, au nord de Munich. Ils y étaient chargés de protéger une succursale des usines BMW, où l'on fabriquait des moteurs d'avions. Plus tard, ils furent transférés à Unterföhring, puis à Innsbruck et finalement à Gilching, à l'ouest de Munich, où se trouvaient les usines Dornier. Comme cet espace aérien était aussi celui où les bombardiers alliés se rassemblaient pour lancer leurs attaques sur Munich, la position avait une double importance. Pour Joseph Ratzinger, qui était alors âgé de 16 ans et se qualifia un jour de « personne dénuée de tout esprit militaire », ce fut une période difficile. Malgré cela, il essaya d'en tirer le meilleur. Il se fit d'abord affecter à la section des mesures, puis aux transmissions téléphoniques, ce qui lui évita au moins d'avoir à tirer. Il défendit sans fléchir l'autonomie de son groupe. À un moment, il fut exempté de tout exercice militaire et personne n'osa venir s'immiscer dans leur petit monde. Finalement, on lui attribua même une chambre particulière dans un baraquement. Il mit à profit chaque minute pour lire et organiser pour les catholiques de l'unité un enseignement religieux, et même, par la suite, des visites régulières d'églises. Un homme qui servait dans la même batterie antiaérienne, le Munichois Walter Fried, aujourd'hui âgé de quatre-vingts ans, se rappelle encore ce garçon « très réservé et qu'on ne remarquait guère ». Un jour, raconta-t-il au magazine Der Spiegel, *un officier supérieur est venu pour une inspection. Ils ont tous dû indiquer, à tour de rôle, ce qu'ils voulaient devenir plus tard. Beaucoup d'entre eux, lui compris, dirent qu'ils voulaient être aviateurs. « Quand ce fut le tour de Ratzinger, il dit qu'il voulait devenir prêtre. Il y eut quelques éclats de rire. Mais naturellement, il fallait un certain courage pour faire une telle réponse à cette époque. »*

Les élèves durent d'abord se rendre en ville trois fois par semaine pour suivre les cours du lycée Maximilian. Mais peu à

Joseph Ratzinger, auxiliaire de la DCA
(2e à partir de la gauche), 1943.

peu les trajets devinrent un cauchemar. La ville était de plus en plus souvent bombardée par les Alliés, les gravats semblaient la recouvrir peu à peu. L'air fut bientôt saturé de fumée, l'odeur lourde des incendies était omniprésente. À la fin, même les trajets en train devinrent impossibles : une attaque de bombardiers avait détruit les voies. Les séminaristes espéraient que les puissances occidentales mettraient fin à la guerre le plus rapidement possible. Mais certains d'entre eux ne vivraient pas la fin du conflit.

Le 10 septembre 1944, les élèves furent libérés de la Flak. Mais à peine Joseph fut-il arrivé à Traunstein qu'il reçut sa convocation au Service du travail du Reich. Après un trajet interminable sur la plate-forme d'un camion, son bataillon arriva dans le Burgenland autrichien. Une gigantesque armée de travailleurs de force devait y construire un « rempart du sud-est » pour arrêter l'avancée des Russes. Les deux mois suivants furent la période la plus terrible de sa vie, car ce secteur était commandé par la SS. Les jeunes hommes furent littéralement tyrannisés. La nuit, ils étaient tirés de leurs châlits par des roulements de tambour et forcés de s'enrôler « volontairement » dans la Waffen-SS. Beaucoup, qui étaient trop épuisés pour opposer de la résistance, furent ainsi contraints de se mettre au service de ces monstres. Quand Ratzinger dit qu'il avait l'intention de devenir prêtre catholique, on se moqua de lui et on l'injuria. Mais au moins ce calice-là lui fut-il épargné.

Au service du travail, l'adolescent de 17 ans prit pour la première fois pleinement conscience du caractère pseudo-religieux du national-socialisme, « la religion de Hitler » sous sa forme pure. À l'instar de son frère Georg, il fut lui aussi, comme il l'écrit dans ses souvenirs, Ma vie, *formé à un « rituel qui consistait en une sorte de culte de la bêche et culte du travail érigé en puissance salvatrice ». Les « Bêche à l'épaule ! » et « Reposez bêche ! », le nettoyage de la bêche et sa présentation lui firent l'effet d'une pseudo-liturgie. Il fallut que le front arrive à proximité immédiate pour que le rituel des bêches s'arrête brusquement et que la bêche redevienne ce qu'elle était toujours en réalité : un banal instrument quotidien. Mais sa « chute » incarna l'effondrement du national-socialisme, qui se dessinait partout à présent de manière incalculable. « Toute une liturgie et le monde qui était derrière elle se révélaient comme un mensonge. »*

L'usage voulait que les hommes du Service du travail servant sur le front soient incorporés automatiquement dans la Wehrmacht. Mais Joseph Ratzinger eut de la chance. L'officier qui devait répartir les jeunes gens ne croyait sans doute plus, lui non plus, à la « victoire finale ». « Qu'est-ce que nous allons faire de vous, d'où venez-vous ? » demanda-t-il au jeune Ratzinger. « De Traunstein », répondit Joseph. « Nous avons une caserne là-bas », dit l'officier, « allez donc à Traunstein et ne commencez pas tout de suite, mais prenez quelques jours de bon temps. » C'est par le chemin de fer, constamment bloqué à cause des attaques aériennes, qu'il entreprit son retour au foyer. Le trajet passait par Vienne, qui portait désormais elle aussi les cicatrices des bombardements. Dans son cher Salzbourg, non seulement la gare était en ruines, mais la belle cathédrale Renaissance semblait elle aussi avoir été touchée. Lorsque le train fit mine de traverser Traunstein sans s'arrêter à cause de la menace d'une attaque aérienne, il n'hésita pas et sauta en marche.

Il était enfin chez lui. « C'était un jour d'automne beau comme un rêve », se rappela-t-il plus tard. « Il y avait un peu de givre sur les arbres, le soleil de l'après-midi illuminait les montagnes. J'ai rarement ressenti avec une telle force la beauté de mon pays que lors de ce retour à la maison, au sortir d'un monde défiguré par l'idéologie et la haine. » Il n'avait jamais aimé l'armée. Mais c'est après avoir vécu à ses dépens les terreurs de la guerre qu'il sut combien la paix était précieuse.

Le conflit n'était cependant pas encore terminé. Il dut aller faire ses classes à la caserne de Traunstein. Dans une ambiance lourde, il fêta Noël 1944, plein de mélancolie, avec ses camarades de chambrée. Quand il tomba malade, on l'exempta de service pendant tout le mois de février. Du reste, la principale mission de sa compagnie semblait être de défiler dans la ville avec de nouveaux uniformes, des chants de guerre aux lèvres, afin de prouver à l'opinion publique que le « Führer » disposait encore de jeunes soldats fraîchement formés. Quand enfin il fut menacé d'être envoyé sur le front, il partit sans autres formes de procès.

À ce moment-là — sans doute en avril 1945 — on y risquait sa vie, car la SS avait ordre d'abattre les déserteurs ou de les pendre au premier arbre venu en guise d'avertissement. Il crut défaillir quand deux soldats l'arrêtèrent à un passage souterrain du chemin fer. Mais cette fois encore, il eut de la chance. Les deux membres de la Wehrmacht en avaient visiblement autant assez de la guerre que lui. Et comme une blessure le forçait à porter un bras en écharpe, ils le laissèrent passer. « Tu es blessé, camarade, continue ton chemin. » C'est ainsi, pour finir, qu'il arriva chez lui sain et sauf.

Mais là non plus il n'était pas en sécurité. Quelques jours plus tard à peine, deux SS prirent leurs quartiers dans la maison familiale. Ils virent le garçon en âge d'être soldat et commencèrent à poser des questions gênantes. Quand le père Ratzinger laissa échapper toute sa fureur contre Hitler, le destin de Joseph parut scellé. Mais pour des raisons inexplicables, les deux nazis disparurent le lendemain sans avoir provoqué de désastre.

Enfin, les Américains entrèrent dans Traunstein. La simplicité de la maison Ratzinger ne les empêcha pas d'en faire leur quartier général. Quand ils identifièrent Joseph comme un ancien soldat, il dut revêtir son uniforme et se rendre dans les règles. Sa mère fut épouvantée quand elle apprit que son fils était désormais considéré comme un prisonnier de guerre. Elle lui prépara en vitesse une bouillie de semoule, tandis que lui-même se munissait d'un gros cahier vide et d'un crayon avant de quitter sa petite ville et de partir avec une centaine d'autres détenus. Ce convoi interminable atteignit enfin Bad Aibling après trois jours de marche sur l'autoroute désertée. De tous les côtés de la Bavière, on avait rassemblé sur un ancien aérodrome militaire les survivants de l'armée vaincue. On photographiait notamment avec un certain enthousiasme les très jeunes et les très vieux. Les Américains voulaient sans doute montrer chez eux quelle armée en débandade ils venaient de vaincre. De Bad Aibling, on expédia finalement les hommes sur un gigantesque champ près d'Ulm où étaient groupés environ cinquante mille prisonniers. Comme les Américains étaient complètement dépassés par ces dimensions, il n'y avait ni baraquements ni tentes ; les hommes devaient passer la nuit en plein air. Quelques chanceux avaient apporté leur propre tente et offraient un abri à leurs camarades quand il pleuvait. La nourriture consistait en une louche de soupe et un peu de pain. À l'horizon se dressait la tour de la cathédrale d'Ulm, épargnée par la guerre, comme un signe d'espoir en des temps meilleurs et un souvenir d'une humanité de la foi qui n'avait pas disparu.

On vivait sans avoir le sentiment du temps, il était difficile de savoir quel jour on était et l'on ne recevait aucune nouvelle de l'extérieur. Une fois seulement, les hommes s'aperçurent que les Américains organisaient un véritable feu d'artifice avec leurs munitions éclairantes. C'était le 8 mai 1945. Le bruit courut que la guerre était finie, l'Allemagne avait capitulé. Les hommes respirèrent, espérèrent que leur libération allait ainsi être imminente. Puis quelqu'un prétendit que les Américains feraient maintenant la guerre aux Russes. Tous les prisonniers allemands seraient armés et envoyés sur ce nouveau front. Mais la plupart ne pouvaient pas imaginer que le pacte des Alliés allait se rompre aussi vite et ils espéraient que la paix serait bientôt signée. Le cahier que Joseph avait emporté en captivité se révéla un merveilleux compagnon. Chaque jour, il lui confiait ses pen-

sées et ses réflexions sur Dieu et le monde, l'histoire et sa situation. Il s'essaya même à écrire en hexamètres grecs, pour occuper son esprit et donner un contenu au temps vide. Il se forma même au camp des initiatives d'hommes qui essayaient de tirer quelque chose d'utile de leur captivité monotone. Il se trouva des prêtres qui célébrèrent la messe chaque jour, des universitaires développèrent un programme de conférences dans les règles.

Puis les libérations commencèrent. Les cultivateurs furent les premiers à pouvoir rentrer chez eux — bien entendu, beaucoup se rappelèrent soudain qu'ils avaient une ferme ou au moins des parents à la campagne. Le tour de Joseph Ratzinger vint le 19 juin 1945. Après une série de contrôles, d'examens et de pulvérisations d'insecticide — les Américains devaient croire que tous les Allemands avaient des poux — il eut enfin son bon de libération dans les mains. Un camion américain amena les hommes jusqu'au nord de Munich, où on les laissa se débrouiller tout seuls. Joseph et un jeune homme d'un village voisin se mirent en chemin. Ils avaient compté qu'il leur faudrait trois jours pour parcourir les quelque cent vingt kilomètres qui les séparaient de Traunstein. Ils espéraient pouvoir passer la nuit chez des paysans et peut-être aussi y recevoir un casse-croûte. Mais peu après Ottobrunn, un camion de lait qui marchait au gazogène les dépassa. Ils étaient tous les deux trop timides pour faire du stop, mais le chauffeur s'arrêta de lui-même et leur demanda où ils voulaient aller. Quand ils mentionnèrent Traunstein, il éclata de rire : il travaillait pour une laiterie du bourg et il était justement sur le chemin du retour. Avant même le coucher du soleil,

Joseph était chez lui. Ses parents et sa sœur le reçurent avec un immense bonheur. La nourriture simple que sa mère lui prépara — un peu de salade de son jardin, un œuf de ses poules et un gros morceau de pain — fut le plus délicieux repas de toute sa vie. Une seule chose assombrit la joie des retrouvailles : on ne savait pas ce que son frère était devenu. Il fallut attendre le mois de juillet pour que Georg surgisse soudain, bruni par le soleil, devant la maison...

Nous aussi, nous avons été d'abord amenés par les Italiens au grand camp de libération proche de Bad Aibling, où mon frère s'était trouvé seulement quelques semaines auparavant. Plus tard, Günter Grass raconta qu'il l'avait rencontré là-bas, mais ça doit être le fruit de son imagination. Peut-être était-il réellement dans ce camp, mais à un autre endroit ou à un autre moment. Mon frère a une si bonne mémoire qu'il s'en souviendrait certainement aujourd'hui encore s'il avait creusé un trou, joué aux dés et parlé de l'avenir avec un autre prisonnier qui voulait devenir artiste. C'est peut-être une belle histoire, mais elle n'est pas vraie.

En 2006, le prix Nobel de littérature Günter Grass prétendit dans son autobiographie Pelures d'oignon, *qu'il avait été avec Joseph Ratzinger dans le camp de prisonniers près de Bad Aibling, et qu'il s'y était lié d'amitié avec le futur pape. Grass écrit : « C'est avec ces dés que plus tard, quand nous fûmes transférés du camp du Haut-Palatinat au camp de plein air de*

Bad Aibling, j'ai joué contre un garçon du même âge, comme je l'appelais de mes vœux dès l'obscure forêt de pin, qui s'appelait maintenant Joseph et parlait un haut-allemand de Bavière prêt à être imprimé. Il pleuvait souvent. Nous creusâmes un trou dans la terre. Par temps de pluie, nous restions sous une toile de tente qui lui appartenait. Nous parlions de Dieu et du monde. Comme moi, il avait servi la messe, lui avec endurance, moi en simple dépannage. Il croyait toujours, lui, rien n'était sacré pour moi. Nous étions couverts de poux tous les deux. Cela ne nous souciait guère. Lui aussi écrivait des poèmes, mais il voulait monter plus haut d'une tout autre manière », écrit Grass[1]*. Il assura pus tard, dans un entretien avec Frank Schirrmacher, le directeur du* Frankfurter Allgemeine Zeitung *: « C'est une jolie histoire, non ? »*

J'y suis arrivé en tout cas quelques semaines plus tard et j'ai trouvé une immense foule de soldats qui campaient dans les conditions les plus misérables. Il n'y avait pratiquement pas de couvertures, pas de tentes, rien. Nous étions nourris avec une bouillie brune de céréales, une tasse de café et quelques morceaux de pain. La nuit, on se couchait pour dormir à même le sol ; grâce à Dieu, nous avons eu beau temps et on nous a libérés au bout de trois jours.

1. *Pelures d'oignon*, traduit de l'allemand par Claude Porcell, Paris, Le Seuil, 2007, p. 162.

La dernière photo du domicile familial à Hufschlag, avant le déménagement (1955). On y voit Georg Ratzinger (à droite) et ses parents.

Ce troisième jour, un officier américain est arrivé et nous avons tous dû nous mettre en rangs. Puis il nous a classés selon nos régions : Haute-Bavière, Bavière inférieure — il a dit « Bavière inférieure », « Unterbayern », au lieu du mot correct Niederbayern, Basse-Bavière. Il a confié les hommes de notre région à un Noir américain qui nous a guidés à un groupe de camions tous conduits par des soldats de couleur. Là, il m'a fait rejoindre le groupe des hommes qui voulaient aller à Traunstein. Un futur frère prêtre, qui devait être ordonné après moi, était là lui aussi. À peine étions-nous montés dans le camion que le chauffeur noir partit à un train d'enfer, roula d'abord sur l'autoroute Munich-Salzbourg et prit finalement la sortie de Schweinbach, tout en mâchant constamment son chewing-gum, ce qui était pour nous un tableau assez inhabituel. Puis il nous hurla quelque chose et nous descendîmes avec un sentiment de malaise, une boule au creux de l'estomac. Je ne savais pas, moi non plus, si mes parents et mon frère étaient encore en vie ou si notre maison était toujours debout, je n'avais plus eu de contacts avec ma famille depuis des mois. J'ai plus couru que marché vers la maison familiale. Enfin arrivé, j'ai vu ma mère dehors, elle tirait de l'eau. Nous avions notre puits devant la maison, car on n'avait pas encore posé de canalisations. J'étais si heureux de la revoir, et pour elle aussi la joie et la surprise furent considérables. J'avais si longtemps attendu cet instant ! Après nous être embrassés, nous sommes allés à la maison où mon père, ma sœur et mon frère n'attendaient en réalité que ma mère. Rien ne peut décrire ce qui se passa alors. Sans prononcer le moindre mot, je me mis au piano et jouai le *Te Deum*, « Grand Dieu, nous te louons ». Pour moi, ce n'était pas un hasard si nous étions de nouveau réunis, mais une volonté de Dieu ; et nous étions tous de cet avis. Avoir surmonté sans dommages tant de situations difficiles pendant la guerre nous renforça, mon frère et moi, dans la conviction que Dieu avait des projets pour nous. L'expérience des années de guerre nous avait fait connaître des sentiments de peur que nous ne soupçonnions pas jusqu'alors. On nous avait forcés à entrer dans un monde qui nous était totalement inconnu et que nous ne nous étions jamais imaginé aussi brutal. Nous avons vu la mort en face. Ce qui imprimait une nouvelle orientation et nous fit soudain apprécier bien des choses qui auparavant nous semblaient aller de soi. Mais cela nous renforçait d'autant plus dans notre intention de devenir prêtres.

Les jeunes prêtres avec leurs parents en juillet 1951.

VI

FREISING ET FÜRSTENRIED (1946-1951)

L'immédiat après-guerre fut pour nous une période heureuse. Ce furent aussi des années difficiles et austères, sans doute, mais cela nous paraissait secondaire. Nous avions survécu à la guerre, et surtout le régime impie qui avait infligé tant de souffrances aux hommes était vaincu.

Notre père était le seul à avoir toujours su que cela arriverait un jour. Il avait compris dès le premier jour que la guerre était perdue, que Hitler ne pouvait que la perdre, tout simplement parce que le mal n'avait ni la capacité, ni le droit de l'emporter. Si l'Allemagne était sortie victorieuse de cette guerre, cela n'aurait pas été un gain pour notre pays, et une catastrophe pour le monde entier. Hitler aurait alors gouverné le monde avec son égoïsme infini. Ses décisions arbitraires n'auraient pas modelé le monde mais l'auraient défiguré et plongé dans la terreur. Ne serait-ce que pour cette raison, il était impossible que Dieu, le maître de l'Histoire, eût toléré sa victoire. Il y eut certes au cours des premières années quelques événements déstabilisants, comme les victoires en Pologne et en France, mais à peine Hitler avait-il fait entrer ses troupes en Union soviétique qu'arriva ce qui devait arriver : le destin mena le Reich allemand droit à la catastrophe.

Beaucoup de ce que nous apprîmes après la guerre dépassa nos plus sombres pressentiments. Nous savions déjà, bien entendu, sous le nazisme, qu'il existait des camps de concentration où l'on pratiquait l'assassinat. Le camp de Dachau se trouvait à proximité immédiate de Munich, et aucun de nous n'ignorait de quoi il s'agissait. Différentes personnes de notre connaissance nous avaient appris que des parents à elles avaient été tués. Cela concernait directement notre famille. Je me rappelle par exemple notre cousin, le fils d'une sœur de notre mère, un garçon très doux et joyeux qui souffrait d'un handicap mental. Il n'était pas en mesure de parler correctement ou de participer à une conversation. J'ignore quelle maladie on lui avait diagnostiquée : je n'étais moi-même encore qu'un lycéen. Nous avons appris plus tard que les nazis étaient venus le chercher chez lui, puis l'avaient assassiné parce que leur idéologie inhumaine le considérait comme une « vie indigne de vivre[1] ». À Aschau, nous étions liés d'amitié avec deux personnes âgées, un couple sans enfants que nos visites réjouissaient toujours beaucoup. Un jour, le mari mourut d'une pneumonie ; quant à son épouse, Mme Westenthanner, elle sombra peu à peu dans la

1. « *Lebensunwertes Leben* », le terme « officiel » du nazisme pour désigner les handicapés à éliminer. (*N.d.T.*)

démence. Nous avons seulement entendu dire qu'elle avait été conduite à Linz par des fonctionnaires d'État et qu'elle y était morte. Tout le monde savait que les nazis rassemblaient, puis assassinaient à proximité de Linz les malades mentaux ou ceux que l'on considérait comme tels et qui, selon leur conception de la « communauté du peuple », la *Volksgemeinschaft*, ne pouvaient plus avoir d'utilité. On disait alors que quelqu'un avait été « linzé ». Les gens de Linz ne connaissaient pas cette expression, mais chez nous elle était très répandue et chacun savait ce que cela signifiait. Les nazis avaient programmé la mort de ceux qu'ils considéraient comme inutiles ou qui avaient simplement une autre idéologie, ceux qui voulaient donner une autre forme à leur vie. C'était un meurtre pur et simple.

C'est seulement après la guerre que nous avons entendu parler du grand génocide contre les Juifs. Mais nous n'avons pas été surpris non plus, car nous savions les nazis capables de n'importe quel crime. Ils ne reculaient devant rien, leur pensée et leurs actes étaient littéralement diaboliques. Le meurtre massif des Juifs fut le sommet, en quelque sorte le couronnement cruel, de leurs crimes et la dernière preuve du fait qu'il s'agissait de criminels sans scrupule, inhumains et exécrables. Ces meurtres-là se distinguaient avant tout par le nombre de leurs victimes et le caractère systématique de l'extermination. Nous avons été profondément bouleversés lorsque nous l'avons appris — mais les assassinats de nos proches nous avaient déjà fait perdre toute illusion. Nous savions aussi, hélas, que la Résistance opérant à l'intérieur du pays n'aurait jamais pu balayer ces criminels, que cela devait se faire depuis l'étranger. Dans cette mesure, nous avons considéré nos prétendus « ennemis », les adversaires de l'Allemagne dans la guerre, comme nos libérateurs, nous leur avons été reconnaissants d'avoir mis un terme au pouvoir de terreur exercé par les nazis.

L'antisémitisme n'a jamais été un sujet de discussion, ni dans ma famille, ni dans notre entourage. Nous considérions tout un chacun comme notre prochain, même s'il s'agissait d'un nazi — bien que dans le cas des nazis, nous soyons restés sur nos gardes et à distance parce que nous ne pouvions pas leur faire confiance. Mais nous ne connaissions de Juifs ni à Aschau, ni à Traunstein, et nous n'avons donc pas entendu grand-chose sur les exactions antisémites de 1933, sur la Nuit de Cristal en 1938, ni bien entendu sur les déportations des Juifs. C'est seulement à l'école, pendant les cours de « patrimoine intellectuel national-socialiste », que l'on a cherché à nous convaincre que les Juifs étaient mauvais. Ensuite, brutalement, on s'est mis à nous mettre en garde contre eux pendant les cours d'histoire. Nous n'avons jamais pris ça au sérieux. Nous savions d'où cela venait, nous connaissions les mensonges et les diffamations avec lesquels opéraient les nazis. Cela étant dit, nous n'avions jamais rencontré de Juifs, à titre personnel, il n'y en avait pas tant que cela dans les villages et petites villes de l'est de la Bavière ; nous n'en parlions donc pas non plus à la maison.

eux frères lors d'une visite à Prague

deux frères et la sœur Ratzinger en 1989,
r le 65e anniversaire de Georg Ratzinger

1980
Le cardinal Joseph Ratzinger présente son frère à Jean-Paul II lors d'un concert à Munich

Bon voisinage
Rencontre avec Hans Rosengold, le responsa
de la Communauté juive à Ratisbonne

Le pape Benoît XVI et son frère à Marktl-sur-l'Inn, devant le baptistère au-dessus duquel Joseph Ratzinger a été accueilli, le 16 avril 1927, dans la communauté de l'Église

e Pape et son frère lors de vacances communes

Le 13 septembre 2006, en route vers la « Vieille Chapelle »
Georg Ratzinger, le pape Benoît XVI et l'évêque de Ratisbonne, Gerhard Ludwig Müller. En arrière-plan, la maison du frère du pape

Le prélat Georg Ratzinger et le pape Benoît XVI
devant la tombe de leurs parents au cimetière de Ziegetsdo

Benoît XVI a travaillé avec plus d'ardeur que tout autre pape avant lui en faveur de la réconciliation avec les Juifs. Un seul indice suffit à le prouver : il a visité plus de synagogues qu'aucun de ses prédécesseurs. Citons en août 2005 la synagogue de Cologne, celle de New York en avril 2008 et celle de Rome en janvier 2010. À Auschwitz comme à Yad Vashem, le mémorial de la Shoah, il a clairement dénoncé toute forme d'antisémitisme ou d'antijudaïsme. À Jérusalem, il a prié devant le Mur des Lamentations. Juste après son entrée en fonction, il a écrit à la communauté juive de Rome ; il a été le premier pape à inviter un rabbin à parler devant le Synode des Évêques. Dans ce qui constitue à ce jour son œuvre majeure, les deux volumes de Jésus de Nazareth, *il ne cite pas seulement des voix juives sur le Nouveau Testament, il s'efforce aussi de comprendre Jésus et son Évangile dans leur contexte juif originel. Plutôt que comme des « frères aînés », il définit les Juifs comme nos « pères dans la foi ». Il a ainsi déclaré, dans un entretien avec Peter Seewald : « Je dois dire que dès le premier jour de mes études théologiques sur l'unité intérieure de l'Ancien et du Nouveau Testament, les deux parties de notre Sainte Écriture, j'ai compris que nous ne pouvons lire le Nouveau Testament qu'avec le précédent [...] Ensuite, naturellement, nous avons été touchés en tant qu'Allemands par ce qui est arrivé sous le IIIe Reich, et nous nous en sommes d'abord tenus à regarder le peuple d'Israël avec humilité et honte, et avec amour*[1]. »

1. Benoît XVI, *Lumière du Monde, op. cit.*, p. 114.

En tant que pape, et bien entendu en tant qu'Allemand, mon frère connaît son devoir de réconciliation avec les Juifs. Il s'agit, d'une part, d'une conséquence directe de l'histoire allemande. Mais cette attitude tient aussi en bonne partie à ses contacts avec la communauté intégrée à Munich. Je crois que la confrontation avec les travaux du Pr Ludwig Weimar et du Pr Rudolf Pesch lui a fait clairement apparaître l'importance du dialogue avec le judaïsme.

Au terme d'une évolution qui a duré plus de vingt années, la Communauté catholique intégrée a été fondée à Munich par un groupe de catholiques. Le premier mouvement est né des questions qui se posaient après la Seconde Guerre mondiale : « Qu'est-ce qui manque à notre Église pour qu'en dépit des millions de baptisés que comptait l'Europe au XX*e siècle, des chrétiens aient mené deux guerres mondiales les uns contre les autres ? Pour qu'en dépit d'un si grand nombre de chrétiens, la question sociale, soulevée depuis des siècles, n'ait pu être résolue, permettant l'avènement de dictatures et d'idéologies mortifères, comme le communisme et le national-socialisme ? Qu'avons-nous perdu, au sein de notre Église, pour que ses fidèles n'aient pu empêcher la Shoah, l'assassinat de six millions de Juifs sous le IIIe Reich ? » Sur ce point, la Communauté milite spécifiquement en faveur d'une compréhension du Nouveau Testament dans la perspective juive et réclame « que l'on perçoive l'Israël de l'Ancien Testament dans son statut de racine de l'Église, et le* *judaïsme vivant comme un partenaire rappelant cette racine et apportant une vision corrigée ». En tant que théologien, Joseph Ratzinger était entré en contact avec la Communauté intégrée ; en tant qu'archevêque de Munich, il a dû approuver sa charte et la reconnaître comme une « communauté apostolique » indépendante, soumise à la supervision religieuse officielle de l'évêque local.*

Je vis aujourd'hui à proximité immédiate de la communauté juive de Ratisbonne, qui a sa synagogue ici, dans la Luzengasse. Il y a peu de temps encore, elle était sous la direction de M. Hans Rosengold *(1923-2011)*, avec lequel j'ai toujours entretenu de bonnes relations, des relations de voisinage. Tantôt c'était lui qui me rendait visite, tantôt c'était moi, comme ça se fait entre voisins. C'était vraiment un homme très gentil et pour lequel j'avais une grande estime. Le gardien de la communauté, un Juif immigré de Russie, est lui aussi très aimable, toujours extrêmement prévenant et secourable. Il sait que je vois mal, et lorsqu'il y a des travaux et des obstacles dans la rue, il sort et m'aide à les franchir. Il a aussi souvent aidé ma gouvernante, Mme Heindl, il lui portait son gros cabas quand elle revenait des courses. Il passe également nous voir assez fréquemment, il nous apporte des journaux, des pains azymes et du vin doux de Pessah. Tout récemment, alors que j'étais hospitalisé pour une opération du genou, il m'a même rendu visite et m'a apporté du raisin. Lui et son épouse sont des gens gentils et aimables, un modèle d'humanité pour chacun d'entre nous. Lorsque mon frère était à Ratisbonne, en 2006, la communauté juive approvisionnait en nourriture kacher une partie de son entourage, ce qu'on appelle son *seguito*. Nous avons donc vraiment de merveilleuses relations de voisinage. Nous n'aurions jamais pu rêver, au cours des années de l'après-guerre, que les relations entre Allemands et Juifs retrouveraient un jour une normalité aussi réjouissante que celle que nous connaissons aujourd'hui. Nous en sommes bien entendu heureux et reconnaissants.

Mais revenons aux événements de 1945 ! Au cours des années que j'ai passées à la guerre, Joseph est devenu un homme. En 1942, à mon incorporation, il venait juste d'avoir 16 ans et pour tout dire c'était encore un vrai gamin, sa voix n'était pas encore celle d'un homme, elle se situait entre le petit garçon et l'adulte. Lorsque nous nous sommes revus, après la fin du conflit, il avait déjà beaucoup mûri. Nous avions beaucoup de choses à nous raconter. Moi, je lui parlais de ce que j'avais vécu à la guerre, et lui me fit part de ses propres expériences. Mais du jour où j'étais entré au petit séminaire, nos chemins s'étaient séparés, nous n'étions plus aussi souvent ensemble que pendant notre enfance insouciante. J'avais aussi d'autres amis que lui, plutôt intéressés par la musique, tandis que mon frère fréquentait surtout des garçons d'esprit scientifique. Pendant notre scolarité au séminaire, nous étions tellement tenus par notre emploi du temps que nous n'avions pratiquement plus le temps de nous voir — ce que nous compensions bien entendu, et avec plaisir, pendant les vacances. Mais après la fin de la guerre nous habitions de nouveau ensemble, et nous nous apprêtions à partager plus ou moins les quelques années suivantes.

Nous appréciâmes d'autant plus le fait d'avoir un domicile avec de bons parents bienveillants et de chers frère et sœur. Je dois avouer que cela m'a toujours fait un peu de peine quand j'entendais dire, par exemple dans des conversations entre nos *Domspatzen*, nos petits choristes, qu'un garçon était fils unique. J'ai toujours été reconnaissant au Seigneur de m'avoir donné frère et sœur pour m'accompagner sur le chemin de l'existence et de m'avoir fait naître dans une famille unie. Bien évidemment, il y avait parfois des bisbilles, il arrivait qu'on ne soit pas du même avis, mais la paix régnait le plus souvent chez nous. Je serai toute ma vie reconnaissant envers le bon Dieu de m'avoir donné un foyer dont je savais que c'était le mien.

Dans un premier temps, il nous a fallu obtenir des papiers officiels : seul celui qui pouvait prouver son identité avait droit aux cartes de rationnement. Une fois de plus, comme pendant la guerre, nous avons connu les restrictions, et nous ne disposions que d'une petite quantité mensuelle de viande, de saucisse, de graisse, de sucre, etc. Outre nos papiers d'identité, nous devions aussi, dans notre cas, présenter le bon de sortie des camps de détention américains.

Bientôt, il fut annoncé que tous ceux qui avaient été libérés de captivité devraient prouver qu'ils avaient un emploi. Nous nous sommes d'abord présentés dans notre séminaire, auprès du directeur Johann Evangelist Mair, que nous avons toujours beaucoup estimé. Il ne voulait pas que nous travaillions autre part et nous a autorisés à exercer une activité au séminaire. Il a donc été inutile que nous allions travailler ailleurs, où l'on ne nous connaîtrait pas et l'on nous ferait faire des travaux que nous ne maîtrisions pas. Nous avons pu rester là où cela nous plaisait. De plus, notre séminaire avait un besoin urgent de remise en état. Entièrement vide, après avoir servi d'hôpital pendant la guerre et, peu après, pour l'UNRRA (*United Nations Relief and Rehabilitation Administration*), le service des Nations unies pour l'Aide d'urgence et la reconstruction, de centre d'hébergement provisoire pour des réfugiés d'Allemagne orientale et de Roumanie. Ainsi, mon frère et moi, nous nous rendions chaque jour en vélo au séminaire et nous aidions à la réfection des lieux. On allait même nous chercher de quoi manger à la cuisine centrale sans que nous ayons besoin de nous servir de nos cartes. Il y avait encore d'autres ex-séminaristes, tout simplement heureux de retrouver d'anciens camarades d'école.

Nous devions transporter des tables, des pupitres et d'autres meubles dans un bâtiment du séminaire. Nous avons réaménagé le bureau d'un préfet. Tout cela nous causait beaucoup de plaisir, car nous savions que nous faisions quelque chose d'utile et que nous apportions notre toute petite contribution à la reconstruction du pays. Le soir, nous rentrions chez nous en paix et dans le calme de la maison familiale. Tout cela dura jusqu'à l'automne. À la Saint-

Corbinien, le 20 novembre 1945, tous les séminaristes se sont réunis pour un grand office de célébration et d'action de grâces au séminaire. Corbinien est le saint patron des archidiocèses de Munich et de Freising, c'est un missionnaire venu de France jusqu'à nous il y a plus de mille deux cents ans. Ces retrouvailles le jour de sa fête nous ont beaucoup édifiés et réjouis.

Saint Corbinien est aujourd'hui encore l'un des saints les plus vénérés en Bavière. Ses ossements sont conservés dans la crypte de la cathédrale de Freising, dans un écrin d'or posé sur l'ancien sarcophage du saint évêque et missionnaire. Corbinien est né au cours du dernier tiers du VII*e siècle, vraisemblablement près de Melun, en France. Il était fils d'une Irlandaise et d'un Franc. Il vécut d'abord en ermite près de l'église de sa ville natale, tandis que la réputation de Sa Sainteté se propageait dans tout le pays. Vers 710, il entreprit un pèlerinage à Rome, où le pape Constantin Ier le sacra évêque et lui donna l'autorisation de prêcher. Vers 714, il fit son deuxième pèlerinage dans la ville des papes, en passant par la Bavière, dont le duc Grimoald aurait aimé le garder comme évêque. De fait, à son retour, Corbinien s'installa à Freising, où il commença un travail de mission efficace auprès d'un peuple encore largement païen. Entre autres, il consacra à saint Stéphane une église à côté de laquelle on construisit plus tard la fameuse abbaye Weihen-Stephan. Le missionnaire était très vénéré, et le duc se montra lui aussi bienveillant à son égard, jusqu'à ce que Corbinien lui reproche son mariage illégitime avec* *une consanguine. Redoutant sa vengeance, l'évêque fut contraint de prendre la fuite et vécut au monastère de Kain, près de Meran ; à la mort de Grimoald, son successeur, Hugibert, le fit revenir à Freising. Accueilli par le peuple avec enthousiasme, le saint mourut peu après, vraisemblablement aux alentours de 728. Ses restes ont d'abord été enterrés à Kain, comme il l'avait demandé, mais transférés par la suite à Freising par l'un de ses successeurs, l'évêque Arbeo, en novembre 765.*

Le lycée avait rouvert ses portes à l'automne ; au mois de décembre, le séminaire avait été suffisamment remis en état pour pouvoir reprendre son travail et accueillir des jeunes. Le directeur nous invita donc à revenir. Nous avions certes tous les deux déjà terminé nos études secondaires, mais nous aidions, nous travaillions de bon cœur et nous profitions de cette période pour nous préparer aux études de théologie qui nous attendaient. À l'époque, le prêtre d'Haslach, Stefan Blum, a prêté à mon frère avide de lecture quantité de livres de théologie et de philosophie, afin qu'il puisse se plonger un peu dans ces matières. Avant la guerre, c'est lui aussi qui avait suggéré à mon frère d'entrer au petit séminaire, parce qu'il avait reconnu son talent et sa vocation.

À Noël 1945 se tint une réunion de classe dans la maison d'un condisciple, l'un des élèves qui habitaient la ville. Il y avait là beaucoup de nos anciens camarades, sortis sains et saufs de la guerre, venus discuter. Certains rapportaient que leurs parents reconnaissaient maintenant avoir toujours su que tout se passerait ainsi : la guerre ne pouvait être gagnée. Mais ils n'avaient jamais osé l'exprimer de crainte que leurs propres enfants n'aillent raconter ce qu'ils avaient entendu. Au bout d'un certain temps, c'est vrai, il devint évident que Hitler perdrait la guerre. Mais beaucoup, à l'époque, n'eurent tout simplement pas le courage de l'exprimer, fût-ce dans le cercle familial. Ce soir-là, comme il n'y avait plus de moyens de transport, nous sommes restés ensemble toute la nuit et nous avons bavardé jusqu'au lendemain matin.

Toujours au mois de décembre arriva par la poste une lettre de Freising qui nous informait que le séminaire allait rouvrir ses portes. Le cours des alumnats avait repris dès le mois de novembre. Nous fûmes donc autorisés, le 3 janvier 1946, à entrer dans notre nouveau séminaire et, quatre jours plus tard, à commencer nos études supérieures. La guerre nous avait placés, mon frère et moi, dans la même situation. Nous n'avions le baccalauréat ni l'un ni l'autre, juste un certificat de fin d'études. Cela nous permettait de suivre des études universitaires, mais nous devions récupérer quelques cours dont la liste était établie par les directeurs d'études concernés. Tout cela était fait avec beaucoup d'humanité. Nous avons dû suivre un cours de latin où nous traduisions des hymnes du bréviaire. Il nous a fallu nous remettre à niveau en grec, en lisant le Nouveau Testament dans le texte original. Suivre également des cours d'histoire mondiale, au programme, à l'époque, sous le nom d'« histoire profane », et de biologie. Les universités de théologie accordaient alors bien plus d'importance qu'aujourd'hui à ces disciplines profanes. Et puis nous nous sommes lancés !

Le séminaire de Freising avait lui aussi servi, pendant la Seconde Guerre mondiale, d'hôpital pour les prisonniers de guerre blessés de beaucoup de pays. Il fallut le restaurer avant qu'il puisse admettre les nouveaux candidats à la prêtrise. On dut attendre qu'une partie des blessés aient été évacués pour récupérer des locaux ; au début 1946, il y eut enfin assez de place pour tous les candidats.

Alors que Munich avait été en grande partie détruite par les bombardements alliés, le Domberg de Freising et sa fameuse église Sainte-Marie avaient été épargnés. Malgré tout, les conditions étaient spartiates, les séminaristes étaient logés dans un espace extrêmement étroit. La plupart d'entre eux devaient passer la nuit dans des dortoirs et leurs journées dans les salles d'étude ; il n'y avait aucune possibilité de se retirer en privé et le règlement intérieur rigoureux ne laissait pas non plus beaucoup de liberté de mouvement. Mais cela ne dérangeait pas ces jeunes gens. Après des années de guerre et de terreur nazie, ils étaient reconnaissants de pouvoir enfin répondre à leur vocation.

Lorsque nous sommes entrés dans le séminaire, un jeune homme portant un col romain blanc nous a coupé la route. Il était chargé de toute une pile de livres, coincés en équilibre sous son menton. Nous l'avons d'abord pris pour un religieux, mais nous avons appris par la suite qu'il faisait partie de l'alumnat de dernière année. En tout cas, nous sommes entrés dans une grande salle qui avait, à l'origine, servi de salle de fête, la « salle rouge », avec ses précieux panneaux peints du Tyrol. À l'époque, on en avait fait une grande salle d'étude, occupée par quelques dizaines d'élèves en première année venus, comme nous, étudier ici la théologie. Ils allaient devenir la première génération « légendaire » de l'après-guerre à Freising.

Ici se trouvaient environ cent vingt hommes qui n'auraient pu être plus différents les uns des autres et pourtant tous animés par le désir de devenir prêtres. De 19 ans, à peine, comme pour Joseph Ratzinger, jusqu'à 40 ans. Beaucoup des hommes d'âge mur avaient traversé la guerre, combattu sur le front et connu de très près les horreurs de la guerre. Ils avaient subi de grandes épreuves, passé de sombres nuits de souffrance qui les avaient profondément marqués. Pour eux, ces jeunes garçons étaient comme des enfants immatures auxquels manquait la profondeur de l'expérience indispensable, de leur point de vue, pour prononcer un véritable « oui » à la prêtrise. Et malgré cela, tous étaient liés par la gratitude d'avoir survécu à ces années difficiles et la volonté indomptable de rattraper enfin le temps perdu. Ils étaient devenus les témoins de la vérité de la prophétie faite par le Christ à Pierre : les portes de l'enfer ne pouvaient écraser son Église. Le régime brun avait vainement tenté de la détruire. Dans les jours les plus sombres, l'Église avait montré qu'elle était capable de rester le lieu des espoirs de ces hommes. En dépit de toutes les faiblesses humaines, elle était devenue la force d'opposition à l'idéologie diabolique du national-socialisme. Il fallait à présent tirer de la foi une Allemagne meilleure et, au bout du compte, un monde meilleur.

Un élève qui avait déjà accompli une grande partie de ses études devint notre préfet, comme nous l'appelions à l'époque, c'est-à-dire notre tuteur. Il s'appelait Alfred Läpple. Plus tard, il serait notre professeur de catéchèse et de pédagogie de la religion, puis doyen de la Faculté de théologie de l'université de Salzbourg.

En 1939, il ne manquait que quelques mois à Alfred Läpple (né en 1915) pour terminer ses études à l'université de Munich. Läpple travaillait déjà à sa thèse lorsque les nazis ont fermé la Faculté de théologie en représailles contre l'archevêque de Munich, le cardinal Michael von Faulhaber. Il fut alors enrôlé dans la Wehrmacht, servit dans l'armée de l'Air, participa à l'occupation des pays Baltes et se retrouva sur le front de l'Est. Au bout du compte, il tomba entre les mains des Américains en Westphalie, et fut envoyé dans un gigantesque camp de détention près du Havre. Ses connaissances linguistiques lui furent utiles : il servit d'interprète à la direction du camp et la persuada de loger les quelque trois cents prêtres catholiques, sur les 500 000 prisonniers, dans un bloc séparé, et de leur proposer des cours de théologie. Il ne revint qu'en novembre 1945 dans Munich ravagée par les bombes, et y apprit que les activités du séminaire venaient tout juste de reprendre à Freising. Dans une interview donnée à la revue 30 Tage *(1/2006), le professeur Läpple se souvient encore parfaitement de cette époque : « J'ai appelé le séminaire des prêtres à Freising. J'ai eu au téléphone le nouveau* regens, *Michael Höck [...] qui avait déjà été mon préfet au petit séminaire [...]. Il m'a dit : "Cher Alfred, j'ai une belle mission pour toi : tu vas servir de préfet aux nouveaux, ceux qui n'ont encore jamais été au séminaire." Il m'a conduit dans les plus grandes salles du séminaire, celles qu'on n'utilisait d'ordinaire que pour les cérémonies et les fêtes. On y avait installé des pupitres et des chaises. Le* regens *Höck a dit aux quelque soixante séminaristes présents : "Mes chers, voici le meilleur homme auquel je puisse vous confier ; vous vous entendrez bien avec lui." Parmi ces soixante jeunes se trouvaient aussi deux frères : Georg et Joseph Ratzinger. Quelques jours plus tard, pendant nos heures de loisirs, un homme que je ne connaissais pas à l'époque est venu me voir et m'a dit : "Je suis Joseph. J'ai quelques questions." Ce fut le début de notre travail commun, de tant de discussions, de nombreuses promenades et traductions. »*

Dans la même interview, le Pr Läpple se souvient encore de la première question que lui a posée le jeune Joseph Ratzinger : « Comment as-tu pu conserver ta foi pendant la guerre ? » Sa réponse a certainement impressionné le jeune séminariste : « Grâce à la prière de ma mère... et parce que je sais que le Christ m'aime, que le Christ a besoin de moi, et que si je suis sauvé le Christ saura aussi à quoi m'employer. » « Il était comme une éponge sèche qui aspire l'eau », raconta Läpple en résumant la première impression que lui avait faite ce jeune candidat à la prêtrise qui devait un jour devenir pape, « sa curiosité scientifique était sans borne. Quand il découvrait quelque chose, quand il pouvait se corriger ou se perfectionner, cela le rendait plus heureux que tout. »

Läpple nous a immédiatement été sympathique. Il était sûr de lui, abordable, et disait toujours ce qu'il avait sur le cœur. Il nous donnait quantité d'instructions, au moins une fois par jour, le plus souvent de bonne heure, avant même le petit déjeuner ou juste après. Nous l'appréciions beaucoup et nous l'estimions aussi pour ses connaissances. Nous savions qu'il allait passer son doctorat. Il avait d'abord été l'élève du Pr Theodor Steinbüchel (*1888-1949*), qui enseigna à Munich avant la guerre avant de partir pour Tübingen en 1941. C'est lui qui lui avait donné le sujet de sa thèse, *L'individu dans l'Église. Traits essentiels d'une théologie de l'individu d'après le cardinal John Henry Newman*, thèse qu'il présenta en 1952. Depuis, il a beaucoup écrit, plus de cent cinquante publications, traduites en de nombreuses langues. Il a bénéficié de sa grande éloquence ; c'était un homme tout à fait exceptionnel.

Mais nous avons aussi été impressionnés par le *regens* du grand séminaire, qui a tenu l'allocution de bienvenue. Le Dr Michael Höck avait passé de nombreuses années au camp de concentration de Dachau. Rédacteur en chef du *Kirchenzeitung*, il s'était affiché en adversaire déclaré des nazis et avait écrit des choses qui n'avaient pas plu au régime. C'était un homme très bienveillant, qui se souciait toujours de nous et que nous appréciions tous beaucoup. Au séminaire, tout le monde le connaissait donc sous le nom de « père Höck ».

Le Dr Michael Höck (1903-1996) avait fait ses études au Germanikum de Rome, grâce à l'archevêque de Munich, le cardinal Michael Faulhaber ; c'est là qu'il fut ordonné prêtre en 1930. Lorsqu'il revint en Allemagne, l'année suivante, le cardinal le nomma préfet du petit séminaire épiscopal, près de Freising. En 1934, Höck devint en outre directeur de la rédaction du Münchner Katholische Kirchenzeitung. *Il n'arrêtait pas d'exprimer « entre les lignes » son rejet du régime nazi, ce qui lui valut divers incidents avec la Gestapo et plusieurs confiscations du journal. En avril 1940, le journal fut définitivement interdit et Höck passa en procès. Le tribunal l'acquitta, mais cela n'empêcha pas la Gestapo de l'emmener peu après et de le traîner d'abord dans un centre de détention provisoire à Berlin, puis au camp de concentration d'Oranienburg et, pour finir, en même temps que le futur coadjuteur Johannes Neuhäusler et le théologien évangélique Martin Niemöller, au redouté camp de concentration de Dachau. Il y est resté et y a souffert jusqu'à la libération du camp par les Américains, en avril 1945.*

L'adjoint du *regens* était notre ancien vicaire de Traunstein, un homme de vocation tardive répondant au nom de Baumgartner. Notre professeur d'histoire de philosophie était un certain Pr Fellermeier et le *Kapellmeister* de la cathédrale s'appelait Franz Xaver Geisenhofer. Se trouvait aussi dans notre séminaire le futur cardinal Leo Scheffczyk *(1920-2005)*. Originaire de Haute-Silésie, il avait déjà étudié la théologie catholique avant la guerre à l'université de Breslau. Il a achevé ses études ensuite, chez nous, à Freising. Scheffczyk nous parut d'abord un peu prétentieux, mais en le connaissant mieux, nous comprîmes que tel n'était pas du tout le cas. Il était juste timide et doutait un peu de lui. Il arrive assez souvent, dans la vie, que l'on confonde timidité et prétention. Ses sermons nous fascinaient, et il chantait très bien, d'une voix de ténor admirablement élevée. Plus tard, c'est devenu un grand théologien et un spécialiste internationalement connu de mariologie, que le pape Jean-Paul II, en reconnaissance de ses mérites, a élevé au rang de cardinal lors de son dernier consistoire.

Un autre condisciple hors du commun était Matthias Defregger *(1915-1995)*, un petit-fils du fameux peintre Franz von Defregger, le futur vicaire général de l'archevêché de Munich, qui devint ensuite coadjuteur. Il avait sans doute perdu ses parents de bonne heure et aimait parler de sa mère, une modiste venue de France, certainement une femme très intéressante. Au sein de la Wehrmacht, il avait acquis le rang de commandant, c'était donc un officier de haut rang, raison pour laquelle circulèrent sur son compte après la guerre quelques rumeurs désobligeantes. Je pourrais ainsi les citer

Joseph Ratzinger officie au chœur (tout à droite de l'autel).

tous, les uns après les autres, tous se sont ensuite fait une place dans l'existence.

Nous nous sommes tout de suite sentis bien dans ce milieu. Et les études ont commencé pour de bon ! Dès l'aube, avec la messe et la contemplation dans la chapelle de l'établissement. Suivaient le petit déjeuner, puis les cours. L'après-midi, après le déjeuner, avaient lieu d'autres cours et séminaires. On ne disait pas la messe dominicale dans la chapelle mais à la cathédrale de Freising, ce qui était toujours pour nous un admirable moment spirituel. Pour le reste, nous étions logés tantôt dans des salles pouvant contenir jusqu'à quinze lits, tantôt dans des chambres de plus petite taille où les couchages étaient moins nombreux. Le plus souvent, je ne dormais pas dans la même chambre que mon frère. Les chambres n'étaient pas chauffées, il faisait un froid glacial en hiver. L'eau qu'on mettait à notre disposition la veille pour notre toilette matinale était recouverte au réveil d'une fine croûte de glace qu'il nous fallait commencer par casser.

L'un des camarades de chambrée du futur pape à Freising était Pavlo Kohut (1926-2006), un Ukrainien catholique-grec réfugié en Allemagne pour échapper aux Russes et qui voulait à présent devenir prêtre. Lorsque j'ai interviewé le père Kohut, au cours de l'été 2005, il ne se rappelait plus dans quel lieu il avait rencontré Joseph Ratzinger pour la première fois, dans la salle d'étude ou au repas. Mais la première impression qu'il avait eue de lui était restée bien vivante dans son souvenir : « Je l'ai su aussitôt : voilà un homme qui n'est pas comme toi, celui-là a quelque chose de tout à fait particulier. Il s'est immédiatement intéressé à moi, il m'a écouté attentivement. Dans la situation qui était la mienne à l'époque, ça a joué un très grand rôle. Au fil du temps, nous avons fait connaissance, nous sommes souvent allés nous promener ensemble. Je lui ai parlé de ma jeunesse, de mon oncle, de mes parents, et du fait que les circonstances politiques ne m'avaient pas permis d'avoir de leurs nouvelles. Le Rideau de Fer s'était refermé, il était impossible d'envoyer des lettres ou de recevoir des messages. Voyant ma situation délicate, il m'a aussitôt proposé son aide, ce dont je lui suis encore reconnaissant aujourd'hui. J'avais à l'époque quelques problèmes avec la langue allemande. Il m'a aidé à écrire des lettres, à accomplir certaines formalités, il a corrigé mes travaux. Il s'est toujours beaucoup occupé de moi, et on voyait qu'il le faisait de bon cœur. Il ne se mettait jamais en avant, il était toujours sur la réserve. Il ne faisait jamais son important, ce qui peut arriver chez les jeunes gens. En tout ce qu'il faisait, il était extrêmement concentré — qu'il étudie, qu'il travaille, qu'il discute avec moi, il ne se laissait jamais distraire par autre chose. Il étudiait sans arrêt, toujours avide de nouvelles connaissances. À chaque fois que je le voyais, il était en train de lire, il profitait de la moindre minute pour apprendre. Et avec cela, il était toujours très ordonné, très organisé. On le voit, son travail a payé. »

Personnellement, je n'ai pas eu beaucoup de contacts avec Pavlo Kohut, mais mon frère était lié avec lui par une assez bonne amitié. C'était un homme très cordial, gentil. On savait qu'il venait de l'Église orientale, sur laquelle il pouvait nous en apprendre beaucoup. Il était ainsi, d'une manière générale, très apprécié, et nous en avons tous gardé un bon souvenir.

De retour chez eux, les aspirants à la prêtrise avaient surtout un grand appétit de savoir et de connaissance. Après les années d'hébétude qui avaient été celles de la guerre, après l'arrosage uniforme imposé par la propagande brune, ils avaient faim et soif de lectures qui leur permettent d'élaborer ce qu'ils avaient vécu et de trouver des réponses aux questions qui les touchaient à présent au plus profond d'eux-mêmes. La première question était celle de la faute. Quels manquements avaient permis à ces hommes en brun, ces charmeurs de rats[1]*, d'arriver au pouvoir ? Quelle responsabilité portaient-ils dans les atrocités du régime ? Comment des hommes pouvaient-ils seulement commettre des actes pareils ? Où était Dieu, pourquoi s'était-il tu ? A-t-il abandonné les hommes depuis longtemps ? Ou bien les hommes lui ont-ils tourné le dos ? Comment pouvait-on montrer ses remords et expier ce qui s'était passé ? Et surtout, comment pouvait-on s'assurer que les terreurs du national-socialisme ne se reproduiraient jamais ? On lisait Gertrud von le Fort, Ernst Wiechert et Dostoïevski, dont* Crime et châtiment *exprimait parfaitement la question centrale de ces journées, on se pressait aux conférences de Steinbüchel, le théologien moraliste qui parlait de Heidegger et de Jaspers. Le livre de Steinbüchel,* Le tournant dans la pensée[2]*, est devenu pour Joseph Ratzinger une lecture clef. C'est précisément ce dont l'Allemagne, ce dont le monde avaient besoin maintenant : un tournant qui nous ramène à Dieu ! On avait vécu avec trop de brutalité, ce à quoi mène une société qui se sépare de Dieu, qui fait de l'homme la mesure de toute chose, le proclame maître de la vie et de la mort.*

1. Allusion au conte du joueur de flûte de Hamelin. (*N.d.T.*)
2. *Die Wende im Denken.*

Pour nous distinguer l'un de l'autre, nos condisciples nous appelaient respectivement le « Ratz aux livres » — c'était mon frère, bien entendu —, et le « Ratz à l'orgue », parce que je m'intéressais plus à la musique. À Freising, nous avions la bibliothèque du séminaire, une grande bibliothèque d'étude en accès libre et pour finir la bibliothèque de la cathédrale : il ne manquait vraiment pas de livres. Il lisait toujours tout ce qu'il jugeait digne de l'être. À l'époque, l'usage voulait qu'à la mort d'un prêtre, on offre sa bibliothèque au séminaire. Les étudiants qui étaient chargés de notre bibliothèque extrayaient des legs tout ce qui manquait encore au catalogue ou tout ce qui pouvait être précieux, et le reste nous était proposé aux enchères, à nous, les séminaristes. Nous avons acheté toutes sortes de choses précieuses à l'époque. Car on ne trouvait pratiquement pas de livres et quand il y en avait, ils étaient imprimés sur du mauvais papier et vendus assez cher.

Je ne me souviens plus de tout ce que nous lisions. Les œuvres de philosophie de l'histoire d'Alois Dempf. Les livres de Romano Guardini, par exemple *Les signes sacrés,* et bien sûr son important livre sur le Christ, *Le Seigneur.* On lisait volontiers l'ouvrage de Michael Schmaus, *Le Christ, image originelle de l'homme,* mais aussi *Le Chapelain* de Joseph Bernhart ; ne pas connaître ce texte était presque considéré comme une faute culturelle. Bernhart *(1881-1969)* était un Souabe bavarois qui avait étudié la théologie et passé son doctorat avant d'être nommé chapelain dans un petit village. Il s'y est ennuyé et a fait la connaissance d'une femme dont il est tombé amoureux et qu'il épousa, ce qui l'a bien entendu forcé à abandonner son état de religieux. Il a même, un temps, été excommunié. Il raconte dans son livre cette période critique de son existence. Plus tard, il est devenu philosophe des religions et écrivain ; il a écrit sur la *Somme théologique* de Thomas d'Aquin, non pas un livre de spécialiste mais un ouvrage accessible à un large public, écrit dans une langue admirable, très soignée, mais aussi d'un haut niveau théologique, ce que nous appréciions beaucoup.

Dans la bibliothèque se trouvaient aussi des livres qui figuraient à l'Index. On les avait regroupés dans un placard spécial, généralement fermé à clef, et que nous appelions « l'armoire aux poisons ». *Le Chapelain* s'y trouvait, je l'ai lu, naturellement, mais je n'ai pas parcouru beaucoup d'autres ouvrages sortis de ce placard, parce que je passais beaucoup de temps à répéter au piano et à l'orgue. Mon frère n'était pas comme moi, lui ne lisait jamais assez.

Et pourtant, tout en s'élevant intellectuellement vers les hautes sphères de la philosophie et de la théologie, Joseph Ratzinger est toujours resté lié à la foi de son enfance. Cela tient aussi à ce qu'il a vécu sous le national-socialisme. « Dans la foi de mes parents, j'ai trouvé la confirmation du catholicisme, comme rempart de la vérité et de la justice contre le Reich de l'athéisme et du mensonge », a-t-il expliqué. C'est une foi qui avait fait ses preuves aux heures les plus sombres de l'Histoire. D'un côté, il discutait des grands Pères de l'Église avec ses condisciples, mais de l'autre il restait tout de même un homme d'une piété simple, pratiquement rurale. Il appréciait beaucoup l'évêque Augustin d'Hippone (354-430), un homme doué d'une grande sensibilité artistique et d'une passion ardente qui avait vécu au temps du changement radical, à l'époque des Grandes Migrations ; il a constaté que l'homme de notre temps pouvait lui aussi s'identifier à cet « être qui souffre et interroge ». Il préférait les théologiens « de chair et de sang » aux théoriciens coupés du monde. Et il approuvait de tout cœur Augustin lorsque celui-ci disait qu'on ne devenait chrétien par la naissance, mais uniquement par conversion intérieure.

Saint Augustin a d'emblée suscité l'enthousiasme de mon frère, même si nous n'en avons jamais parlé directement. Il ne fait aucun doute que cet immense Père de l'Église est fascinant, par la profondeur de sa pensée mais aussi par l'ampleur de son œuvre. Dans son chef-d'œuvre, une quasi-autobiographie, les *Confessions*, il témoigne de sa vie, qui n'était pas acceptable sur tous les plans et qui l'a pourtant conduit, par tant de détours, au Christ et à son Église. Il a dans un premier temps mené une vie assez matérialiste, et rallié une secte élitiste avant de rejoindre Ambroise de Milan, après d'innombrables prières de sa mère, Monique, et de se convertir à la foi catholique. Il faut citer également *De civitate Dei*, *La cité de Dieu*, son projet de société idéale ; et son étude sur la sainte Trinité, *De trinitate*, qui passe pour son œuvre théologique majeure ; et, ce que nous avons également lu, *De doctrina christiana*, qui contient une sorte de pédagogie religieuse.

Cela nous intéressait tous, naturellement, mais seul Joseph a vraiment pris le temps d'approfondir tous ces sujets en dehors des disciplines que nous étudiions. Moi, en revanche, je lisais plutôt ce qui était directement lié aux cours et ce qu'on demandait pour les examens. Les premiers examens d'après-guerre suscitaient une grande tension, car pour quelques séminaristes, après toutes ces années sur le front, le quotidien universitaire représentait une situation toute nouvelle et très déstabilisante.

Je me souviens encore bien de l'un d'entre eux, originaire d'Engelsberg (près de Garching[1]), un vrai sabreur qui, dans l'armée, était tout de même arrivé à se hisser au rang de lieutenant. Avant les épreuves, il a proclamé : « Messieurs, nous avons déjà fait beaucoup de choses dont aucun de nous ne se serait cru capable. Et vous voilà qui tremblez avant l'examen ! » Il trouvait plutôt indigne cette réaction de peur devant ces épreuves. Pour le premier oral, il est donc entré d'un pas ferme dans la salle, après avoir avalé un verre de cet alcool que distillaient ses parents. Il avait donc un petit coup dans le nez. Il a franchi la porte en la laissant ouverte, ce qui nous a permis d'entendre ce qui se passait dans la pièce du

1. À proximité de Munich. (*N.d.T.*)

professeur. Il a raconté des choses que nous n'avions encore jamais entendues ! À la fin, notre professeur de philosophie, Jakob Fellermeier, qui parlait toujours d'une façon un peu maniérée bien qu'issu d'une famille de paysans bavaroise toute simple, lança ce commentaire : « Oui, tout ça n'est pas terrible, je suis bien forcé de vous le dire. Mais comme vous avez combattu si longtemps, je vais en tenir compte… » Et nous avons compris, à ce moment-là, qu'ils avaient peur, tous les deux, l'un de l'autre. Le professeur craignait que ce vieux grognard ne s'en prenne à lui, qu'il en vienne aux mains ; et l'autre redoutait que le professeur ne le recale. Ce fut la même chose pour un ex-soldat de la région de Waginger, un autre paysan rustaud qui ne s'intéressait pas du tout à la philosophie et n'étudiait en théologie que le strict nécessaire. Quand il a passé l'examen avec notre professeur de philosophie, Johann Nepomuk Espenberger, il en savait tellement peu que celui-ci, hors de lui, n'a pu que bredouiller, en dialecte bavarois : « Monsieur le candidat, Monsieur le candidat, qu'est-ce que vous voulez que je fasse ? Je vous mets un quinze, ça vous conviendra ? » Le gaillard était tout heureux, bien évidemment.

Pour tous les participants, ce premier examen fut une grande aventure, car ces types costauds et énergiques avaient vécu toutes les opérations militaires imaginables comme soldats, et ils ne prenaient pas de gants. Mais pour beaucoup, assimiler tant de connaissances et devoir les restituer dans un interrogatoire relativement ardu, cela représentait une tâche au-dessus de leurs forces. Dieu soit loué, tout s'est bien passé, autant pour eux que pour nos professeurs !

Les visites du cardinal Faulhaber au grand séminaire de Freising avaient quelque chose de tout à fait particulier. On le remarquait dès le repas ; nous nous tenions dans le réfectoire, tournés vers la croix, et derrière nous se trouvait la « table des maîtres » où une place était réservée au cardinal. Un silence recueilli régnait dans la pièce jusqu'à ce que nous entendions, tout d'un coup, des pas qui approchaient. Alors entraient le cardinal, son secrétaire, le *regens* et les autres sommités. Nous nous retournions, bien entendu, pour le voir. Il nous impressionnait beaucoup, c'était un personnage qui forçait spontanément le respect. C'était déjà le cas jadis, à Tittmoning lorsque nous étions encore petits et que nous l'avions vu pour la première fois. Devenus des adultes, nous éprouvions toujours le même respect pour cet homme. Entre-temps, il nous avait confirmés tous les deux, moi à 11 ans, mon frère trois ans plus tard. Mais c'est à ce moment-là seulement que nous avons senti le poids des souffrances qui pesaient sur ses épaules : il avait vécu une période difficile sous le national-socialisme.

Le cardinal Michael von Faulhaber (1869-1952) était le fils d'un boulanger et paysan de Basse-Franconie. Après avoir achevé ses études et enseigné un certain temps à l'université de Strasbourg, il a d'abord été ordonné évêque de Speyer. En 1913, le prince-régent Louis III de Bavière l'a anobli. En 1917, il a été nommé archevêque de Munich et Freising ; quatre années plus tard, le pape Benoît XV l'a fait entrer au collège des cardinaux. Ce Bavarois loyaliste portait un regard critique sur la République de Weimar, mais il a farouchement rejeté le national-socialisme. En 1930, il l'a qualifié d'« hérésie incompatible avec la doctrine chrétienne ». Il a réagi dès 1923 à l'agitation antisémite des nazis[1]*, mais l'a fait aussi en 1933 en tenant à la cathédrale de Munich des sermons dans lesquels il rappelait l'enracinement de la foi chrétienne dans le judaïsme. En 1926, il a adhéré aux « Amici Israel », un groupe de religieux et théologiens catholiques de haut rang qui s'efforçaient d'établir une réconciliation judéo-chrétienne, et ordonna que ses prêtres évitent, dans tous leurs sermons, « ce qui avait une tonalité antisémite ». Même son blason épiscopal était une sorte de programme. Il montrait la colombe du Saint-Sacrement allumant la menora, le chandelier juif à sept branches — symbole de la présence du Saint-Esprit y compris dans l'Ancienne*

1. Le 14 novembre 1923, l'archevêque Eugenio Pacelli, le futur pape Pie XII, à l'époque nonce apostolique à Munich, informa le secrétariat d'État du Vatican du « caractère anticatholique de l'agitation nazie à Munich » : « Les attaques [de "Hitler et Ludendorff, les grands noms parmi les orateurs"] visaient particulièrement l'évêque-cardinal qui avait dénoncé les persécutions contre les Juifs [...] lors d'un sermon tenu à la cathédrale le 4 de ce mois. C'est que pendant les émeutes du dernier samedi après-midi [la tentative de putsch menée par Hitler le 9 novembre 1923, *Ndl'A*] un grand groupe de manifestants manifesta devant le palais épiscopal en criant : "À bas le cardinal !" »

Alliance, le judaïsme. Il a explicitement soutenu le journaliste catholique Fritz Michael Gerlich, directeur de publication de Der Gerade Weg, *qui fut l'un de ceux qui lancèrent les mises en garde les plus vives contre les nazis. En tant que proche de l'ancien nonce apostolique en Bavière, le cardinal secrétaire d'État et futur pape Pie XII, Eugenio Pacelli, il a rédigé en 1937 le texte originel de l'encyclique* Mit brennender Sorge *(« avec une brûlante inquiétude »), dans laquelle le pape Pie XI devait condamner le national-socialisme avec un tranchant inhabituel pour une encyclique pontificale des Temps modernes. En 1934, les nazis ont commis un attentat contre Faulhaber ; en 1938, ils ont pris d'assaut le palais épiscopal, après qu'on eut appris qu'il avait accordé l'asile au grand rabbin de Munich pendant la Nuit de Cristal et lui avait permis de cacher chez lui les précieux rouleaux de la Torah de sa synagogue.*

Même si, entre-temps, il s'était efforcé de faire preuve de diplomatie et de mesure, même s'il a accepté d'avoir un entretien avec Adolf Hitler, il ne s'est jamais laissé instrumentaliser par les nazis. En 1940, dans une lettre ouverte au ministre de la Justice, il a condamné l'assassinat massif des handicapés ; en 1941, il s'est publiquement opposé au décrochage des crucifix dans les écoles ; en 1943, il a protesté, en même temps que les autres évêques allemands, contre l'assassinat de personnes de race ou d'origine étrangères. Après la guerre, cet homme de Dieu resté impressionnant toute sa vie durant et qui a été l'un des derniers grands princes de l'Église s'est efforcé d'apaiser les souffrances de la population et de distribuer les secours que le pape

Pie XII mettait généreusement à sa disposition. « J'ai été touché par l'immense dimension de sa tâche, avec laquelle il ne faisait plus qu'un », écrit Joseph Ratzinger à son propos dans ses Mémoires.

Au séminaire, on racontait beaucoup d'histoires à son sujet. Le concierge, qui servait aussi aux repas, lui a renversé une fois par mégarde de la sauce sur sa soutane. Le cardinal lui a lancé un regard réprobateur, et le concierge, un certain M. Bartl, s'est contenté de bredouiller : « Éminence, ce n'est pas grave, il nous en reste encore assez en réserve. »

Nous l'avons croisé dans le couloir du séminaire. Et il nous fut présenté. Il ne nous a adressé que quelques mots, très lentement, en accentuant les syllabes. Mais pour nous, c'était comme si nous avions rencontré le bon Dieu en personne, tant son allure était empreinte de dignité. Pour les cérémonies liturgiques, il portait encore à l'époque une grande traîne d'environ sept mètres de long, ce qu'on appelait la *cappa magna*. À chacune de ses visites, l'un de nous était désigné pour la porter — nous disions *ad caudam*, « derrière la traîne ». C'était un grand honneur que d'être ainsi choisi par notre préfet liturgique *ad caudam* pour ce service, qui revint à mon frère à quelques reprises. Nous l'admirions tous pour cela, certains l'ont aussi envié de pouvoir porter la traîne du cardinal. Mais pour moi, il n'en a jamais été question, je n'en avais pas du tout le temps : je devais chanter dans le chœur à chaque visite du cardinal.

Avec le semestre d'été 1947 s'acheva pour les deux frères le cursus de philosophie à Freising, qui avait duré deux ans. Joseph Ratzinger alla faire ses études à l'université de Munich, dont la Faculté de théologie avait à l'époque été transférée dans l'ancien château de chasse royal de Fürstenried. Là, on vivait, on enseignait et l'on étudiait dans un espace très réduit ; et Joseph Ratzinger eut parfois l'impression d'être revenu dans sa batterie de DCA. Dans une seule et même maison, on avait le logement de deux professeurs, le secrétariat et une salle de réunion de la faculté, trois bibliothèques de séminaire, les salles d'étude et les dortoirs des étudiants, qui dormaient dans des lits superposés. L'alimentation était austère, car contrairement à Freising, on ne bénéficiait pas d'une ferme à proximité du séminaire. Les cours avaient lieu dans la serre, glaciale en hiver, brûlante en été. Mais Joseph Ratzinger trouva une compensation dans le beau et grand parc du château, un jardin mi-anglais, mi-français. Il pouvait s'y promener pendant des heures, se laisser aller à ses réflexions et prendre des décisions importantes.

En 1947, nous avons tous les deux passé notre diplôme de philosophie et obtenu l'*admissio*, ce qui faisait de nous des candidats à l'ordination. Mon frère est alors parti pour Munich avec deux autres séminaristes, notre « compatriote » de Traunstein, Rupert Berger, et Hans Finkenzeller. Tous les autres sont restés à Freising, moi compris.

Le motif de ce départ était évident : en dépit des conditions déplorables, des professeurs renommés, venus des quatre coins du pays, enseignaient à Fürstenried : les Pr Stummer, Maier et Seppelt, de Breslau, Egenter, de Braunsberg, Söhngen, de Cologne, Schmaus, Pascher et Mörsdorf, de Münster. C'étaient les meilleurs théologiens de leur temps et Joseph Ratzinger les écoutait avec enthousiasme. « Je trouvais merveilleux de pouvoir pénétrer dans le grand univers de l'histoire de la foi », se rappelle-t-il, « de vastes horizons de la pensée et de la foi s'ouvrirent à moi et j'appris à cette occasion à réfléchir aux interrogations premières que soulève la qualité d'être humain — mes propres questions existentielles. »

C'est ici que s'est développée la base de sa propre théologie, dont les fondements sont les Saintes Écritures et les Pères de l'Église. Il n'a cependant jamais voulu « persister dans l'Église de jadis ». Il s'est au contraire toujours agi, pour lui, de « faire apparaître sous les couches successives le véritable noyau de la foi, afin de lui redonner énergie et dynamisme ». En 1950, il participa à un concours organisé chaque année par la faculté. Le sujet était : « Peuple et maison de Dieu dans la doctrine augustinienne de l'Église ».

C'était au cours de sa dernière année d'études, c'est-à-dire de sa troisième année de théologie. Chaque année, à tour de rôle, l'un des professeurs soumettait un sujet de prix et invitait les étudiants à rédiger un texte sous anonymat. Le meilleur texte obtenait une petite somme d'argent. Mais ce n'était pas tout : son traité était accepté comme sujet de thèse. Le hasard voulut que cette année-là, ce fût le tour d'un professeur que mon frère appréciait beaucoup et auprès duquel il aurait de toute façon passé son doctorat, le Dr Gottlieb Söhngen *(1892-1971)*. Ce professeur l'encouragea à profiter de l'occasion qui s'offrait à lui, et je l'y incitai moi aussi. Bref, aux alumnats, pour sa dernière année d'études, Joseph a travaillé dur avec constance. Il mettait à profit la moindre minute pour avancer ses études sur saint Augustin et lire les œuvres d'autres théologiens qui travaillaient sur les textes de cet immense Père de l'Église. Il fut donc en mesure d'achever ce travail en seulement neuf mois. Ce fut cependant un véritable défi : nous devions recevoir fin octobre nos ordinations de sous-diacre et de diacre, ce qui marquait le début de la préparation à l'ordination comme prêtre. Cela aussi impliquait des préparations et des exercices accaparants. Nous, ma sœur et moi, nous efforcions donc de soulager Joseph de la plus grande part de travail possible. Je m'occupais de toutes les nécessités pratiques, tandis que Maria, alors secrétaire dans un cabinet d'avocat, recopiait bien proprement son travail à la machine à écrire. Il parvint ainsi à le rendre dans les délais.

Le texte de Joseph Ratzinger remporta bien entendu le concours. Il avait ainsi non seulement écrit sa thèse, mais aussi persuadé son directeur de thèse de la qualité de son travail. « Après ce texte sur Augustin », se souvient son ancien préfet Alfred Läpple, qui était depuis longtemps devenu l'un de ses meilleurs amis, « Söhngen n'arrêtait pas de dire : "Voilà que mon élève en sait plus que moi, le maître !" Pour ce qui concernait Ratzinger, il avait le même sentiment qu'Albert le Grand qui avait dit, au Moyen Âge, que plus tard son élève "hurlerait plus fort" que lui. L'élève en question était Thomas d'Aquin. »

Mais tout cet enthousiasme n'empêcha pas les doutes. Joseph Ratzinger était fasciné par la théologie scientifique, c'était une évidence. Mais parviendrait-il aussi à remplir des fonctions de prêtre ? « Comme j'étais plutôt timide et que j'avais peu de sens pratique, comme je n'avais de talent ni pour le sport, ni pour l'organisation, ni pour l'administration, j'étais bien forcé de me demander si je parviendrais à accéder aux gens », a-t-il ainsi dit au journaliste Peter Seewald. En tant qu'aumônier, serait-il en mesure de guider et d'inspirer la jeunesse catholique ? Serait-il capable de donner des cours de religion à l'attention des enfants ? Saurait-il établir des relations avec les vieux et les malades ? « Je ne pouvais que me demander si je serais prêt à faire tout cela une vie durant, et si c'était réellement ma vocation. » Le célibat lui posait aussi des problèmes. Fürstenried n'hébergeait pas seulement sur un espace extrêmement réduit des étudiants et des professeurs, mais aussi des étudiants et des étudiantes. Le sexe féminin y exerçait son charme, même si Joseph n'aurait jamais osé nouer une relation. Vint pourtant le moment où tout doute se dissipa d'un seul coup. Le futur pape Benoît XVI raconte : « J'étais persuadé — je ne sais pas moi-même comment — que Dieu voulait quelque chose de moi et que je ne pourrais le lui donner qu'en devenant prêtre. » Lorsqu'il a été ordonné diacre, à l'automne 1950, il a prononcé un « oui » définitif et convaincu au projet que Dieu avait pour lui. Pour être aussi initié aux aspects pratiques de la profession de prêtre, il est revenu auprès de son frère, au séminaire des prêtres de Freising.

Au cours de l'année des alumnats, les deux aspirants prêtres ont suivi des cours de théologie pastorale chez le regens *Höck, de pratique liturgique chez le sous-*regens *Braun, de pratique des sacrements chez Alfred Läpple et de sermon auprès du père augustinien Gabriel Schlachter. Le* Domkapellmeister *Max Eham leur a en outre enseigné le chœur grégorien. Trois évêques sont sortis de cette promotion — outre Joseph Ratzinger, Franz Xaver Schwarzenböck (1923-2010) et Heinrich Graf Soden-Fraunhofen (1920-2000), qui ont tous deux été ordonnés évêques en 1972 (c'est-à-dire cinq ans avant Ratzinger).*

Nous avons tous, bien entendu, éprouvé des doutes à un moment ou à un autre : serions-nous à la hauteur des exigences du métier de prêtre ? Arriverions-nous à nous y prendre comme il le faudrait ? C'est plus facile aujourd'hui, car il existe à présent une année pastorale au cours de laquelle un candidat à la prêtrise peut déjà rassembler les premières expériences au sein d'une paroisse. Ce n'était pas encore le cas chez nous, nous n'avions aucune expérience du travail pratique de direction de conscience.

Les prêtres de la promotion 1951 dans les archidiocèses de Munich et Freising. Quatrième rangée depuis le haut, quatrième à gauche : Joseph Ratzinger. Première rangée, totalement à droite : Georg Ratzinger.

Quant au célibat, il faisait de toute façon partie de l'existence que nous avions choisie. Dès le petit séminaire, nous savions parfaitement que nous voulions devenir religieux, et les religieux n'étaient pas mariés.

Nous en avons bien entendu été conscients dès le début, nous avons porté cette attitude en nous pendant toute notre vie d'adulte, et l'obligation que nous avons contractée le jour où nous avons été ordonnés diacre n'a pas été particulièrement difficile à porter. Ce qui était vraiment nouveau, c'était l'obligation de dire la prière selon le bréviaire, ce qui la rend tout de même très importante, encore plus à l'époque que de nos jours. Cela impliquait aussi une obligation de prière qui accaparait notre temps et qui a tout de même assez fortement transformé notre vie et notre quotidien.

Puis vint le grand jour, le plus important dans la vie des frères Ratzinger : le vendredi 29 juin 1951, dans la cathédrale de Freising, Joseph et Georg Ratzinger furent ordonnés prêtres par le cardinal Michael von Faulhaber. C'est par une radieuse journée d'été que les quarante-quatre candidats devaient prononcer leur « Adsum *» — « Je suis là ! ». Lorsque, ensuite, le très vieil archevêque, très proche de la fin de sa vie, a apposé la main sur Joseph Ratzinger, une alouette est montée en chantant depuis le maître-autel vers le haut de la cathédrale. Pour le jeune prêtre, c'était un signe, un assentiment exprimé depuis le haut : il était sur le bon chemin. Et sur l'une de ses deux petites images de prémices se trouvait le mot de saint Paul qui* *convenait à la situation : « Ne faisons pas comme si nous pouvions faire quelque chose par nous-mêmes, notre capacité vient de Dieu. »*

Nous étions bien sûr émus. Nous ne voulions rien laisser au hasard. Dès la veille, nous avions ciré nos chaussures et préparé nos habits. Je ne sais plus comment nous avons passé les heures de la matinée, mais je me rappelle encore fort bien le moment où nous nous sommes vêtus et où nous avons quitté le séminaire, en procession, pour rejoindre la cathédrale. Dans un état d'esprit tout à fait particulier, car c'était pour nous une journée de grande fête. C'était en réalité l'apogée de notre existence. Les rues étaient pavoisées, toute la ville semblait s'être postée là, tant les choses avaient pris un tour solennel.

Lorsque nous sommes entrés dans la cathédrale, l'orgue a mugi et le chœur des hommes a chanté. Notre liturgie nous offre tant d'expériences merveilleuses ! Il ne restait plus la moindre place dans la cathédrale, les gens s'y serraient pour assister à cet événement singulier qu'était notre ordination. Bien entendu, nos parents et notre sœur, Maria, étaient venus à Freising pour ce grand événement, et avec eux beaucoup de nos amis. Le son de l'orgue et les somptueuses décorations florales donnaient une profondeur supplémentaire, et une dimension sensible à cette ambiance déjà

Les frères, Joseph (à g.) et Georg (milieu) Ratzinger avec leur ami Rupert Berger lors de leur tournée de salutation dans leur commune d'origine, Traunstein, après leur ordination comme prêtres.

solennelle. Le rite de l'ordination fut célébré sous une forme qui nous a beaucoup touchés à l'époque. Le plus important fut la litanie des saints pendant laquelle nous étions allongés au sol, devant l'autel, priant et chantant avec les autres dans cette attitude de total dévouement à Dieu. Toutes les personnes présentes, y compris nos professeurs et les fidèles réunis, chantaient avec nous pour implorer, dans le cadre de la préparation de notre ordination, l'aide de tous les saints de tout le ciel. Ainsi s'installa en nous la certitude qu'avec l'apposition des mains par l'archevêque débuterait une nouvelle et salutaire étape de notre vie, voulue par Dieu.

Plus tard, mon frère m'a raconté qu'à l'instant de l'apposition, c'est-à-dire de l'acte d'ordination proprement dit, il a vu un petit oiseau s'élever du maître-autel vers le haut de la cathédrale en gazouillant. Je dois reconnaître que je ne l'ai pas remarqué, mais je sais que Joseph est plus sensible que moi aux signes de la création. C'était peut-être bien le signe de la bénédiction de Dieu sur lui.

À la fin de l'ordination, chacun d'entre nous portait une bougie allumée qu'il remettait à l'archevêque tandis qu'un rythme particulier résonnait depuis le chœur. Ce rite, qui n'existe plus aujourd'hui, nous a profondément émus. L'offrande des bougies symbolisait une fois encore notre propre vie, que nous remettions afin que brûle la lumière de l'Évangile et que le monde soit illuminé. Ce fut la conclusion émouvante d'une cérémonie qui renouvela toute notre existence. Que peut-il en effet y avoir de plus beau que de se présenter devant le Dieu vivant et de le servir, et par là même de servir aussi l'humanité ?

Le moment le plus important dans la vie du futur pape : le cardinal lui appose **les** *mains en prononçant la formule d'ordination, « Adsum — je suis là ».*

Notre messe de prémices eut lieu une semaine plus tard, le 8 juillet, dans l'église paroissiale Sankt Oswald à Traunstein. Mais comme il n'y avait pas encore de concélébration, chacun de nous dut célébrer sa propre messe de prémices : mon frère à 7 heures du matin, moi deux heures plus tard. La messe matinale était une messe avec chants des fidèles, la messe de 9 heures une grand-messe solennelle. Mon frère estima que je devais me charger de la seconde, puisque j'avais des relations de bonne amitié avec le chœur de l'église ; lui ne voyait pas d'inconvénient à célébrer la messe un peu moins solennelle. La veille, la chorale des jeunes de la paroisse de Traunstein, que dirigeait un de nos amis, se présenta à Hufschlag et nous interpréta quelques cantiques. Lorsqu'ils eurent terminé, notre prêtre, Els, monta sur la table et tint un discours exaltant. Son prénom était Georg, nous l'appelions toujours « Georg la fusée », ou encore « Georg express », parce qu'il faisait tout à une vitesse incroyable, y compris lorsqu'il s'agissait de célébrer la messe : à peine avait-il fermé la porte du tabernacle qu'il donnait déjà la bénédiction finale alors qu'il se trouvait souvent encore sur les marches de l'autel. « De la pierre dure », commença-t-il en parlant de Hufschlag, qui n'avait pas très bonne réputation, « a tout de même jailli une étincelle », puisque ce faubourg insignifiant venait tout juste de produire deux prêtres ! Ce fut une soirée merveilleuse, d'une douce tiédeur, l'air chargé de parfums admirables, les hannetons voletant autour de nous.

« Georg la fusée » se chargea aussi du sermon pour la messe de prémices de mon frère. Normalement, c'est notre ami Alfred Läpple qui aurait dû s'en charger, mais il nous avait envoyé un télégramme quelques jours plus tôt pour nous informer qu'il en était hélas incapable parce qu'il venait de subir une opération de la mâchoire. Notre prêtre, lui-même un remarquable prédicateur, annonça alors qu'il assumerait cette mission. Pour ce qui concernait la musique, mon frère lui demanda de choisir les chants les plus simples ; au moins les gens les connaîtraient. Mais le père Els n'était pas d'accord, il voulait quelque chose de plus solennel et choisit la *Messe du Christ roi* de Josef Haas. Haas était président du Conservatoire supérieur de musique à Munich, c'était un élève de Reger et il avait enseigné à mon propre maître, Höller ; je suis donc en quelque sorte son « petit-élève ». Lui-même avait jadis été professeur, il a composé de la musique religieuse, dont des messes populaires, comme cette *Messe du Christ Roi,* qui est toutefois un peu trop difficile pour du chant populaire. Mais le prêtre a tenu bon : nous la prenons, elle est belle et solennelle. L'assemblée n'a pu suivre et n'a pas été capable de l'interpréter correctement, le chœur des jeunes a lui aussi eu beaucoup de difficultés. Avant même le début du sermon, le prêtre a demandé d'une voix forte que les gens participent tous au chant : « Il y a quelques moineaux du chœur de l'église qui gazouillent, ça ne fait pas un chant ! » On ne lui en voulait pas, il était comme ça, c'était un homme très direct, notre Georg la fusée.

Puis nous sommes allés chez nous, et un cortège de prémices solennel est venu nous chercher pour nous ramener de notre maison familiale à Hufschlag jusqu'à Traunstein. Ce fut une grande procession accompagnée par des enfants de chœur, des instruments à vent et beaucoup de monde. Et vint le tour de ma messe de prémices, avec la *Messe pour les temps d'angoisse* de Haydn. Cérémonie très solennelle. Le sermon fut assuré par le Dr Hubert Pöhlein, mon ancien professeur

Les frères Ratzinger lors de leur procession de prémices à Traunstein en 1951.

de religion. Je lui avais demandé auparavant combien de temps durerait son sermon ; il m'avait répondu environ trente-cinq minutes s'il n'oubliait rien. Pour finir le sermon dura vingt-cinq minutes, le prêtre avait sans doute oublié quelque chose mais personne n'avait rien remarqué.

L'ampleur de l'assistance nous étonna. On nous avait pourtant expliqué qu'une course cycliste avait lieu le même jour à Traunstein, et que nous ne devrions pas être tristes si notre messe des prémices n'était pas trop fréquentée. Mais nous avons appris par la suite qu'il n'y avait presque pas eu de spectateurs à la course, tout le monde ayant assisté à la messe. C'était différent, à l'époque !

Après la messe de prémices, nous avions invité une bonne centaine d'invités pour un repas de fête à l'auberge Sailer-Keller, où l'on nous servit du rôti de veau au lard. Pour l'après-midi, une action de grâce solennelle était prévue. Mais elle nous valut une mauvaise surprise. Alors que nous avions profité d'un temps d'été magnifique le matin, les premiers nuages arrivèrent pendant le repas de prémices, et le tonnerre gronda. Il se mit à pleuvoir, d'abord doucement, puis à verse. Nous étions bien sûr désolés pour nos invités, bien que ce rafraîchissement eût quelque chose d'agréable après la chaleur du matin.

À l'époque, les personnes qui voulaient avoir la bénédiction des prémices s'inscrivaient au bureau de la paroisse. Il y avait donc des listes que nous reçûmes tous les deux et sur lesquelles figuraient toutes les adresses où nous devions nous rendre. Nous passâmes les jours suivants à aller rendre visite à tous ces paroissiens et à les bénir.

La bénédiction d'un prêtre nouvellement ordonné est considérée comme quelque chose de tout à fait particulier. « Pour une bénédiction de prémices, cela vaut même la peine d'user une paire de semelles », disait-on en Bavière.

Nous avons marché du matin au soir, pendant des jours, et nous avons partout été très chaleureusement accueillis. On nous offrait un en-cas dans chaque maison et un peu d'argent en cadeau. Mais ce qui nous rendait le plus heureux, c'était de découvrir la grâce que représentait le fait d'avoir reçu l'ordination et de pouvoir transmettre cette bénédiction aux gens. Nous voyions à chaque fois l'impatience des gens lorsqu'ils attendaient le prêtre, un homme appelé par Dieu pour les servir.

Pour la première fois, Joseph Ratzinger découvrit la ferveur avec laquelle les gens espéraient sa bénédiction et la force qui émanait du sacrement de l'ordination. Qu'aurait-il bien pu donner, simple jeune homme, à tous ces gens ? Maintenant qu'il agissait sur mission du Christ, c'était plus qu'ils ne pouvaient le concevoir. Il vit alors quelle vérité exprimait la citation de saint Paul qu'il inscrivit sur la deuxième de ses petites images de prémices : « Non que nous dominions sur votre foi, mais nous coopérons à votre joie » (2 Co 1,24).

Les frères Joseph et Georg Ratzinger accordent la bénédiction des prémices.

VII

Professeur (1951-1977)

Après notre ordination et les semaines des prémices, une fois de plus nos chemins se séparèrent. Nous devions prendre nos premiers postes de jeunes chapelains. J'ai passé un mois à Grainau (près de Garmisch-Partenkirchen), tandis que mon frère s'est rendu dans le quartier de Bogenhausen à Munich. Peu après, j'ai été nommé pour deux mois éducateur au petit séminaire de l'archevêché à Freising où j'ai pu travailler avec le très vénéré directeur musical de la cathédrale, Eham. Mais on avait, apparemment, de plus grands projets me concernant… On m'a ainsi permis d'étudier la musique religieuse au Conservatoire supérieur de musique de Munich, alors que je devais, dans un premier temps, servir comme musicien et chapelain à la paroisse Saint-Louis. Bien entendu, nous nous rendions souvent visite, mon frère et moi, à chaque fois que l'un de nous avait du temps libre. Et si nos rencontres se faisaient de plus en plus rares, elles étaient d'autant plus chaleureuses. Mais surtout, nous passions nos vacances ensemble : ça, nous n'y aurions renoncé pour rien au monde.

Le 1er août 1951, Joseph Ratzinger prit son premier service de chapelain à la paroisse du Sacré-Sang à Munich, située dans Bogenhausen, l'un des « beaux quartiers » de cette grande cité où vivaient des intellectuels, des artistes et de hauts fonctionnaires, mais aussi leur personnel de maison et leurs bonnes. D'autres rues hébergeaient les commerçants et les employés. L'église paroissiale avait été construite par un célèbre architecte et avait un petit côté douillet, même si la vie qu'on y menait rappelait parfois celle d'une ruche. Le cœur de la vie paroissiale, le père Max Blumschein, est devenu le modèle de Ratzinger. Il enseignait qu'un prêtre devait en permanence être en « incandescence », et lui-même en donnait l'exemple. Sa bonté et sa passion intérieure s'exprimaient dans l'esprit secourable qui était le sien. Il était toujours là pour les gens qui avaient besoin de lui, et ce littéralement jusqu'au dernier souffle. Il est mort en voulant aller donner la sainte Eucharistie à un malade.

Joseph Ratzinger avait besoin d'un tel modèle pour pouvoir dominer la montagne de nouvelles missions qui se présentaient soudain à lui. Comme le prêtre n'épargnait pas ses forces, le jeune chapelain de 25 ans ne voulut pas être en reste et se consacra avec ferveur à ses obligations, qui commencèrent bientôt à l'amuser — notamment les relations avec les jeunes. Cela lui faisait du bien, a-t-il écrit, « de sortir pour une fois de la sphère intellectuelle et d'apprendre à parler avec les enfants ». Mais le jeune homme fut aussi forcé de reconnaître qu'après la rééducation pratiquée par Hitler dans la vie et la pensée de nombreuses familles, la religion ne jouait plus un grand rôle. Il a rendu compte par la suite de ce qu'il avait vécu, dans un essai intitulé Les nouveaux païens et l'école. *Il se rappelait : « D'emblée, le travail avec les enfants de l'école, qui impliquait bien entendu la rencontre avec les parents, a été une grande joie. Et une bonne coexistence s'est aussi rapidement mise en place avec les différents groupes de la jeunesse catholique. Nous avons cependant aussi vu à quel point l'univers dans lequel grandissaient beaucoup d'enfants était éloigné de la foi, combien le cours de religion manquait de points d'accroche dans la vie et la pensée des familles. Je ne pouvais pas méconnaître le fait que cette forme de travail avec la jeunesse, qui prolongeait encore entièrement ce qui avait été mis en place dans l'entre-deux-guerres, ne résisterait pas à cette nouvelle époque qui avait tant changé : il fallait chercher de nouvelles formes. »*

À Bogenhausen, Joseph était chapelain chez le père Blumschein, un homme d'une grande bonté et pour lequel il avait grande estime. Il se sentait très bien dans son rôle de directeur spirituel. Il tenait surtout au cours de religion ; il avait le don de présenter les sujets, même les plus difficiles, de telle sorte que les enfants plus simples les comprenaient, tout en les rendant suffisamment intéressants pour ceux qui avaient plus d'ambition. Cela lui a causé beaucoup de joie. Même si, dès la première année, il lui a fallu donner dix-neuf heures de cours par semaine, il est toujours allé de bon cœur enseigner la religion dans les écoles. Il était bien entendu professeur dans différentes classes, si bien qu'il ne pouvait pas raconter la même chose à chaque fois : chaque heure devait être préparée spécialement. Il lui fallait aussi faire le sermon à l'église, mais ce fut tout de suite, pour lui, une tâche facile. Il passait une heure chaque matin au confessionnal, et même quatre le samedi. Plusieurs fois par semaine, il traversait Munich à bicyclette pour participer à des enterrements, célébrer des baptêmes et des noces. Il était en outre chargé du travail auprès de la jeunesse dans la paroisse. Ses bons rapports avec son pasteur, mais aussi la cuisinière compétente qui travaillait pour eux, contribuèrent à ce qu'il se sente très bien à Bogenhausen. Il eut donc beaucoup de mal, au bout du compte, à abandonner tout cela et à se consacrer de nouveau à l'étude lorsque l'évêque, un an plus tard, le nomma au séminaire des prêtres de Freising, cette fois comme enseignant et directeur de conscience. Il serait volontiers resté chapelain dans une paroisse !

Lorsqu'il revint à Freising, le 1er octobre 1952, Joseph Ratzinger quitta effectivement sa paroisse avec des sentiments mitigés. Le sentiment que l'on avait besoin de lui, la relation directe avec les gens lui faisaient prendre à son sacerdoce un plaisir qu'une activité d'enseignement plutôt théorique n'aurait jamais pu lui apporter. Mais par ailleurs, il avait toujours souhaité continuer à rechercher la vérité et poursuivre son travail théologique. À Freising, il dirigea cependant aussi un groupe de jeunesse, tint des offices dans la cathédrale et le confessionnal. Il faisait son cours sur le rôle des sacrements dans la direction de conscience — il pouvait se référer à ses expériences toutes récentes comme chapelain. Il acheva en outre le cursus de son doctorat. Ses parents étaient fiers et fous de bonheur lorsqu'il rentra chez lui, en juillet 1953, coiffé de la toque de docteur.

Humainement, la carrière universitaire ne l'a pas du tout changé. À l'époque, nous nous voyions de plus en plus rarement, et j'aurais remarqué tout de suite s'il s'était transformé d'une manière ou d'une autre. Nos parents pensèrent d'abord que s'il devenait professeur il serait un peu crispé et distant, mais ce ne fut jamais le cas. Il est toujours resté naturel, contrairement par exemple au Pr Fellermeier, que nous avions connu et qui lui servait d'une certaine manière d'exemple à ne pas suivre… Mon frère ne lui ressemblait en rien ; jusque dans les conversations privées, il parlait sans affectation, il restait entièrement lui-même. Je me rappelle encore fort bien son doctorat. J'étais à l'époque chapelain à Sankt Ludwig, à Munich — l'église se situe juste à côté de l'université — et j'étais bien entendu présent à la fête qui a couronné tout le processus. Les employés de l'université avançaient en éclaireurs, vêtus d'un uniforme, le bâton à la main ; le recteur et le doyen portaient leur robe. Le jeune docteur dut tenir une leçon et défendre les thèses qu'il avait rédigées en latin. Tout cela se passait dans la salle des fêtes de l'université. Nos parents et notre sœur étaient venus eux aussi et avaient été plutôt impressionnés par ce cadre solennel. Ensuite, je les ai invités dans ma chambre de chapelain, il y avait du boudin blanc, des bretzels et de la bière, tout cela était délicieux. Mon co-chapelain Hans Gradl, un homme probe et doué de sens pratique, mais sans grande envergure théologique, s'est joint à nous et a demandé très sèchement, à propos des titres universitaires de mon frère : « Je me suis demandé : Hans, tu es tombé dans une pépinière ? » Ce déjeuner commun dans ma chambre de chapelain à Sankt Ludwig fut la belle et joyeuse conclusion de toute la fête ; il nous ramena en quelque sorte au sol après ce vol en altitude universitaire.

En 1953, nous avons de nouveau passé nos vacances ensemble, Joseph et moi, cette fois pour un voyage en Suisse. J'avais fait dans le cadre de mes fonctions de chapelain la connaissance d'un jeune prêtre qui passait son doctorat sous la direction du Pr Richard Egenter. Il s'agissait du Dr Franz Böckle *(1921-1991)*. Il a été nommé ultérieurement conseiller en théologie morale à l'université de Bonn, dont il a fini par devenir le recteur, et conseiller auprès du gouvernement fédéral. Ce Franz Böckle était originaire de Suisse — de Glarus pour être précis —, il avait été au lycée à Coire et avait servi comme vicaire à Zurich. Cela lui a permis de nous préparer une belle tournée à travers la Suisse. Nous sommes allés à Zurich, Coire, Fribourg et dans plusieurs autres villes admirables. Nous l'avons aussi accompagné une fois en Belgique, à Bruxelles, où il devait tenir une conférence. En réalité, nous passions toujours nos vacances dans des lieux que nous voulions visiter, où nous pouvions nous cultiver et nous instruire un peu.

La même année, je me suis rendu à Freising avec le Dr Böckle et des enfants de chœur de notre paroisse pour aller fêter avec mon frère l'anniversaire de notre ordination. J'ai passé mon temps avec Joseph et notre sœur, venue elle aussi ; le Dr Böckle, lui, s'occupait des jeunes.

Un jour, le téléphone sonna ; mon frère décrocha et ma sœur, auprès de lui, le vit blêmir. Il m'appela, je pris l'appareil et j'entendis la voix de Gradl, mon co-chapelain, qui annonçait : « Écoute, j'ai une mauvaise nouvelle. Nous avons reçu un télégramme. Ton père est mort. » Nous étions tous atterrés. Le prêtre n'avait manifestement pas osé appeler lui-même et avait préféré confier la commission au chapelain.

Il nous fallait bien évidemment rentrer tout de suite. J'ai donc demandé à Böckle de se charger des enfants de chœur et nous avons pris le train pour Traunstein, mon frère, ma sœur et moi. Lorsque nous nous sommes arrêtés à Bad Endorf, quelques gares avant Traunstein, nous avons vu notre mère monter dans le train. Nous avons bien entendu couru pour la rejoindre et nous lui avons demandé : « Maman, nous avons appris que père était mort. Il était malade ? » Elle était complètement ahurie, et n'était au courant de rien. Elle se contenta de nous confirmer : « Non, il n'était pas malade. Je suis partie vers midi, il était en bonne santé, il n'avait strictement aucun problème. Nous étions convenus que j'irais à Endorf, ce que j'ai fait. » Bad Endorf héberge un théâtre populaire qui a été fondé en 1790 et que l'on considère comme le troisième théâtre de Bavière par son ancienneté.

On y a toujours joué des pièces religieuses consacrées à la vie des saints ; elle était allée en voir une ce jour-là.

Nous sommes donc descendus à Traunstein, nous avons pris un taxi en vitesse et nous sommes rentrés chez nous… pour y trouver notre père qui cirait ses chaussures devant la maison. Mon Dieu, comme nous étions soulagés ! Il s'est alors avéré que c'était Anton, son frère cadet, qui était mort, celui qui avait hérité de la ferme familiale et souffrait depuis longtemps d'un cancer du colon. Pour m'en informer, sa famille m'avait envoyé un télégramme où figuraient seulement les mots « Notre père est mort ». Lorsque le prêtre et le chapelain avaient ouvert et lu le télégramme, à Munich, ils avaient bien sûr pensé que c'était de mon père à moi qu'il s'agissait et avaient aussitôt composé le numéro de téléphone de mon frère, que je leur avais laissé en cas d'urgence. Nous étions donc rentrés dans le plus grand émoi à Traunstein pendant que mon père cirait ses chaussures en toute tranquillité !

Il voulut bien sûr partir le lendemain pour l'enterrement de son frère. « Je ne te laisse pas y aller seul ! » lui ai-je dit, et je l'ai accompagné pour ce retour sur sa terre natale, à Rickering. Les religieux du décanat s'y retrouvaient le même jour chez le prêtre de Schwanenkirchen, et j'y fus moi aussi invité. « Assieds-toi donc », m'invita-t-on dans le dialecte local avant de me servir un magnifique casse-croûte bavarois que je consommai de fort bon appétit : du lard, un morceau de pain, le tout arrosé d'une bière. Ce genre de choses vous marque, elles se gravent dans la mémoire pour toute une vie ! Je savourais ce casse-croûte avec d'autant plus de plaisir que j'étais soulagé que notre père soit encore en vie. Le lendemain eut lieu l'inhumation solennelle de son frère. C'est moi qui ai célébré la messe des morts, bien qu'un de mes oncles fût prêtre lui aussi. Un homme un peu difficile : il m'expliqua seulement qu'il était trop vieux, malade, nerveux, et qu'il préférait par conséquent que je m'en charge. J'acceptai bien évidemment, et j'ai tenu le requiem. Ce fut suivi d'un grand repas d'enterrement. Je suis heureux d'avoir pu accompagner mon père à cette occasion, cela m'a permis de faire la connaissance de sa région natale.

Lorsqu'on le proposa, avant même la fin du semestre d'été 1953, pour la chaire de dogmatique et de théologie fondamentale à l'université de philosophie et de théologie de Freising, Joseph Ratzinger commença par refuser avec reconnaissance. Il voulait pour l'heure se concentrer sur son projet d'habilitation à Munich. Là encore, son professeur et son mentor était le Pr Gottlieb, un théologien de Cologne, un homme plein de joie de vivre, né d'un « mariage mixte » et donc, pour cette raison, ouvert aux questions œcuméniques. Söhngen lui avait appris combien il est important de partir des sources elles-mêmes avant toute interprétation. Comme Joseph avait travaillé pour sa thèse sur Augustin le grand docteur de l'Église de la fin de l'Antiquité, le professeur lui proposa de se concentrer sur un des grands théoriciens médiévaux, saint Bonaventure (1217-1274) par exemple, considéré comme un grand mystique et le principal théologien de l'ordre des franciscains. On se mit rapidement d'accord sur un sujet : « Concept de révélation et théologie de l'histoire chez saint Bonaventure ».

Au cours de l'été 1954, Joseph Ratzinger avait rassemblé le matériau de sa thèse d'habilitation et élaboré ses idées fondamentales ; il ne lui restait plus qu'à en faire un livre, ce qui était une lourde tâche. Sa présence à Freising était déjà planifiée jusque dans les détails. La mort d'un philosophe émérite de l'université avait libéré un beau logement de professeur ; à partir du semestre d'hiver 1955-1956, il devait prendre en charge la chaire de théologie fondamentale. Jusque-là, le prêtre âgé de 27 ans devait déjà donner des leçons de dogmatique avec le titre d'assistant.

À la fin du semestre d'été 1955, le manuscrit de sa thèse d'habilitation était enfin achevé. Il lui fallait trouver quelqu'un pour le taper à la machine. La dactylo qu'il recruta se révéla une incapable. Lente, elle inversait des feuillets, multipliait les fautes et se trompait dans la numérotation des pages. Joseph Ratzinger était à bout de nerfs. Il devait corriger les erreurs qui se propageaient dans son texte à la vitesse d'une épidémie, et ses efforts lui ravirent ses dernières forces. À la fin de l'automne, il crut pourtant maîtriser enfin la situation. Peu satisfait de la mise en pages du texte, mais convaincu d'avoir évité le pire, il envoya les deux exemplaires réglementaires de sa thèse d'habilitation à la faculté de théologie de Munich. Il avait accompli un travail minutieux et pensait que son habilitation était une chose acquise.

Il fit donc venir ses parents à Freising pour y passer l'automne de leur vie. Son père venait d'avoir 78 ans, sa mère soixante et onze, et malgré un cadre idyllique, il était devenu difficile de vivre dans la vieille ferme près de Traunstein. La famille tenait à cette maison tranquille en lisière de forêt, mais elle ne se prêtait pas à la vie quotidienne de personnes âgées. Le nouveau logement de professeur attribué à Joseph, en revanche, était assez grand pour accueillir toute une famille.

Il se situait dans une ancienne demeure de chanoine, ce que l'on appelait le « Lerchenfeldhof », sur le Domberg, juste à côté de l'église et à proximité immédiate des commerces. Notre sœur Maria envisageait elle aussi de rejoindre cette habitation commune. Le déménagement eut lieu par une journée brumeuse de novembre, dont l'atmosphère sinistre ne fit qu'amplifier encore la tristesse de nos parents. Ils tournaient ce jour-là une page de leur vie, et en dépit des horreurs de la guerre, cette page-là avait tout de même été la plus belle de leur existence. Ils pressentaient que le temps des adieux venait de commencer et qu'il était irrévocable. Ils relevèrent pourtant ce nouveau défi avec courage. À peine les déménageurs arrivés, maman Ratzinger passa son tablier pour les aider. Le soir, elle était de nouveau aux fourneaux et préparait le dîner. Pendant ce temps-là, son mari dirigeait la troupe d'étudiants venue en renfort pour le déménagement. On se réjouissait à présent de pouvoir passer de nouveau Noël dans le cercle familial.

Joseph Ratzinger ne devinait pas encore les orages qui se préparaient et s'accumulaient au-dessus de lui. Son professeur, le

Pr Söhngen, avait déjà lu sa thèse d'habilitation et fut si enthousiaste qu'il la cita plusieurs fois dans son cours. Le collègue de Söhngen, le Pr Schmaus, co-rapporteur de la thèse, et qui devait à ce titre lui aussi effectuer une expertise, prit en revanche son temps. Il commença la lecture vers le mois de février 1956. Lorsqu'il rencontra Ratzinger à Pâques, à Königstein, pour un congrès de la « Société des dogmaticiens et fondamentologues allemands », il lui demanda un bref entretien. En termes concis et glacés, Schmaus l'informa qu'il était hélas contraint de refuser son habilitation.

Joseph Ratzinger tomba des nues. Tout son univers lui parut s'effondrer d'un coup. Qu'allait-il devenir, qu'allaient devenir ses parents, qu'il avait fait venir auprès de lui dans la certitude de pouvoir occuper un logement de professeur ? S'il avait échoué, il devrait quitter l'université comme un chien battu. Il pourrait à la rigueur postuler pour un emploi de chapelain, lui aussi pourvu d'un logement. Mais cette perspective n'avait rien de particulièrement consolant.

Il apprit par la suite la raison de l'attitude de Schmaus : c'était principalement une question de vanité blessée. Les études médiévales munichoises, dont il était le principal représentant, en étaient restées au niveau de l'avant-guerre. On ignorait les connaissances plus récentes, par exemple celles des pays francophones. Que Joseph ait critiqué certaines positions avec une vivacité sans doute assez hardie pour un débutant avait dû prendre Schmaus à rebrousse-poil. Il lui en voulut d'autant plus d'avoir travaillé sur un sujet concernant le Moyen Âge sans faire appel à lui. La médiocre mise en pages du manuscrit, et diverses erreurs de citation restées dans le texte en dépit de tous ses efforts furent le prétexte bienvenu d'un éreintement complet. Pour Schmaus, Joseph Ratzinger était un théologien rebelle qui osait se dresser contre la doctrine dominante et ouvrait ainsi la porte à un modernisme dangereux, une subjectivation du concept de Révélation. Des rumeurs provenant de Freising à propos de la modernité rafraîchissante de la théologie de Ratzinger renforçaient cette impression.

Schmaus jouissait d'un grand respect auprès de ses collègues, mais il ne parvint pas à imposer le rejet complet de cette thèse d'habilitation lors de la soutenance. Le texte ne fut pas refusé, mais simplement restitué pour amélioration. Schmaus avait porté en marge de son exemplaire les améliorations à faire, et que l'on présenta à Ratzinger. L'ampleur de la révision était telle qu'il faudrait sans doute des années pour y parvenir, annonça, triomphal, le professeur vexé. Mais Joseph, en travaillant, constata que toutes les critiques se concentraient exclusivement sur sa définition de la notion de révélation. La dernière partie, dans laquelle il était question de la théologie de l'histoire de Bonaventure, était restée pratiquement en l'état. Ainsi lui vint l'idée salvatrice de détacher cette partie et de se focaliser sur ce seul sujet. Après des remaniements de faible ampleur, il put présenter de nouveau l'œuvre abrégée en octobre 1956. Le 11 février 1957, il apprit que cette fois, sa thèse d'habilitation avait été acceptée, mais qu'il devrait tout de même donner une conférence publique d'habilitation suivie d'une disputation au cours de laquelle il pourrait là encore être recalé, et cette fois publiquement.

C'est avec une certaine fébrilité et une certaine inquiétude que Joseph Ratzinger attendit cette journée, fixée au 21 février. Le jour dit, le grand amphithéâtre que l'on avait choisi pour cette manifestation était plein à craquer et avec une tension étrange dans l'air, presque palpable. Après son exposé, le rapporteur, le Pr Söhngen, et le co-rapporteur, le Pr Schmaus, prirent la parole. Ils se lancèrent dans une dispute si passionnée que Ratzinger se demanda bientôt si l'on avait encore besoin de sa présence. La délibération fut longue. Mais le doyen finit par sortir dans le couloir où Joseph attendait avec son frère et quelques amis, pour lui annoncer sans aucune formalité qu'il avait réussi l'épreuve et qu'il était habilité à enseigner.

À 29 ans, il portait désormais le titre de professeur, mais il ne parvenait pas à s'en réjouir vraiment. Le chemin difficile qui l'avait conduit jusque-là pesait encore sur lui comme un cauchemar. Il fallut du temps pour que l'inquiétude se dissipe. Il pouvait poursuivre tranquillement son service à Freising sans entraîner ses parents dans une triste aventure. En dépit d'un tir de barrage massif de Schmaus, il fut au bout du compte officiellement nommé, le 1er janvier 1958, professeur de théologie fondamentale et de dogmatique à la Faculté de philosophie et de théologie de Freising. Cette expérience lui avait au moins appris une chose qui lui tiendrait à cœur pendant toute son activité professorale : à chaque fois qu'une thèse de doctorat ou d'habilitation était en discussion et risquait d'être refusée, il prenait le parti du plus faible, quand le fond des choses le permettait.

En réalité, je n'ai appris qu'après coup l'histoire agitée de l'habilitation de mon frère. J'ai passé mon examen en 1955 au Conservatoire supérieur de musique, puis j'ai suivi la master-class qui, à cette époque, ne débouchait pas sur un diplôme. Je devais avoir terminé en 1957, et mon frère s'est contenté de dire que nous aurions fini en même temps : lui, son habilitation, moi le conservatoire. Les problèmes tenaient sans doute en premier lieu à la concurrence entre les Prs Söhngen et Schmaus, car chacun voulait être le meilleur et le plus important. Schmaus était un petit bonhomme, il souffrait de complexe d'infériorité et tentait de se donner de l'importance. Il a failli faire échouer l'habilitation de mon frère. Mais tout cela, je ne l'ai appris que le jour de la disputation, car je n'habitais plus à Munich depuis longtemps : j'avais été muté fin 1953 à Dorfen, sur le mont Ruprecht, dans cette église paroissiale de l'Ascension de Marie, où l'on trouvait un impressionnant tableau de la Vierge en Grâce. J'y étais à la fois *Kapellmeister*, je devais donc diriger les deux chœurs de la paroisse, et curateur du pèlerinage, professeur de religion et directeur de conscience. Je n'eus donc guère le temps de me préoccuper de l'habilitation de mon frère. Mais bien entendu, j'étais présent et j'ai aidé activement lorsqu'il a fait venir nos parents à Freising. Nous en avions longuement parlé, tous les deux, et nous considérions que c'était la meilleure solution. Je l'ai déjà dit, ils vivaient à l'époque dans une vieille ferme entourée de quelque trois mille mètres carrés de terrain agricole. Pour notre père, les années passant, ce fut trop de travail. À cela s'ajoutait le fait qu'ils étaient à deux kilomètres de l'église, qu'ils devaient aussi marcher pour aller faire leurs courses, tout cela était très épuisant pour nos parents. À l'époque, ses collègues pressaient mon frère de tenir un foyer, et nous décidâmes que s'il avait un logement, il ferait venir nos parents pour vivre désormais auprès de lui. Lorsque ce fut fait, nous avons vendu la maison de Traunstein. J'y suis allé encore une fois pour les aider à emballer les affaires. Il existe une photo de cette journée, on nous y voit, mes parents et moi, debout pour la dernière fois devant la maison qui avait été notre havre tant aimé (*voir photo p. 156*). Le déménagement a été très dur pour mes parents, surtout pour notre père. Il avait été élevé en petit paysan, et un paysan ressent toujours un certain plaisir en pensant à la terre, aux biens qu'il possède, même s'il n'avait pas grand-chose, ayant exercé le métier de gendarme. Et pourtant, il eut du mal à s'en séparer, alors même que nous avions vendu la maison pour un bon prix à nos voisins. Puis notre père et notre mère se sont installés à Freising. Ils ont eu quelques difficultés à y prendre leurs habitudes, malgré les efforts de mon frère pour leur aménager un beau foyer. Dans un premier temps, notre sœur est restée à Traunstein, où elle avait un emploi de bureau. Elle ne l'a abandonné qu'en février de l'année suivante et s'est elle aussi installée chez mon frère afin de pouvoir s'occuper de nos parents.

Ils ont tout fait pour le soutenir dans son travail. Mon frère devait aussi, à l'époque, faire passer des oraux — il y avait des examens semestriels — et il accueillait de préférence les étudiants dans son appartement. C'était notre père qui leur ouvrait la porte et les accompagnait au salon, où ils pouvaient attendre. Notre mère leur préparait une tasse de thé à chacun, avec quelques gâteaux, tout cela était très chaleureux. Et il était bon, pour nos parents, d'avoir une mission à remplir, de pouvoir s'occuper de ces jeunes messieurs qui allaient devenir prêtres. Notre père les prenait sous son aile, notre mère leur faisait même la cuisine.

Il y avait là un jeune prêtre — c'est mon frère qui m'a raconté cette histoire — qui avait déjà fait des études à Rome et qui était très doué. Il avait rédigé une thèse de doctorat intéressante et rendait assez fréquemment visite à Joseph. Mon frère dit à nos parents que celui-là pourrait un jour accéder au rang d'archevêque de Munich et Freising, tant il estimait ses capacités. Nos parents le reçurent ensuite avec le plus grand respect, persuadés qu'ils étaient d'avoir à faire au futur archevêque. En réalité, il n'est pas devenu archevêque, mais vicaire général — il s'agit de Gerhard Gruber *(né en 1928)*. Il a d'abord été le secrétaire et l'accompagnateur du cardinal Döpfner au concile Vatican II — il parlait parfaitement l'italien — puis est devenu chanoine et vicaire général.

Deux semestres durant, le Pr Ratzinger, comme on l'appelait désormais, demeura à Freising. Il passait pour le « plus jeune professeur de théologie du monde » et pour un « enfant prodige de la théologie ». Il recevait des offres des universités les plus renommées. L'une d'entre elles provenait de Bonn, où son enseignant, le Pr Söhngen, avait toujours rêvé d'aller enseigner — et son élève ne tarda pas à nourrir le même souhait. Pendant quelques semaines, le jeune professeur se demanda s'il devait accepter. Il ne tarda pas à trouver une solution pour ses parents. Son frère Georg avait achevé en 1957 ses études au Conservatoire de Munich et devait à présent revenir, comme directeur de chœur, dans sa paroisse d'origine, Sankt Oswald, à Traunstein. Il s'y occuperait aussi de l'enseignement de la musique au séminaire des étudiants de la ville. On lui attribua une jolie petite maison au centre-ville, assez vaste pour trois personnes. S'il était impensable d'emmener leurs vieux parents sur les rives du Rhin, un retour dans leur Traunstein bien aimé paraissait tout à fait acceptable. Georg approuva aussitôt ce projet et conseilla énergiquement à son frère de répondre positivement à la proposition qu'on lui avait faite depuis Bonn. Puis ils discutèrent avec leur père, pour qui ce ne fut pas vraiment chose facile mais qui voulait absolument que son fils saisisse cette nouvelle chance. C'est ainsi que les chemins de la famille se séparèrent. Joseph avait pu éprouver pour la dernière fois la sécurité douillette du foyer familial avant que ne commence une nouvelle aventure. Le 15 avril 1959, il tint sa leçon inaugurale de professeur titulaire de théologie fondamentale à l'université de Bonn, sur le thème « Le Dieu de la foi et le Dieu de la philosophie ».

Je me rappelle encore fort bien — j'étais déjà à Traunstein, à l'époque — le jour où il m'a rendu visite et m'a annoncé qu'il avait reçu une proposition de poste à Bonn. Que devait-il faire, comment réagir ? Un an plus tôt, il avait fait venir nos parents à Freising, qui avaient abandonné tout ce qu'ils possédaient, notamment leur maison. Je lui répondis que ce n'était pas un problème, que je vivais tout seul dans une maison mise à ma disposition à Traunstein et qu'elle serait assez grande pour nous accueillir tous. Il me fallait de toute façon un foyer, et je serais heureux qu'ils s'installent chez moi : « Traunstein, ils connaissent, ils reviendront volontiers. Profite de cette opportunité, tu n'as pas le droit de la laisser passer, saute sur l'occasion ! Nos parents viendront chez moi, je me réjouis de les accueillir. » L'affaire était ainsi réglée, pour lui comme pour moi, il ne restait plus qu'à convaincre nos parents. Il a déménagé en avril 1959. Maria l'a accompagné pour tenir son foyer à Bonn ; nos parents sont arrivés chez moi en mai.

Joseph Ratzinger aima la Rhénanie, son ouverture d'esprit et sa tolérance. Alors que la Bavière était plutôt conservatrice et rurale, on sentait ici comment le fleuve relie des nations et des cultures qui se fécondent mutuellement. Son premier semestre dans la ville universitaire rhénane fut pour lui « comme une fête du premier amour, un souvenir grandiose ». Mais la situation s'assombrit bientôt.

Noël 1958 fut encore une fois une fête particulièrement harmonieuse. Notre père avait fait beaucoup de cadeaux à chacun d'entre nous, dans la mesure de ses possibilités. Nous ne nous doutions pas encore, bien évidemment, que ce serait notre dernier Noël en commun.

Après le déménagement, mon frère et notre sœur ont passé leurs vacances à Traunstein — ce mois d'août 1959 fut une fin d'été magnifique. Huit jours avant la mort de notre père, notre mère est venue me chercher en pleine nuit pour m'annoncer que mon père était malade et me demander de venir voir ce qui lui arrivait. Je suis descendu chez eux et lui ai donné quelques gouttes d'eau-de-vie des carmélites, qui l'ont réconforté. Nous avons appelé un médecin qui n'a rien constaté d'inquiétant. Le jour où il a eu son attaque, il se sentait bien. Le matin même, il était encore monté jusqu'au séminaire, situé à au moins deux kilomètres, écouter le sermon qu'y tenait mon frère. L'après-midi, il a fait une grande promenade avec ma mère, je n'en aurais jamais fait une aussi longue à son âge. Plus tard, notre mère nous a raconté que sur le chemin du retour, ils étaient passés devant l'église de la paroisse, étaient entrés et notre père avait fait une prière particulièrement intense. Il était toujours très recueilli lorsqu'il priait, mais cette prière-là, il l'avait dite avec une ferveur toute particulière, signe, à nos yeux, du fait qu'il avait certainement déjà senti la mort qui approchait. Le soir même, il fut frappé d'apoplexie, et perdit conscience, tomba à la renverse comme s'il était mort. Ce jour-là, nous étions partis avec ma sœur et mon frère pour Tittmoning, et nous avions visité la ville de notre enfance. Ce fut une excursion magnifique, nous étions tout heureux et rien ne nous laissait soupçonner que cette journée s'achèverait dans une telle tristesse et un tel bouleversement. Deux jours plus tard, le 25 août 1959, notre père est mort des suites de cette attaque.

Nous fûmes accablés. Nous avons réglé les formalités à quatre. Il y a toujours tant de choses matérielles à régler lorsqu'un être cher disparaît, elles vous dissuadent, dans un premier temps, de vous laisser aller à vos sentiments. Il nous avait quittés si vite, d'une manière si surprenante, et ce fut comme si toute notre vie familiale commune s'était volatilisée d'un coup. Une vie qui avait commencé à la naissance de mon frère, le dernier à nous avoir rejoints, et avait tenu jusqu'à cette journée d'août 1959. Depuis, il manquait un pilier à notre vie familiale. Le chef de la famille n'était plus des nôtres. Mais aussi triste que nous ayons pu être, nous savions qu'il avait eu une bonne mort, ce qui est toujours une consolation. Il n'avait pas souffert, tout était allé très vite. Et nous avons au moins tous eu la possibilité d'être présents à sa mort et de prendre congé de lui. Mais surtout, nous savions, en toute confiance, que si notre père était désormais dans un autre monde, il était toujours chez nous et lié à nous.

Joseph Ratzinger accepta sa nomination à Bonn ; cela s'avéra, après coup, la décision la plus importante de sa vie — une sorte de disposition du destin. Il y rencontra en effet un homme qui allait devenir pour lui une nouvelle figure paternelle — et pour finir lui ouvrir les portes de Rome.

Le cardinal Joseph Frings, archevêque de Cologne, était la personnalité la plus impressionnante et la plus influente de tout l'épiscopat allemand de l'après-guerre. Son mélange d'humour chaleureux, de bon sens rhénan et de sagesse mêlée d'une foi profonde, était légendaire. Dès le début, ce fils de directeur d'usine de Neuss, un grand homme maigre qui inscrivit sur son blason d'évêque la devise « Pour servir les hommes », s'attira l'amour des fidèles. Lorsque le pape Pie XII lui conféra en 1946 la dignité de cardinal, à lui et à deux autres évêques allemands — le comte Konrad von Preysing et le comte Clemens von Galen, qui s'étaient distingués par leur résistance au régime nazi —, on considéra cela comme une preuve de confiance tout à fait particulière à l'égard de l'Église allemande. De 1945 à 1965, Frings fut président de la Conférence allemande des évêques. Nul n'a jamais oublié son sermon de la Saint-Sylvestre 1946, lorsqu'il a fait allusion aux pillages de wagons de charbon au cours d'un hiver extrêmement rigoureux : « Nous vivons en des temps où l'individu, dans la détresse, pourra prendre ce dont il a besoin pour assurer sa survie et sa santé s'il ne peut l'obtenir d'une autre manière, par son travail ou en le demandant. » Par la suite, à Cologne, on forma avec son nom un verbe — « fringsen *» — qui désignait le fait de se « débrouiller » pour trouver des vivres et des briquettes de charbon ou de houille.*

Lorsque lui-même et les autres cardinaux ont élu le nouveau pape, Jean XXIII, en 1958, il a dit en passant qu'il avait « le sentiment qu'un concile général devrait avoir lieu sous peu ». Près d'un siècle s'était écoulé depuis la fin du concile Vatican I, et Frings pensait qu'il était à nouveau temps d'écouter les évêques. Le nouveau pape reprit cette idée avec enthousiasme, annonça un concile général et nomma Frings à la commission préparatoire.

Nous tenions tous le pape Pie XII en très, très haute estime, car chacun savait qu'il n'était pas seulement un grand esprit, mais aussi un grand religieux. Il n'y avait pas encore à l'époque de lubies antipapales ; on le vénérait, il était notre pape. Nous étions heureux, bien entendu, et un peu fiers aussi, d'avoir un pape d'une telle stature, doté d'un talent aussi exceptionnel. Mais nous savions aussi que c'était un vieil homme, qui avait déjà subi différentes affections. On disait qu'il s'était fait injecter des cellules fraîches pour garder aussi longtemps que possible ses forces et sa santé ; et même si nous l'avons beaucoup regretté, nous n'avons pas été très surpris lorsque nous avons appris sa mort, en octobre 1958.

Son successeur, Jean XXIII, était si différent qu'il a d'abord fallu s'habituer à lui. Il n'avait pas la sainte majesté d'un Pie XII, mais il rayonnait d'autant plus d'humanité. C'était un pape populaire que tout le monde aimait. Même les protestants en parlaient avec enthousiasme.

Début 1961, l'Académie catholique de Bensberg invita « l'enfant prodige de la théologie », comme on appelait Joseph

Ratzinger, à mener une réflexion sur « la théologie du Concile ». Le cardinal Frings fit spécialement le voyage depuis Cologne pour l'entendre. Son secrétaire, le Dr Luthe, avait étudié la théologie avec Ratzinger à Munich — c'est lui qui avait attiré l'attention de Frings sur ce Bavarois. Lorsque Ratzinger eut terminé, le cardinal le convia à un entretien. Il lui expliqua qu'il avait accepté un peu trop rapidement une invitation à tenir, à Gênes, une conférence dans laquelle il devait être question du « Concile dans son contexte historique, par comparaison avec le concile Vatican I ». Mais le cardinal était âgé de 74 ans, il était presque aveugle et n'était donc plus en mesure, ne serait-ce que physiquement, de mener à bien un travail aussi ambitieux. Et il demanda au jeune professeur s'il pouvait l'aider ; celui-ci accepta volontiers. L'ébauche de conférence qu'il lui proposa peu après était d'une telle qualité que Frings n'eut qu'un seul passage à corriger. Ce discours fit grande impression, un vrai coup de tonnerre théologique. Il sembla que le cardinal avait annoncé le programme théologique de tout le Concile. Peu après, Frings fut invité en audience privée chez Jean XXIII, qui l'accueillit avec enthousiasme : « J'ai lu cette nuit la conférence que vous avez tenue à Gênes et je voulais vous remercier. » Le cardinal lui répondit que la conférence n'était pas de lui, mais d'un certain Joseph Ratzinger ; le pape écarta l'objection d'un geste de la main. Lui aussi, dit-il, était forcé de faire rédiger ses textes par des tiers, la seule chose qui comptait était de trouver les conseillers adéquats. À partir de cet instant, il fut clair que Ratzinger demeurerait le collaborateur de Frings et serait en quelque sorte le « meilleur cheval de son écurie ». Il se trouve que le pape a nommé le cardinal membre du présidium du Concile, qui comptait dix membres. On lui envoyait à ce titre tous les projets et propositions élaborés en amont par les différentes commissions, des textes qui n'avaient plus ensuite qu'à être présentés pour validation aux évêques lors du Concile. Il les soumit les uns après les autres à Ratzinger, afin qu'il les expertise.

Vint le grand jour. Le 11 octobre 1962, le pape Jean XXIII inaugura par une messe solennelle à Saint-Pierre le concile Vatican II, au cours duquel deux mille huit cents évêques des quatre coins du monde devaient dessiner l'avenir de l'Église. Le cardinal Frings n'était pas venu seul. Il était accompagné par Joseph Ratzinger qui, à l'âge de 35 ans, était désormais officiellement devenu son conseiller théologique. Ce fut sa première expérience avec l'Église du monde — et sa grande chance de jouer un rôle dans son avenir. Ratzinger y fit la connaissance de certains des principaux théologiens de son temps — Henri de Lubac, Jean Daniélou, Yves Congar, Gerard Philips. À la fin de la première phase du Concile, il fut même nommé « Peritus », théologien officiel du Concile. Avant même celui-ci, il avait déploré que l'Église ait « des brides trop serrées, trop de lois, dont beaucoup ont contribué à abandonner à son sort le siècle de l'absence de foi au lieu de lui apporter la rédemption ». Il était temps de faire un bond en avant et d'oser la nouveauté. La foi devait, selon Ratzinger, « sortir de cette carapace, et se présenter avec un nouveau langage, dans une nouvelle ouverture face à la situation de notre temps. Il faut donc qu'une plus grande liberté s'instaure aussi dans l'Église ».

Le cardinal Frings prépara sa prise d'influence sur le Concile à la manière d'une campagne d'état-major. À son instigation, tous les évêques allemands et autrichiens se rencontraient chaque lundi à 17 heures au séminaire Santa Maria dell'Anima, près de la Piazza Navona, pour discuter du cours que suivait le Concile et des événements qui s'y produisaient. À intervalle régulier, des théologiens qualifiés, dont Ratzinger, commentaient les événements et développaient des stratégies. C'était certes un petit groupe, mais il était extrêmement influent. Frings était l'une des personnalités les plus en vue du monde catholique. Cofondateur de l'œuvre caritative épiscopale « Misereor », il était tout particulièrement apprécié auprès des évêques du tiers-monde. C'est ainsi que son entourage parvint à écrire l'histoire du Concile.

En 1962, mon frère et moi-même nous sommes rendus à Rome pour la première fois. Je me rappelle que nous avons pris le « Rapidissimo », le prétendu train rapide, et que nous nous sommes étonnés de ce nom qu'il ne méritait guère, le train s'arrêtant pratiquement à toutes les gares. Nous avons d'abord visité les églises les plus célèbres, la basilique Saint-Pierre de Rome, et nous avons été profondément impressionnés par la Ville éternelle.

Joseph nous a raconté au fur et à mesure ce qui se passait au Concile. En 1964, par exemple, lorsque le doyen de Traunstein

Le Pr Joseph Ratzinger (à g.) avec l'archevêque de Cologne, le cardinal Joseph Frings.

a pu le convaincre de tenir au séminaire une conférence pour le clergé du décanat et de rapporter, presque comme un témoin direct, les événements et les discussions qui se déroulaient à Rome. Tout le séminaire était plein à craquer, il y avait des voitures partout dans la cour car des prêtres de toute la région étaient venus écouter la conférence de mon frère sur le Concile. J'en connaissais déjà la plus grande partie par ses récits privés, mais la conférence était passionnante et a suscité une vive discussion. Il a surtout souligné la grande vitalité du

Concile, et le fait que même les milieux religieux connaissaient une certaine désunion, qu'il existait des opinions différentes sur les questions religieuses et des sujets concernant notre foi à propos desquels on discutait pour la première fois librement et ouvertement, ce qui lui plut beaucoup.

On comprit bientôt que le Concile n'avait pas provoqué que de la joie à Rome. Quand le pape évoqua l'« aggiornamento »*, l'entrée de l'Église dans l'ère moderne, les religieux conservateurs redoutèrent que l'on n'aille trop loin dans l'innovation. Leur porte-parole était le cardinal Alfredo Ottaviani, préfet du Saint-Office, l'instance qui avait succédé à la tristement fameuse Inquisition romaine. Dans son rôle de président de la Commission théologique, il fit tout pour empêcher les réformes.*

En juin 1963, le pape Jean XXIII mourut d'un cancer. À peine ouvert, le Concile semblait avoir échoué. Mais en dépit de toutes les résistances, le nouveau pape, Paul VI, décida qu'il resterait sur cette voie. Quand on apprit que la commission d'Ottaviani voulait déclarer invalide un vote des évêques « parce que les questions n'étaient pas suffisamment rédigées », Frings explosa. Dans le discours qui suscita sans doute le plus d'émotion de tout le Concile, il ne se contenta pas de critiquer les manœuvres du préfet, il s'en prit directement à l'instance qu'il dirigeait et la qualifia de « sujet de scandale » : sa méthode, consistant à condamner les gens sans les écouter, n'était plus adaptée à notre époque. Ottaviani répondit certes, venimeux, que Frings ne connaissait manifestement rien au travail du

Saint-Office, mais il avait perdu cette bataille-là. Les évêques étaient aux côtés du cardinal de Cologne, le tonnerre de leurs applaudissements lui donna raison. Le jour même, le pape convoqua Frings, qui pouvait redouter le pire. Avec l'humour sec qui le caractérisait, il demanda à son secrétaire, le Dr Luthe : « Passez-moi donc encore une fois le mantelet rouge, qui sait si ce n'est pas la dernière ? » Mais lorsqu'il est entré dans la salle d'audience, le pape a marché vers lui à grands pas et lui a donné l'accolade : « Cher cardinal, vous avez dit tout ce que je pensais et ce que je voulais dire sans pouvoir le faire moi-même. » Lorsque le Concile fut achevé, en 1965, Paul VI annonça la mise à l'écart du Saint-Office. Il fut remplacé par la « Congrégation pour la doctrine de la foi », et cet organisme était voué à perdre son statut de pouvoir absolu. La nouvelle autorité mit en œuvre, pour la première fois, des principes démocratiques. Elle ne condamnait pas, elle prononçait des avertissements et invitait au dialogue les théologiens qui posaient problème. Le Vatican était entré dans les Temps modernes.

Mais c'est à l'époque du Concile qu'eut lieu ce qui fut peut-être la plus profonde coupure dans la vie des frères Ratzinger : la mort de leur mère bien aimée, une semaine avant Noël, le 16 décembre 1963.

Notre mère avait depuis un certain temps des problèmes d'estomac. Cela commença en mars 1963, date à laquelle elle commença à se plaindre assez fréquemment de douleurs gastriques. Elle disait à l'époque que la « nourriture italienne » était ce qui lui réussissait le mieux. Mais c'était une expression tyrolienne qui signifiait à peu près « souffrir de la faim, ne rien manger », allusion à l'occupation italienne, qui n'avait guère réussi aux Tyroliens. Pendant une brève période, les choses se sont améliorées, mais la dégradation a repris ensuite, elle ne pouvait plus s'empêcher de vomir.

Au mois d'août, mon frère et moi sommes partis pour Lienz, dans le Tyrol oriental ; nous avons passé nos vacances là-bas, à l'hôtel « Wiener Sängerknaben[1] » ; à cette date, notre mère avait obtenu un rendez-vous pour une radiographie gastrique à l'hôpital. Elle s'y est rendue avec ma sœur, et l'examen a confirmé les craintes du médecin : un cancer de l'estomac.

En dépit de ce diagnostic, elle a continué à tenir mon foyer ; et mon frère, lui, a dû repartir pour Rome. Cet été-là, il a quitté Bonn pour Münster, où il avait accepté un nouveau poste de professeur, et Maria avait suffisamment à faire pour lui aménager un nouveau chez-soi. Il est tout de même venu chez nous, plus tard, pour soigner notre mère.

Au cours de l'été 1963, le Pr Joseph Ratzinger quitta sa chère ville de Bonn. Hermann Volk, de Münster, spécialiste de la dogmatique, était devenu dans le courant de l'été 1962 évêque de

1. Pour l'anecdote, ce nom signifie « les petits chanteurs de Vienne » ; c'est aussi le nom d'une prestigieuse institution viennoise regroupant un total de quatre chœurs. (*N.d.T.)*

Mayence ; sa chaire était libre. Volk lui-même avait souhaité que Ratzinger lui succède, mais celui-ci commença par décliner l'invitation. Il fallut que deux jeunes étudiants risquent de se faire refuser leur thèse par des collègues pour qu'il change d'avis, en y voyant un signe du destin. À Münster, il le savait, il pourrait mieux aider ces deux garçons. Il finit donc par aller s'installer tout de même dans la ville universitaire westphalienne, et prit sous son aile ces deux doctorants, qui obtinrent leur diplôme au bout du compte.

À cette date, Maman était déjà grabataire et en proie à d'effroyables douleurs. Ce fut pour nous une période difficile. Elle maigrissait constamment, pouvait de moins en moins manger et avait désormais peur d'absorber quoi que ce soit. Début décembre, je finis par écrire à mon frère que notre mère allait très mal. Il est venu aussitôt. Nous avons passé les deux dernières semaines ensemble, ma sœur, mon frère et moi. C'était un spectacle terrible de la voir s'étioler ainsi à l'approche de la mort. Nous sommes allés chercher le prêtre, qui a recueilli sa confession et lui a donné l'extrême-onction, alors qu'elle était déjà d'une extrême faiblesse. Elle a porté jusqu'au bout le fardeau de son existence, patiemment, avec l'énergie de sa foi. Elle était comme une bougie qui se consume peu à peu et qui, pourtant, rayonne.

« Sa bonté était devenue encore plus pure, plus rayonnante, et continua à briller au cours de ces semaines où les douleurs ne cessaient de s'amplifier… Je n'imagine pas preuve de foi plus

convaincante que cette humanité pure et décantée dans laquelle a pu mûrir la foi de mes parents et de tant d'autres personnes qu'il m'a été donné de rencontrer », écrit Joseph Ratzinger dans ses *souvenirs.*

À Marktl, à la naissance de mon frère, le dentiste avait arraché toutes ses dents à notre mère parce qu'elles étaient toutes abîmées et que certaines avaient des abcès. Il lui avait fabriqué une prothèse. Celle-ci, faite par un simple dentiste de village, a admirablement tenu jusque dans les années 1960. Puis, lorsque ma mère s'est mise à maigrir, le dentier est tout d'un coup devenu trop grand. Cela nous a bouleversés : elle avait perdu tant de poids que ses dents ne lui allaient plus.

Elle est morte à l'heure du déjeuner, par une journée assez froide. Nous avons dû faire rouvrir le tombeau où nous avions inhumé notre père quatre années auparavant. Huit jours plus tard, c'était Noël. Ce fut le Noël le plus triste et le plus solitaire de toute notre vie.

Mon frère a beaucoup « hérité » de ma mère. Comme elle, il est très sensible, il aime les animaux et les fleurs. Je me rappelle l'avoir vu passer des heures, petit garçon, à cueillir des fleurs dans une prairie. De mon père, il a pris la part rationnelle. Ces deux qualités de nos parents ont formé en lui une singulière association. À l'époque où ma mère est tombée malade, les discussions en vue de ma mutation à Ratisbonne étaient déjà en cours. Ma mère l'a su avant de mourir et s'en est beaucoup réjouie.

GEDENKET IM GEBET
meines lieben Gatten, unseres guten Vaters
Herrn Joseph Ratzinger
Gendarmeriemeister i. R.
geb. am 6. März 1877 in Rieckering
bei Schwanenkirchen/Niederbayern
gest. am 25. August 1959 in Traunstein

—

Deinen Gläubigen, o Herr, wird das Leben nicht genommen, es wird nur neu gestaltet. Wenn diese Herberge ihres Erdenwandelns in Staub zerfällt, steht ihnen eine ewige Heimat im Himmel bereit.
(Aus der Totenliturgie der Kirche.)

Chiemgau-Druck, Traunstein

Gedenket im Gebet
unserer lieben, guten Mutter
Frau Maria Ratzinger
Gendarmeriemeisterswitwe
geb. am 8. Jan. 1884 in Mühlbach
gest. am 16. Dez. 1963 in Traunstein

—

Auf Dich, o Herr, habe ich gehofft.
Ich werde nicht zuschanden in Ewigkeit.
(Ambrosianischer Lobgesang)

Chiemgau-Druck, Traunstein

Les avis de décès des parents du Pape,
Joseph († 1959) et Maria († 1963) Ratzinger.

Celui qui fut pendant de longues années le directeur des Domspatzen *de Ratisbonne, le* Domkapellmeister *Theobald Schrems, souffrait à l'époque d'un cancer pernicieux ; peu après son soixante-dixième anniversaire, il chercha un successeur adéquat. Il fallait trouver un religieux déjà remarqué pour ses talents de musicien et de chef de chœur. Un jour, son ancien professeur de piano au conservatoire, le Pr Fritz Hübsch, lui parla de Georg Ratzinger, qui s'était déjà fait un nom à l'époque comme chef de chœur à Traunstein. Après une première prise de contact au début 1963, Schrems le proposa comme favori pour sa succession. Les négociations commencèrent juste après sa mort, le 15 novembre 1963.*

Si notre mère avait encore été en vie, je ne serais pas parti pour Ratisbonne, je n'aurais pas eu le cœur de lui imposer ce déménagement. Mais dans ces conditions, je quittai le cadre idyllique de Traunstein, cette belle maison que l'on avait mise à ma disposition, la « maison des prédicateurs » où nos parents s'étaient si bien sentis. Notre mère y avait cultivé son petit jardinet où elle travaillait de bon cœur. Mais à sa mort, tout cela avait perdu sa valeur ; j'ai donc quitté Traunstein pour Ratisbonne. Ce fut la coupure la plus profonde de mon existence. Ma sœur et mon frère ont bien entendu continué à me rendre visite à Ratisbonne, ils avaient leur chambre chez les *Domspatzen (c'est-à-dire dans le lycée des choristes de Ratisbonne, un établissement que les initiés appelaient « le Trou »).* C'était très beau aussi, là-bas, mais c'était un tout autre monde, et il fallait commencer par s'y habituer.

Pour moi, les premières années à Ratisbonne ont été plutôt difficiles. Les deux neveux de mon prédécesseur travaillaient à la Maison des *Domspatzen*. L'un des deux, Hans Schrems, avait longtemps servi d'adjoint à son oncle et dans les derniers temps, lorsque celui-ci était malade, il dirigeait aussi le chœur principal. L'autre, Fritz Schrems, était chargé des finances. Tous deux me donnèrent le sentiment que je n'étais guère le bienvenu, la cinquième roue du carrosse ! Il a fallu quelques années avant que cela ne change. Hans Schrems, le chef de chœur, connut une fin tragique : on le retrouva mort, le 7 novembre 1969, sous le pont du Danube à Ratisbonne. Mais si triste que fut cette fin, cela mit un terme à ce pouvoir établi qui m'avait valu cette période d'oppression humaine et artistique contre laquelle je n'avais pas eu suffisamment d'énergie pour m'insurger. C'est seulement à partir de ce moment que je devins le « patron », celui qui dirigeait, y compris sur le plan pratique, le chœur des *Domspatzen* de Ratisbonne.

Désormais tout « fonctionnait » de nouveau, sur le plan artistique mais aussi humain, pour ce chœur d'enfants mondialement connu. Le « patron », comme ils l'appelaient, conquit rapidement l'estime des jeunes chanteurs. Sa mémoire phénoménale lui permit de retenir rapidement les noms et la biographie de ces garçons, si bien que même les nouveaux étaient étonnés de tout ce qu'il savait à leur propos. Comme les religieuses de la Maison des Domspatzen *l'approvisionnaient abondamment en bretzels, bonbons et gâteaux, il invitait les choristes chaque jour à 16 heures pour le légendaire « repas des fauves » qui fut bientôt un point fixe de l'ordre du jour, et que beaucoup continuèrent à honorer bien après avoir achevé leur carrière dans le chœur. Mais autant il était débonnaire envers ces garçons pendant leurs loisirs, autant la discipline régnait lors des répétitions du chœur. Georg Ratzinger détestait le manque de ponctualité et exigeait le meilleur de chacun. C'est ainsi qu'il parvint à faire du chœur de garçons de Ratisbonne une institution mondialement connue qui ne se contenta pas de faire des tournées dans toute l'Europe à bord du « Bombardier du Trou », l'autocar vieillissant des* Domspatzen, *mais partit aussi à deux reprises pour les États-Unis (en 1983 et 1987) et au Japon. Le premier apogée de l'histoire de ce chœur ne fut cependant pas celui-là : en octobre 1965, les* Domspatzen *se produisirent à Rome, où ils chantèrent pour les pères conciliaires et pour le pape Paul VI. C'est son frère Joseph qui avait servi d'intermédiaire pour ce grand événement.*

Notre concert à Rome fut bien entendu un merveilleux événement et le sommet de ma carrière de *Domkapellmeister*. Je n'étais pas à Ratisbonne depuis deux ans, les neveux de mon prédécesseur et tout le groupe qui s'était formé autour d'eux étaient encore présents, mais j'étais déjà le chef de chœur. Notre premier concert pour les pères conciliaires eut lieu dans la grande salle des fêtes de l'Angelicum, l'université des dominicains. Ensuite, nous pûmes chanter une messe de concile à Saint-Pierre. Toute la basilique Saint-Pierre était occupée par deux mille évêques du monde entier, auxquels s'ajoutaient les observateurs du Concile. À la fin, le secrétaire du Concile, l'archevêque Pericle Felici, a dit : « *Optime, sed nunc exite !* » (« Remarquable, mais maintenant dehors ! »). Nous avons par ailleurs chanté une belle messe à l'église allemande de Rome, l'église Santa Maria dell'Anima ; ce fut là encore une grande fête. Et pour finir nous nous sommes produits à l'audience que le pape a donnée pour l'Académie catholique de Bavière et où il nous a accueillis nous aussi. C'était une audience spéciale pour ce groupe limité ; ce fut bien entendu une grande expérience pour les choristes, qui purent y chanter devant le pape, et pour moi à tout point de vue.

Nous avons donné un autre concert spécial pour l'Académie catholique dans une salle particulière décorée par Raphaël à la Villa Farnesina, un magnifique palais romain. Tout était comme dans un rêve, les choristes prirent un très grand plaisir à découvrir Rome et suivre les événements du Concile. Nous sommes partis en train, nous étions logés à la maison Kolping, c'était magnifique. Je me rappelle encore comme si c'était hier un épisode du voyage de retour. J'allais voir les choristes lorsqu'on m'annonça que Haller était là. Helmut Haller *(né en 1939)* était à l'époque un fameux joueur de l'équipe nationale allemande de football. Beaucoup sont allés lui demander un autographe. Ce n'était cependant bien entendu qu'un événement marginal : l'essentiel, pour nous tous, c'étaient ces journées à Rome. Je pense que nous avons fait partout bon effet. Notre chant enthousiasmait les auditeurs. Cela nous a donné beaucoup de courage et de confiance en nous, de nous produire aussi à l'extérieur, puis de voyager tout autour du monde comme nous l'avons fait ensuite.

Bien entendu, la réforme liturgique de Vatican II bouleversa nos habitudes. Je dois avouer que mon naturel me guide plutôt vers la tradition, et que je n'y renonce pas très facilement.

Disons-le franchement : j'ai un peu de mal à mettre en œuvre et à pratiquer des nouveautés radicales. Notre évêque de l'époque, Rudolf Graber *(1903-1992)*, était très compréhensif, tout comme l'ensemble du chapitre de la cathédrale. Nous avons très largement continué à pratiquer l'ancienne liturgie. Mon prédécesseur avait activement ranimé la tradition de Ratisbonne, qui existait avant lui, si bien que l'on considérait comme une obligation de continuer à l'entretenir et de chanter comme on l'avait toujours fait, même si les choses avaient changé depuis très longtemps tout autour de nous. Mais il ne faut pas jeter si vite aux orties ce que l'on a un jour jugé bon et important. Bref, il ne s'agissait pas seulement d'une permission pour poursuivre et entretenir la tradition : c'était comme un devoir. C'est par paliers, seulement, que de nouveaux éléments sont venus se greffer. Ce ne fut pas un bouleversement douloureux, mais une évolution progressive et pour ainsi dire organique qui prit des années et visait à assouplir peu à peu la liturgie un rien rigide de l'époque.

Lorsque mon frère enseignait, d'abord à Bonn, puis à Münster, je lui rendais souvent visite, à lui et à notre sœur, et je passais mes vacances avec eux. J'ai aussi profité de ces passages pour aller assister à des cours à l'université de Bonn, et plus tard de Münster et Tübingen. Je cherchais simplement dans le programme des conférences les manifestations qui m'intéressaient, que ce soit en musicologie ou en théologie. Bonn me plaisait beaucoup : je me sentais très bien dans cette belle ville. Et surtout, il y avait aussi là-bas le Pr Johann Auer *(1910-1989)*, que je connaissais depuis Freising, où il avait été notre professeur de dogmatique. Il était natif de Ratisbonne, c'était un homme simple qui, pendant ses loisirs, parlait un puissant dialecte bavarois, et nous nous sommes toujours admirablement compris.

Bien entendu, dès cette époque, mon frère regretta déjà sa terre bavaroise. La présence d'autres Bavarois, comme le Pr Auer ou le médiéviste Ludwig Hödl *(né en 1924)*, qui avait mon âge, lui a cependant donné le sentiment de ne pas être trop étranger à Bonn. À Münster aussi, il s'est vite acclimaté. C'était là encore une très belle ville, très bien entretenue et très propre, il n'y avait vraiment pas de quoi se plaindre, mais il avait toujours cette nostalgie de la Bavière. Notre sœur, elle aussi, rêvait de revenir dans sa région d'origine, ce qui l'a peut-être un peu influencé. Chez nous, les Bavarois, le patriotisme est souvent plus marqué que chez les Allemands du Nord.

Il ne put donc résister à la tentation lorsque l'université de Tübingen lui proposa, en 1966, la chaire de dogmatique qui venait de se libérer. Il y avait à Tübingen un théologien qui milita énergiquement en faveur de la nomination de Ratzinger : Hans Küng. Les deux hommes se connaissaient depuis le Concile — c'est plus tard, seulement, qu'ils allaient devenir des adversaires.

Les étudiants de Ratzinger à Münster ont gardé de lui le meilleur souvenir possible. Lorsque le journal Rheinische Post *interrogea certains d'entre eux, en avril 2005, l'impression était toujours la même : ils le décrivaient comme un homme réservé et aimable, non seulement capable d'avoir une réflexion analytique, mais rayonnant aussi d'une grande chaleur humaine. C'est par exemple ce que disait Fritz Lemming, à l'époque répétiteur en dogmatique : « C'était le plus bienveillant des examinateurs. Lorsque les autres professeurs constataient qu'un candidat connaissait bien un sujet, ils changeaient de thème. Ratzinger, lui, restait dans cette oasis de savoir qu'il avait découverte. » Il vivait à l'époque dans une petite maison sur le lac de l'Aa. Il allait donner ses cours sur une vieille bicyclette que ses étudiants lui avaient achetée dans une vente aux enchères. Comme il n'avait pas de permis de conduire, ils le raccompagnaient fréquemment en voiture après le cours. Il lui arrivait d'inviter ses étudiants à dîner chez lui. En petit comité, la glace se brisait, il racontait des anecdotes et des traits d'esprit de Karl Valentin.*

Lorsqu'il a été nommé à Tübingen, il m'a dit que c'était tout de même une manière de se rapprocher de la Bavière. Mais le voyage en train pour Munich était assez long et fatigant.

Aussi prometteur qu'eût été le mouvement de renouveau de l'Église après le Concile, beaucoup se méprirent fondamentalement à son sujet. Ainsi, Joseph Ratzinger, l'un des coauteurs du document Lumen Gentium *(« Lumière des peuples »), a contribué à ce que l'Église soit définie non seulement comme le « Corps mystique du Christ », mais aussi comme le « peuple de Dieu ». Cela signifiait que l'Église devait se lier plus étroitement à Jésus, qui avait eu pour but, en nommant les apôtres, d'envoyer un « nouveau peuple » sur le chemin. À la notion de « peuple de Dieu » s'asso-*

ciaient des notions aussi stimulantes et suspectes que le renforcement du rôle des laïcs dans l'Église, la limitation de l'autonomie de la fonction d'évêque et la collégialité épiscopale face au primat du pape, la revalorisation des Églises orientales par rapport à Rome et l'ouverture du concept d'Église à l'œcoumène. Après le Concile, ce terme a certes été repris avec enthousiasme, mais d'une manière que ni Ratzinger, ni les pères conciliaires n'avaient prévue. C'est tout d'un coup devenu un « Nous sommes le peuple » ! Ainsi est née l'idée d'une « Église du bas » qui voulait polémiquer contre les porteurs de fonction et imposer ses conceptions par vote majoritaire démocratique. Alors que dans la théologie biblique le concept de peuple était encore celui d'une hiérarchie naturelle, d'une grande famille, il fut alors réinterprété dans le sens marxiste, où le mot « peuple » passe toujours pour l'antipode des classes dominantes. Mais le centre de la foi chrétienne ne peut être que la Révélation de Dieu, laquelle échappe à tout vote. L'Église, c'est la vocation donnée par Dieu. « La crise de l'Église », dit Joseph Ratzinger, « telle qu'elle se reflète dans la crise du concept de peuple de Dieu, c'est la "crise de Dieu", elle découle de l'abandon de l'essentiel. Il ne reste plus qu'une querelle pour le pouvoir. Il y en a suffisamment ailleurs dans le monde, nous n'avons pas besoin de ça dans l'Église. » On était venu à Rome pour porter la foi dans le temps présent, et la porter dans toute sa force. Lorsqu'ils parlaient de « réformes », beaucoup n'entendaient pas la rénovation de l'Église, mais sa dilution. Leur porte-parole était ce même Hans Küng qui venait de faire venir Joseph Ratzinger à Tübingen, sans doute parce qu'il voyait aussi en lui un réformiste.

Deux hommes qui ne pouvaient être plus différents se télescopèrent ainsi dans la ville universitaire souabe. Alors que Hans Küng arrivait au volant de son Alfa Romeo, Joseph Ratzinger se présentait à ses cours sur sa bicyclette rouillée. Tandis que le flamboyant Küng s'élevait bruyamment au rang de figure de proue des progressistes, Ratzinger commença par opposer une résistance muette. Mais ceux qui affirment qu'il est passé, à Tübingen, dans le camp des conservateurs, se méprennent totalement. Il est seulement resté fidèle à lui-même, il ne s'est pas laissé guider par l'air du temps.

Ce conflit s'est déroulé sur fond de révolte de 68. Le mouvement étudiant voulait secouer les toges universitaires pour en expurger « mille années de poussière ». On faisait porter à la génération des parents la coresponsabilité de la terreur nazie et du génocide des Juifs, on l'accusait d'auto-absolution et d'esprit petit-bourgeois. On rêvait d'amour libre et d'autonomie, de nouvelle musique et de nouvelles valeurs. Si le monde occidental se définissait à l'époque par sa démarcation avec le communisme, la génération des révolutionnaires flirtait pour sa part avec Marx. Le marxisme devint une nouvelle doctrine du salut qui écartait Dieu pour le remplacer par l'action politique de l'homme. Ce n'était pas le Christ qui apportait la rédemption : il fallait l'obtenir par le combat, au moyen de la révolution mondiale ! Dès lors, l'incompatibilité fondamentale du marxisme et du christianisme sautait aux yeux. On trouvait cependant et malgré tout des théologiens « progressistes » pour tenter ce grand écart ; ils ne se rendaient pas compte qu'ils avaient quitté depuis très longtemps la terre ferme de la foi.

À Tübingen non plus, Joseph Ratzinger n'a jamais eu de difficultés avec ses étudiants ; ses cours faisaient salle comble. Mais lorsque commencèrent à circuler dans les milieux théologiques des tracts où, sous le slogan « Maudit soit Jésus ! », on dénonçait la croix comme « expression d'une glorification sadomasochiste de la douleur », il lui fut impossible de continuer à se taire. Se replier dans la paix de l'amphithéâtre lui aurait fait l'effet d'une trahison. Il avait vu, sous le IIIe Reich, que les théories politiques de l'auto-rédemption mènent à la mort. Alors qu'au début, il avait encore manifesté de la compréhension pour « la rébellion contre un pragmatisme de la richesse », sa tolérance s'arrêta lorsque commencèrent la violence et la terreur psychique. Il écrit dans ses souvenirs : « J'appris au cours de ces années le moment où une discussion devait s'arrêter parce qu'elle tournait au mensonge, et où la résistance devait s'engager si l'on voulait préserver la liberté. » Il fonda avec des théologiens évangéliques un groupe d'action destiné à empêcher le sabotage de la faculté par les marxistes.

Mais il avait aussi quelque chose à leur opposer. Dans une série de conférences qui parurent plus tard en allemand sous le titre Introduction au christianisme[1] *et devinrent un best-seller dans dix-sept pays, il célébrait la « beauté de la foi ». La clarté exceptionnelle, l'élégance stylistique de ces textes lui valurent bientôt la réputation d'être un « Mozart de la théologie ». À leur lecture, Karol Wojtyla, archevêque de Cracovie, estima avoir*

1. Publié en France sous le titre *La foi chrétienne, hier et aujourd'hui. (N.d.T.)*

trouvé un frère par l'esprit. Paul VI le lut lui aussi lorsque l'œuvre parut en italien, et il fut enthousiasmé. C'est à la demande personnelle du pape que Joseph Ratzinger fut nommé, en 1969, à la commission pontificale des théologiens.

Tübingen n'a absolument pas marqué un tournant dans la pensée de mon frère. Il s'est au contraire agi d'une période au cours de laquelle certains éléments de sa recherche théologique se sont clarifiés et ont été systématisés. Il y a dans une certaine mesure parachevé ce qu'il avait fait et enseigné auparavant.

Ce qui a radicalement changé, en revanche, c'est le cadre de son action. 1968 a été comme un accès de fièvre qui s'est abattu en mugissant sur l'Allemagne et sur le monde. Ce milieu de 1968 était surtout guidé par la politique et influencé par elle ; il voulait tout politiser, y compris la théologie. Curieusement, beaucoup de théologiens s'y sont laissés prendre, les luthériens plus encore que nous. Ils ne se sont souvent pas rendu compte de la vague qui les avait emportés. Ils croyaient simplement avoir compris quelque chose et ne voyaient pas qu'ils avaient été victimes d'une confusion momentanée, qui se dissipa tout de suite après. Je l'ai même constaté chez les *Domspatzen*, parmi les voix d'hommes. Cette année-là, tout d'un coup, les aînés étaient devenus plus difficiles ; un an plus tard, ils étaient redevenus tout à fait gentils et beaucoup plus simples. En 68, c'est une vague intellectuelle irrationnelle qui s'est abattue sur nous.

Mon frère en a certainement souffert d'une manière ou d'une autre. C'est à l'époque qu'a paru son *Introduction au christia-*

nisme, et il l'a donnée en lecture à ses étudiants. Cela en a ramené beaucoup sur le bon chemin. Quand ils l'ont vraiment lu, quand ils l'ont vraiment intégré à leur réflexion, ce livre les a libérés de leurs rêveries irréalistes et les a ramenés à la réalité et à la justesse de la foi. Mais en vérité, il se sentait très bien à Tübingen. Il y avait une belle maison et un chat qui venait lui rendre visite tout le temps. Il appartenait à une dame, une noble du voisinage. Lorsqu'elle était à proximité, le chat faisait comme s'il ne connaissait pas mon frère. Mais il venait se faire nourrir chez lui tous les jours. Il l'accompagnait même à ses cours et à la sainte messe. C'était un chat noir, un matou très intelligent. Un jour, un homme a abordé mon frère dans la rue, il lui a demandé comment il était arrivé à dresser si bien ce chat pour qu'il l'accompagne. Lui aussi, lui expliqua-t-il, avait un petit chat qu'il aimait beaucoup, mais qui ne voulait jamais le suivre.

Tübingen avait donc ses bons côtés. Mais il s'est trouvé que Ratisbonne a été dotée d'une université et que Joseph a dû revenir en Bavière. Dans un premier temps, il a fait partie de la commission d'affectation, lorsque la faculté de théologie a été mise en place. Il a recommandé le Pr Auer, de Bonn, pour la chaire de dogmatique. C'est seulement lorsqu'une deuxième chaire de dogmatique a été créée qu'il a été disposé à venir lui aussi à Ratisbonne. J'étais heureux que notre famille soit de nouveau réunie !

Du point de vue de sa carrière, ce fut le contraire d'une promotion — Tübingen avait la chaire de théologie la plus renommée de la République, Ratisbonne était considérée comme une sombre province, ses collègues lui réservaient des commentaires railleurs. Mais cela laissa Joseph Ratzinger indifférent. Il voulait enfin pouvoir reprendre dans le calme ses recherches théologiques, il en avait assez des confrontations exténuantes avec ses collègues « progressistes ».

Il a déménagé en novembre 1969. Un camion a transporté la majeure partie de ses affaires, tandis que son assistant, originaire de Bierbronnen, en Forêt Noire, l'emmenait à Ratisbonne, avec notre sœur. Nous prîmes bien entendu aussi quelques bagages dans la voiture, mais c'était une antiquité qui ne pouvait plus supporter de lourdes charges. Lorsque le véhicule atteignit enfin les faubourgs de Ratisbonne en cahotant, un policier nous arrêta. Il demanda le permis de conduire du chauffeur et les papiers du véhicule, mais réprima un sourire amusé lorsqu'il lut d'où venait celui-ci : « Vous venez de Bierbronnen ? Dans ce cas, vous pouvez y aller », annonça-t-il simplement. Il avait été très impressionné que l'on puisse venir d'une ville dont le nom signifiait à peu près « Les fontaines de bière » !

Dès le début, mon frère s'est senti chez lui à Ratisbonne. L'ambiance à la faculté était assez familiale, il s'est tout de suite bien entendu avec ses collègues, il avait pris une location. Par la suite, un chanoine l'a aidé à trouver un terrain constructible à Pentling, près du campus de l'université, où vivaient déjà quelques professeurs. Il comptait y édifier une maison qui devait devenir le nouveau centre de notre famille. Il s'en réjouissait beaucoup. Le matin, lorsqu'il allait célébrer l'office à l'église, son chemin le menait devant ce terrain. Au retour, il s'imaginait à chaque fois que l'hiver suivant sa maison se dresserait, bien chauffée, sur cet emplacement où la seule couverture, pour l'heure, était celle laissée par la neige. Et c'est exactement ce qui s'est passé. Il avait un très bon architecte, Hans Scheininger, qui construisait le plus souvent à Mallersdorf et nous a donné beaucoup d'idées. Mon frère n'a donc pas eu à s'occuper de grand-chose pendant qu'on construisait une maison taillée sur mesure pour son goût et ses besoins. Mais une fois qu'elle a été bâtie, mon frère a continué à venir chez moi le dimanche pour déjeuner avec les *Domspatzen.* C'est après, seulement, que je me rendais à Pentling, où nous prenions le café et passions une soirée agréable avec notre sœur. Nous pouvions y discuter et nous détendre. Le soir, lorsque nous prenions congé, nous nous réjouissions déjà à l'idée de nous retrouver le dimanche suivant. La maison fut donc aussi pour moi un refuge, un lieu où je savais être toujours le bienvenu. Nos semaines ne nous laissaient bien entendu pas un instant de libre, le chœur m'accaparait et Joseph partait souvent donner des conférences pendant que Maria s'occupait de la maison, mais il gardait le plus souvent ses week-ends pour la vie familiale. Il s'efforçait aussi d'entretenir un contact étroit avec les *Domspatzen.* À Noël, par exemple, nous avions des vêpres l'après-midi, puis les enfants faisaient la sieste, nous dînions et nous recevions les cadeaux ensemble ; il venait à chaque fois. Devant le réfectoire se trouvait une petite salle des fêtes, c'est là que nous nous rassemblions pour célébrer Noël. On commençait par chanter, puis on lisait l'Évangile, je tenais une petite allocution, on entonnait encore quelques chants de Noël et les petits choristes pouvaient revenir au réfectoire où on leur donnait leurs cadeaux, dont certains coûtaient tout de même une petite somme — tous étaient accueillis par des exclamations. Ensuite, comme autrefois, chez nous, dans la famille, on servait un punch aux garçons. L'ambiance était toujours merveilleuse, avant que nous ne partions pour la cathédrale et la messe de minuit.

Lorsque les sœurs durent abandonner la cuisine parce qu'elles n'étaient plus assez nombreuses, nous avons embauché un cuisinier. Mais celui-ci ne savait pas que le punch de nos petits choristes ne contenait que quelques gouttelettes d'alcool, et leur en servit un normal. Ce jour-là, les enfants étaient dans un drôle d'état, incapables de chanter correctement, nous n'en avons tiré que des cris. La fois suivante, le cuisinier avait été informé…

Nous avons vraiment cru, à cette époque, que Ratisbonne serait la dernière étape sur le parcours de mon frère. Un jour, nous nous sommes même dit que la tombe de nos parents était bien seule à Traunstein et que nous allions la faire transférer à Ratisbonne ! En 1974, nous avons fait déplacer le tombeau et leur dépouille au cimetière de Ziegetsdorf. Mais une fois de plus, rien ne s'est passé comme prévu.

VIII

CARDINAL (1977-2005)

Au début 1977 prit fin l'apparente tranquillité de la vie du Pr Joseph Ratzinger. Il ne se doutait de rien le jour où le comte Guido Del Mestri, nonce pontifical, vint lui rendre visite sous un prétexte quelconque. Mais après avoir bavardé de questions anodines, l'Italien tira une lettre de sa soutane et la tendit à Ratzinger en l'invitant à la lire à tête reposée. Lorsqu'il ouvrit l'enveloppe, celui-ci fut comme frappé par la foudre : c'était sa nomination au poste d'archevêque de Munich et Freising. Cela ne lui convenait absolument pas. Il croulait sous le travail et ne se jugeait de toute façon pas en mesure de relever ce défi. Il lui fut au moins permis de consulter un homme en qui il avait confiance, le Pr Johann Auer, avant de répondre. Qui connaissait les forces et les faiblesses de son collègue, et c'était un homme réaliste. Ratzinger fut d'autant plus surpris de sa réponse : « Joseph, il faut que tu acceptes ». Ce qu'il finit par faire, le cœur lourd, après un temps d'hésitation.

J'ai été autant surpris que lui par cette nouvelle. J'étais en tournée à l'époque et j'ai suivi tout cela par téléphone. Je sais

Le Pr Joseph Ratzinger (à dr.)
avec l'archevêque de Cologne, le cardinal Joseph Frings.

seulement comment sa nomination aux fonctions d'archevêque de Munich et de Freising a été rendue publique. C'était le 25 mars 1977, le jour de l'Annonciation, nous avions justement un concert à Munich, à l'église Sankt Anton. À midi, toutes les cloches de la ville se sont mises à sonner. C'était très émouvant, je dois le dire.

Avant de partir pour Munich, mon frère a tenu sa messe d'adieux à Ratisbonne, dans l'église paroissiale de Ziegetsdorf. Un chœur de jeunes enfants issus des *Domspatzen* de Ratisbonne est venu l'accompagner. Ce furent des adieux bouleversants.

Mais au moins, cette fois, il ne serait pas trop loin. Il n'y a qu'une bonne heure et demie de route entre Ratisbonne et Munich.

La veille de la Pentecôte, le 28 mai 1977, Joseph Ratzinger a été ordonné au Liebfrauendom, la cathédrale de Munich, archevêque de Munich et de Freising. Comme plus tard, lorsqu'il devint pape, il crut aussi cette fois-ci que la liesse avec laquelle il fut salué n'avait rien à voir avec sa personne : « C'est l'évêque que l'on acclame, celui qui porte le mystère du Christ, même si la plupart n'en ont peut-être pas conscience. Mais la joie qui s'exprima au cours de cette journée n'avait rien à voir avec l'approbation d'un individu : lui devait d'abord faire ses preuves. C'était la joie qu'inspirait le fait que cette fonction, ce service, se ranimaient à travers un homme qui n'agit pas et ne vit pas pour soi-même, mais pour Lui et donc pour tous. »

Et puis il a prononcé des mots que l'on pourrait tout à fait, trois décennies plus tard, présenter comme son programme pontifical : « L'évêque n'agit pas en son propre nom, il administre au nom d'un autre, Jésus Christ et son Église. Ce n'est pas un manager, un patron autoproclamé, mais le fondé de pouvoir de celui pour lequel il s'engage. Il ne peut donc pas non plus changer d'opinion à son gré et prendre parti tantôt pour tel point de vue, tantôt pour tel autre, selon que cela lui paraît ou non favorable. Il n'est pas là pour diffuser ses idées personnelles : c'est un émissaire qui doit transmettre son message, et celui-ci est plus grand que sa personne. C'est à l'aune de cette fidélité qu'on le mesure : elle est sa mission. »

Pour orner son blason, il choisit comme devise les mots « Collaborateur de la vérité ». La vérité qu'il avait cherchée toute sa vie et finalement trouvée dans le Christ. Le blason était composé de quatre champs. Le premier et le quatrième figuraient le Maure de Freising, ancien symbole de la ville épiscopale, à ses yeux l'« expression de l'universalité de l'Église ». Le deuxième champ est occupé par le coquillage, signe du pèlerinage, mais associé à une histoire qu'a racontée saint Augustin. Un jour où il réfléchissait au mystère de la Trinité, celui-ci vit sur la plage un enfant jouer avec un coquillage ; il tentait de s'en servir pour verser l'eau de la mer dans une petite cuvette. Il prit alors conscience d'une réalité : tout aussi peu que cette petite cuvette peut accueillir l'eau de la mer, ton entendement ne peut comprendre le mystère de Dieu. Le coquillage devint ainsi pour lui le symbole de la dimension du mystère, qui va plus loin que la science. Dans le troisième champ, il intégra l'ours de saint Corbinien, l'animal qui figure sur le blason de l'évêque fondateur de Freising. La légende veut qu'alors qu'il se rendait à Rome, un ours déchiqueta le cheval du saint. Corbinien réprimanda sévèrement le plantigrade et, en guise de punition, lui attacha son ballot sur le dos — l'ours dut le porter jusqu'à Rome.

Joseph Ratzinger ne fut pas un évêque accommodant. Il savait qu'Augustin exécrait les pâtres qui « se comportent comme des chiens muets et laissent le poison se répandre pour éviter les conflits ». Le calme n'est pas le premier devoir de l'évêque. L'Église, croyait-il, ne devait pas s'allier à l'esprit du temps. Il dénonça ainsi la « pollution mentale » de notre époque, « cet engraissement du cœur qu'engendrent la possession et la jouissance », « l'avidité capitaliste du profit », mais aussi le « déchaînement de la violence, la barbarisation de l'être humain ». Tandis que les politiciens conservateurs faisaient tout pour l'éviter, il lança un appel pour que l'on accueille des réfugiés du Viêtnam : ne pas le faire, affirma-t-il, serait « une effroyable infamie » pour un pays riche. La mission la plus urgente que le chrétien ait à remplir, prêcha-t-il, était de « reconquérir la capacité d'être non-conformiste, c'est-à-dire celle de s'opposer à certaines évolutions culturelles ». Un chrétien ne doit pas être un homme adapté et peureux. Il doit être courageux, ne pas se montrer accommodant, et même être prêt à choquer lorsque c'est nécessaire.

Le futur Benoît XVI n'a jamais plaidé pour un catholicisme neutre et tiède, il défend des valeurs. L'une des missions importantes des catholiques allemands était à l'époque la réconciliation avec la Pologne. Il y eut entre évêques allemands et polonais des rencontres au cours desquelles Karol Wojtyla, nommé cardinal entre-temps, rencontra Ratzinger, qui allait exercer les mêmes fonctions que lui. « La simplicité humaine, directe, ouverte, la cordialité » de l'homme de Cracovie impressionna l'Allemand : « On sentait qu'il s'agissait d'un homme de Dieu. »

Trois mois déjà après l'avoir introduit dans ses fonctions épiscopales, le pape Paul VI nomma cardinal l'archevêque Ratzinger, qui venait tout juste d'avoir 50 ans. En tant que tel, Ratzinger participa, à seulement quelques semaines d'intervalle, à l'élection de deux successeurs au trône de saint Pierre — d'abord Jean-Paul Ier puis, après sa mort soudaine à la suite d'une défaillance cardiaque, tout juste trente-trois jours après, Jean-Paul II. Deux ans seulement après son élection comme deux cent soixante-quatrième successeur de Pierre, le pape polonais décida de faire une visite en Allemagne. L'une des étapes de ce voyage était Munich ; son hôte y fut le cardinal Joseph Ratzinger.

J'ai rencontré à l'époque pour la première fois ce grand Polonais dont mon frère m'avait tant parlé — et j'ai été profondément impressionné. Il rayonnait de tant de choses, il était d'une dignité impressionnante mais différente de celle du cardinal Faulhaber, qui paraissait toujours un peu distant. Chez Jean-Paul II, cette dignité appelait en même temps une grande proximité, pleine de bonté et d'amabilité. C'était un mélange admirable qui le rendait immédiatement sympathique.

Nous avons aussi pu chanter au cours de cette visite du pape à Munich. Le Saint-Père participa à une rencontre avec des artistes au cours de laquelle chantèrent le chœur du *Bayerischer Rundfunk* et nous, les *Domspatzen* de Ratisbonne. Ce fut un grand événement pour les jeunes choristes. J'en ai gardé toute une série de photos. Cette première visite d'un pape en Allemagne depuis des siècles était une situation entièrement nouvelle pour nous et pour tous ceux qui étaient proches de l'Église. Autrefois, le pape était une institution qui paraissait très éloignée, bien au-dessus de nous, à des lieues de notre vie quotidienne. L'avoir à proximité, le rencontrer dans la vie de tous les jours, dans notre pays natal, fut un événement extraordinaire : on se retrouvait tout à coup face au pape, à Munich !

Manifestement le pape Wojtyla s'entendit si bien avec son hôte munichois qu'il le fit venir à Rome un an plus tard. Il devait devenir le nouveau préfet de la Congrégation pour la doctrine de la foi, cette institution du Vatican à la réforme de laquelle il avait tant contribué, dans un esprit critique, lors du concile Vatican II. Une fois de plus, Ratzinger hésita, chercha toutes sortes d'échappatoires. Il commença par dire qu'il ne pouvait pas abandonner son diocèse comme cela. Puis il jugea déplacé qu'un théologien ait à juger les travaux d'autres théologiens — on n'aurait pas de mal, argumenta-t-il, à lui reprocher sa partialité. Comment concilier ce poste hautement officiel au côté du pape avec son activité d'écrivain ? Que se passerait-il s'il dirigeait à présent cette autorité du Vatican qui venait tout juste de prononcer une interdiction d'enseigner contre son ex-collègue Hans Küng ? Et ce Bavarois tellement attaché à sa terre natale s'accommoderait-il de la vie à Rome ?

Jean-Paul II ne baissa pas les bras. Et le cardinal Ratzinger finit par céder, juste après l'attentat auquel le pape avait survécu. Avec sa sœur Maria, qui continuait à tenir son foyer, il rejoignit en 1982 les rives du Tibre tandis que Georg Ratzinger restait à Ratisbonne.

Disons-le, je savais bien que mon conseil ne présentait pas d'intérêt en la matière. Je dois le dire sincèrement, j'ai beaucoup regretté que mon frère soit de nouveau contraint de partir aussi loin. J'ai même demandé au cardinal Höffner s'il ne pouvait pas le freiner. Mais celui-ci l'admirait de partir pour Rome. Pour moi, ça a d'abord été une mauvaise nouvelle. J'étais triste, tout simplement, car nous n'allions plus pouvoir maintenir la grande proximité qui existait jusqu'alors entre nous. Nous avons, bien entendu, continué à passer nos vacances ensemble. À la Toussaint, dans un premier temps, c'est notre sœur qui est venue visiter la tombe de nos parents. Et c'est seulement après la mort de Maria *(en 1991)* qu'il est revenu en personne. À Noël, ou plus précisément après les fêtes, il venait toujours passer quelques jours à Ratisbonne. Il revenait ensuite pour l'Ascension, et pour finir au cours de l'été. Pour ma part, je passais aussi souvent que possible mes vacances chez lui, à Rome. La proximité fraternelle n'a donc pas été mise entre parenthèses, nous avons toujours eu des possibilités de passer du temps ensemble. Je me suis ainsi peu à peu habitué à la nouvelle situation, et j'y ai aussi trouvé des côtés positifs.

Mais je crois qu'en réalité il ne voulait pas vraiment aller à Rome. Il souhaitait que le pape le laisse rester à Munich, et il n'a cessé de chercher de bons arguments pour tenter de l'en convaincre. Jean-Paul II s'est contenté de dire que Munich était important, mais que Rome l'était encore plus, et l'affaire fut réglée.

Mon frère y a effectivement été chargé d'une grande mission, nouvelle et très importante. L'avant-dernière personne à avoir occupé ce poste, le cardinal Ottaviani *(1890-1979),* n'avait pas très bonne réputation. Le Saint-Office, comme il s'appelait encore au temps d'Ottaviani, avait donné l'impression de diriger l'opinion d'une manière un peu étroite. J'ai compris ultérieurement que l'on se trompait, que c'était une manière de voir les choses et qu'elle ne correspondait pas à la réalité. Il se trouve toujours des gens pour mettre en question l'ordre qui existe, le perturber, ne pas le comprendre ou refuser volontairement de le voir. J'ai pris peu à peu conscience du fait que dans ce cas, il faut toujours rétablir l'ordre, dans le sens de la clarté et de la vérité. La devise que mon frère avait déjà choisie en devenant archevêque de Munich, *Cooperatores veritatis*, avait dans cette mesure valeur de programme et visait directement ce point ainsi que la mission qu'il devait remplir à Rome.

Jean-Paul II, qui avait lu dans le texte tous les livres de Ratzinger et connaissait bien mieux l'évêque allemand que celui-ci ne le connaissait, prouva par son choix qu'il avait d'excellentes qualités de direction. Ratzinger le complétait à la perfection, il incarnait tout ce qu'il n'était pas. Car on aurait difficilement imaginé deux êtres plus différents que ce Polonais sportif et ce frêle Allemand. « Jean-Paul II », ce pape charismatique, était un homme près du peuple, qui voulait prendre le monde entier dans ses bras — Ratzinger en revanche avait toujours été un homme paisible et introverti, un esprit timide et qui fuyait la vie publique. Le premier était un mystique et un poète, l'autre un théologien et un analyste. Le grand cœur de l'Église et son entendement acéré : les faiblesses de l'un étaient les forces de l'autre.

Ratzinger se consacra à sa nouvelle mission avec la méticulosité qui caractérise les Allemands. Il commença par rajeunir et internationaliser sa congrégation, embaucha des spécialistes du droit canon, des théologiens en provenance des cinq continents et fraîchement émoulus des universités. Au bout du compte, son équipe comprenait trente-neuf collaborateurs permanents. Les rapports de travail y étaient collégiaux. Il savait écouter chacun, et l'on y posait souvent des questions importantes en comité restreint pendant la pause-café — les échanges pouvaient alors être tout à fait énergiques. L'un de ses proches collaborateurs raconte : « Cela ne le dérangeait jamais que quelqu'un remette son opinion en cause. Il était tout, sauf obstiné, il était toujours disposé à reconnaître une erreur. Il écoutait son interlocuteur longuement, attentivement, formulait ensuite sa réponse avec soin, dans une forme parfaite. Lorsqu'il écrivait, c'était toujours tout de suite au propre, sans avoir quoi que ce soit à corriger, tant il était concentré sur son propos. D'une certaine manière, c'est un génie. »

Les Romains l'aimaient déjà à cette époque parce qu'il ne faisait jamais l'important. Ils savaient qu'il se levait le matin à 6 heures et allait se coucher le soir à 22 heures. Ils le voyaient aller au travail à pied chaque matin, traverser la place Saint-Pierre, sa serviette en cuir déjà élimée sous le bras. Lorsque les touristes qui le prenaient pour un simple prêtre lui posaient une question, il répondait aimablement. Il parlait dix langues, il pouvait s'exprimer devant n'importe qui, et son français est si bon qu'on croit parfois que c'est sa langue maternelle.

« Mon Père, savez-vous où habite le pape ? — Oui, là-haut. Les trois dernières fenêtres de l'étage supérieur. — Merci, mon père. Nous aimerions y être. Vous aussi, sans doute ? » Le cardinal eut un petit sourire malin, mais ne dit rien. Il voyait le pape au moins une fois par semaine. L'après-midi, il se promenait dans le vieux quartier situé en face de la place Saint-Pierre, le « Borgo Pio », où il connaissait tout le monde. Il s'arrêtait souvent pour saluer les commerçants. Un Bavarois à Rome. Son restaurant préféré resta la « Cantina Tirolese », où l'on pouvait prendre à petits prix des plats consistants, par exemple des knödel[1] *au pain ou du goulasch aux saucisses. Il ne prenait presque jamais d'alcool. Les Italiens le voyaient, avec un léger frisson, commander un verre de jus d'orange même pour accompagner du poisson. Sa fierté, c'étaient ses pots de fleurs sur la terrasse de son logement, sobrement aménagé.*

*Sa passion était son piano, sur lequel il jouait du Mozart pour se détendre. Mais son cœur était aux chats du quartier. C'est ainsi qu'*il Tedesco, *« l'Allemand », devint peu à peu un Romain parmi les Romains. Et on lui pardonna, magnanime, son peu de goût pour le vin !*

Il n'a pas beaucoup changé à Rome, il a toujours été très constant, il est resté fidèle à lui-même. Je ne sais pas comment

1. Sortes de grosses boulettes assez lourdes typiques du sud de l'Allemagne et de l'Europe centrale, confectionnées, en l'occurrence, avec du pain de mie. (*N.d.T.*)

il s'est fait à son travail, je me suis toujours volontairement abstenu d'intervenir dans ses missions professionnelles. Mais pour le reste, ça n'a pas été un si grand bouleversement, loin de là. Il a poursuivi son chemin, de manière systématique, même si c'était désormais avec un autre objectif et un autre style. Il y est arrivé d'une manière assez harmonieuse. Il avait de très bonnes relations avec le pape, qui le recevait en audience tous les mercredis. Au Vatican, les choses sont réglées avec précision : le lundi, c'est le cardinal secrétaire d'État qui vient voir le pape, le mardi l'adjoint au secrétariat d'État, etc. Chaque jour de la semaine, un autre haut fonctionnaire de la curie vient faire son rapport en audience ; le vendredi, c'était le tour du préfet de la Congrégation pour la doctrine de la foi. Je l'ai accompagné sur ce chemin, souvent jusqu'à l'entrée du Vatican, à la Porta Sant'Anna. Mais il ne parlait jamais beaucoup de ces rencontres. Il avait une très haute estime pour Jean-Paul II, aussi bien pour sa bonté et son humanité — on pourrait même parler de son esprit paternel — que pour son érudition.

Quant aux chats du quartier, il n'est que partiellement vrai qu'il les nourrissait. Les chats romains sont tous très farouches. Ce qui est authentique en revanche, et certains en ont été témoins, c'est ce qui suit : chaque jeudi, il célébrait la messe du matin au Campo Santo, l'église du cimetière allemand dans l'enceinte du Vatican ; il y avait un chat qui l'attendait au cimetière. Celui-là ne venait que le jeudi. Des théologiens allemands logés dans le bâtiment voisin ont observé la scène. Chaque jeudi, à l'heure où Joseph arrivait, le chat venait attendre ses caresses à l'entrée du Campo Santo ! Je dois avouer que dans la famille, nous aimons tous beaucoup les chats. Un brave « minet », c'est vraiment gentil ! Mais je vous l'ai dit, les chats romains sont en général très timides.

On prête aussi à mon frère une relation privilégiée avec Chico, le chat de notre voisin, M. Hofbauer, mais ça n'est pas vrai du tout. Chico peut en effet se montrer assez méchant. Au début, il était très gentil, mais aujourd'hui il a déjà un certain âge et peut devenir hargneux ; dans ces cas-là, il griffe et il mord. Une fois, mon frère était dans sa maison à Pentling et Chico s'est faufilé chez lui. Lorsque mon frère a voulu sortir, il n'a pas osé porter le chat à l'extérieur ; il a appelé M. Hofbauer, qui a dû aller chercher son Chico. Car lui-même lui donnerait peut-être une caresse, mais n'irait pas le prendre dans ses bras. Chico est un animal difficile, avec deux âmes dans sa poitrine[1].

La mission du cardinal Ratzinger à Rome était de définir, de diffuser et de propager la doctrine de l'Église catholique. Il n'avait pas d'initiatives à prendre dans ce domaine. Ce à quoi croit l'Église est établi — aussi bien dans les Saintes Écritures que par une tradition d'enseignement qui remonte à près de deux mille ans. Pour donner aux croyants du monde entier un

1. Allusions à Goethe, *Faust* : « Deux âmes, hélas, logent dans ma poitrine. » *(N.d.T.)*

résumé fiable de cette doctrine, Jean-Paul II le chargea, en 1986, de rédiger un catéchisme faisant autorité. Au bout de cinq années de travail, l'ouvrage put être présenté en 1991. « Bien entendu, c'est un livre humain, on peut toujours l'améliorer », jugea Ratzinger, « mais c'est un bon livre ». Il devint un best-seller dans le monde entier ; pour les seuls États-Unis, il s'en vendit plus de deux millions d'exemplaires. D'autres textes ont aussi été publiés à la demande du pape, par exemple un commentaire sur le « Troisième secret de Fatima », qui ne fut publié qu'en l'an 2000, ou la déclaration « Dominus Jesus ». L'équipe de Ratzinger avait pour mission de veiller à ce que partout où l'on voyait le mot « catholique » sur un texte, son contenu soit conforme à ce qualificatif. Si un représentant officiel de l'Église catholique écrivait quelque chose qui ne soit pas en accord avec sa doctrine clairement définie, on devait attirer son attention sur ce point. Si un professeur rémunéré par l'Église et chargé de former la relève des prêtres enseignait sa propre version du christianisme, il ne respectait pas son contrat de travail. Mais ce qui est une évidence dans n'importe quelle entreprise de ce monde — chaque collaborateur doit s'en tenir à la philosophie de la société, et ceux qui crachent dans la soupe sont mis à la porte — a déclenché des tempêtes d'indignation lorsque l'Église a adopté un comportement similaire. C'est toujours Ratzinger que l'on conspuait alors, lui que la presse qualifia alternativement de « chien de garde de Dieu », de « cardinal-panzer » et de « grand inquisiteur ». « Il y a aussi de gentils chiens de garde », commenta-t-il un jour avec un humour chaleureux.

En réalité, il n'a jamais été du genre à opprimer les autres. « Il parlait toujours d'une voix basse et douce. Il ne haussait jamais le ton, il ne paraissait jamais agacé ou en colère », m'a raconté l'un de ses plus proches collaborateurs. « C'est un homme sans préjugés, disposé, par principe, à parler à tout le monde. Il respecte chacun, il n'attaquait jamais une personne en tant que telle, mais uniquement une idée qui lui semblait fausse. Il évitait les querelles et préférait inviter un adversaire à partager son repas pour lui expliquer en toute tranquillité et dans tous les détails en quoi son opinion lui paraissait erronée. Cela se faisait dans le calme, d'une manière amicale et modeste, sans que quiconque doive se sentir blessé ou agressé. »

On avait malgré tout, et spécialement en Allemagne, jusque dans les milieux religieux, une certaine image caricaturale de Ratzinger. Quand on n'osait pas s'en prendre à Jean-Paul II, ce pape aimé et charismatique, on présentait Joseph Ratzinger comme son « ombre ». « Le pape aimerait bien », disait-on alors, « mais Ratzinger ne le laisse pas faire ». Une absurdité complète, les initiés l'ont toujours su. « Jean-Paul II avait la tête dure d'un Polonais, il ne se serait pas laissé dicter ses actes par qui que ce soit », m'a expliqué son collaborateur, « et Ratzinger aurait encore moins osé ordonner quoi que ce soit au pape. Il le respectait beaucoup trop pour cela, et était loin de se juger lui-même assez important pour le faire. » Ratzinger n'a jamais été un homme de politique ou d'intrigue. Il a toujours évité de se construire un pouvoir individuel, il n'a jamais eu de réseaux personnels, il refusait par principe ces petits pactes secrets ourdis par divers groupes qui se concevaient comme une nouvelle élite. Le pouvoir, la carrière, les jeux d'influence ne l'ont jamais intéressé. Son monde, c'étaient les livres, son objectif, l'exploration de la vérité, le contenu de sa vie, la foi. Il suffit de l'avoir vu une fois en tenue de messe, parmi les autres cardinaux, pour remarquer l'innocence de ses traits presque enfantins, le côté naïf et pieux de ses mains jointes pour la prière. « C'est un homme de prière, l'un des rares dont on puisse dire qu'il "craint Dieu[1]" ; il célèbre la messe avec une ferveur réelle — un vrai prêtre », m'a confié le collaborateur déjà cité.

Il souffrait bien entendu de ces attaques, elles ne lui étaient pas indifférentes, et cela le faisait réagir. Mais je ne lui en ai jamais parlé. Je voulais précisément refouler ce genre de problèmes, et préserver nos relations naturelles, sans entraves, celles que nous avions toujours eues, lui permettre de prendre un certain recul sur tout cela. Avec moi, au moins, il devait apprécier la vie normale qu'il avait connue et aimée. Ça a particulièrement été vrai après la mort de notre sœur.

Les premières années, je l'ai dit, il l'envoyait à Ratisbonne fleurir la tombe de nos parents pour la Toussaint. En 1991 aussi elle s'y est rendue avant de revenir à Pentling, où elle habitait dans la maison de mon frère. Le lendemain de son

1. *Gottesfürchtig*, un terme que l'on traduit généralement par « pieux », mais dont l'étymologie remonte au verbe *fürchten*, craindre, redouter. L'adjectif exprime surtout une piété profonde et ardente. (*N.d.T.)*

arrivée, les voisins m'ont téléphoné pour me dire que ma sœur était malade. Je m'y suis rendu aussitôt et j'ai appelé le médecin qui a diagnostiqué un infarctus du myocarde. Nous avons appelé une ambulance qui l'a conduite à l'hôpital des Frères de la Miséricorde. On m'y a d'abord dit que la crise cardiaque n'avait pas été très sévère et qu'elle s'en sortirait bientôt. Mais le 2 novembre 1991, on ne m'a pas laissé entrer dans sa chambre, on m'a dit que je devais d'abord aller voir la doctoresse. Celle-ci m'a informé que ma sœur était dans le coma après une hémorragie cérébrale massive. Elle en est morte le jour même. Mon frère, bien entendu, est venu immédiatement à Ratisbonne. Le requiem pontifical a eu lieu le 8 novembre 1991 à la cathédrale de Ratisbonne ; ensuite, elle a été enterrée dans la tombe de nos parents au cimetière de Ziegetsdorf.

On lit dans le faire-part de décès : « Pendant trente-quatre ans, elle a accompagné son frère Joseph sur toutes les étapes de son chemin, avec un dévouement inlassable, avec une grande bonté et une grande humilité. »

À l'époque, mon frère lui-même était malade. Il souffrait de migraines constantes et passait justement quelques jours chez les sœurs, à proximité de l'aéroport. Maria n'avait donc pris qu'un vol aller pour Ratisbonne, gardant le retour sans date, parce qu'elle craignait qu'il ne lui arrive quelque chose et qu'il ait besoin d'elle pour le soigner. Au bout du compte, c'est elle qui est morte, pas lui. J'ignore si ce coup du sort nous a encore soudés, nous, les deux frères, s'il a encore approfondi notre entente. En tout cas, nous savions que désormais nous n'avions plus que nous deux ; notre famille avait de nouveau perdu l'un de ses membres.

Nous avons ensuite passé avec d'autant plus d'intensité les vacances que nous prenions en commun. Il y avait certains lieux que nous revenions toujours visiter de bon cœur. Brixen, par exemple, dans le Tyrol du Sud, où nous nous rendions toujours volontiers, ou Hofgastein, dont il avait connu le prêtre autrefois, à l'occasion d'une conférence. Nous visitions aussi volontiers le Petrinum de Linz, qui accueillait à la fois un petit séminaire et un lycée. Mon frère emportait toujours une quantité de travail, du courrier et toutes sortes de choses.

Le plus souvent, il nous restait tout de même suffisamment de temps pour faire de longues promenades et des excursions. Nous étions assez souvent invités, par exemple lorsque nous nous trouvions dans des villes comme Brixen ou Linz, à visiter telle ou telle localité. On nous envoyait une voiture, nous aimions toujours nous promener dans ces régions. En outre, nous célébrions toujours l'office ensemble, avant de partager un petit déjeuner. Le matin, Joseph travaillait, puis nous déjeunions et nous allions nous promener l'après-midi lorsqu'il n'était pas forcé de reprendre le travail. Mais le plus souvent, l'emploi du temps était souple et les journées agréables.

Mon frère venait en outre, bien sûr, régulièrement à Ratisbonne, en général trois ou quatre fois par an. Nous mangions chez lui dans sa maison de Pentling. Fort heureusement, les chères sœurs nous laissaient toujours quelque chose au réfrigérateur, car nous ne sommes ni l'un ni l'autre de grands cuisiniers. Ensuite, il lavait la vaisselle, et je l'essuyais. Après, nous faisions souvent une petite promenade en discutant de Dieu et du monde, de l'actualité et du quotidien.

Il tenait beaucoup à cette maison ; quand il a de nouveau été à Rome, je me rendais souvent à Pentling le dimanche, pour voir si tout était en ordre. Le plus souvent, je l'appelais de là-bas pour l'informer que « la maison tenait encore debout » et qu'il n'avait pas de soucis à se faire.

En 1994, après trente années auprès des *Domspatzen*, j'ai fait mes adieux. Mon frère est spécialement venu à Ratisbonne pour l'occasion, il a célébré la grand-messe dans la cathédrale et tenu un beau sermon. C'était un événement solennel, il ne restait plus une seule place de la cathédrale. À la fin, le chœur, dirigé par un chanteur, a entonné le *Denn er hat seinen Engeln befohlen* de Mendelssohn, qu'on n'interprète d'ordinaire que pour des événements tout à fait particuliers. Il a été très applaudi. Ensuite, on a donné une fête au Kolpinghaus ; c'est mon frère qui a tenu le discours. Il régnait déjà une atmosphère d'adieux un peu mélancoliques, mais j'y étais préparé. Je venais d'avoir 70 ans, et il est courant qu'un prêtre prenne sa retraite à cet âge-là. J'ai respecté la règle. Lorsque les petits choristes sont partis en vacances, peu après, je me suis occupé du déménagement, avec Mme Heindl, que je venais juste d'engager et qui, depuis, est ma gouvernante.

Je n'ai jamais voulu partir pour Rome, et je n'y songe pas non plus aujourd'hui. Les loyers y sont très élevés, il est difficile d'obtenir un logement à peu près correct et puis je ne parle que quelques bribes d'italien. En réalité, j'avais espéré que mon frère vienne régulièrement, cela m'aurait suffi.

Car tel était son projet. Il n'a jamais eu l'intention de rentrer en Allemagne, pas même après sa retraite, qu'il espérait pouvoir prendre en 2002. Il n'avait pas envie de faire franchir une nouvelle fois les Alpes à toute la cargaison de livres qu'il possédait désormais. À Pentling, il n'aurait jamais eu assez de place pour toute cette bibliothèque. Il voulait au contraire rester à Rome, mais revenir fréquemment pour d'assez longs séjours en Allemagne, afin que nous puissions passer plus de temps ensemble. Il avait en outre l'intention d'écrire encore quelques livres et d'achever d'autres travaux dont il n'était pas encore venu à bout. Mais Jean-Paul II ne l'a pas laissé partir. Il n'a cessé de lui demander de rester encore en fonction, malgré tout.

Et puis il y a eu le conclave, qui a tiré un trait définitif sur tous ses projets d'avenir. L'ours de saint Corbinien, qu'il avait déjà placé sur son blason d'archevêque de Munich et Freising, est ainsi bel et bien devenu le symbole de son parcours. Il est assez amusant de constater à quel point l'ours a toujours joué un rôle particulier dans sa vie. À commencer par 1928, lorsque le petit garçon de Marktl s'est entiché de cet ours en peluche dans la vitrine d'un magasin, qu'on lui a offert pour Noël, suivi d'un autre ours, plus tard, encore un peu plus grand. Il les aimait beaucoup, ses ours en peluche, il y tenait. L'ours avait ainsi une certaine place dans notre famille, une place très sympathique. Il était donc bien normal qu'il apparaisse également dans l'histoire de saint Corbinien. Au début, c'est vrai, il n'a pas le bon rôle, il dépèce la mule du saint. Mais par la suite, Corbinien lui fait de telles remontrances qu'il se repent et porte les bagages de l'évêque à Rome. C'est une belle histoire, mais aussi une métaphore de la vie de mon frère qui, en tant qu'archevêque de Munich et Freising, n'était pas seulement le successeur de saint Corbinien, mais aussi le premier de ses successeurs qu'on ait définitivement appelé à Rome, qui y soit resté et qui ait été élu pape. L'ours a retrouvé sa liberté, mais il doit porter jusqu'à sa fin le fardeau que lui a confié le bon Dieu. Mais c'est un fardeau salutaire !

Lorsque le pape Benoît XVI a visité sa Bavière natale, en septembre 2006, il a repris l'image de l'ours de Corbinien et l'a interprétée avec les mots de saint Augustin : « Je suis devenu pour toi une bête de somme, mais ainsi je suis "toujours auprès de toi" », une métaphore du service qu'il a lui-même dû accomplir. Car c'est précisément grâce au poids qu'il porte, comme le pape, que l'animal reste toujours à proximité de celui qui l'en a chargé. L'ours l'a ainsi encouragé à « accomplir toujours de nouveau mon office avec joie et confiance, et à dire, jour après jour, mon "oui" à Dieu… L'ours de saint Corbinien a été libéré à Rome. Dans mon cas, le Seigneur en a décidé autrement. »

IX

Pape (2005 à nos jours)

Comme, sans doute, la plupart des catholiques, j'ai moi aussi suivi avec attention les derniers jours de Jean-Paul II. J'étais conscient qu'une grande vie allait vers sa fin physique. Chacun pressentait qu'il ne se remettrait pas de cette dernière maladie, sa patience et son calme dans l'épreuve en étaient d'autant plus admirables. Il a même donné du courage aux gens venus à Rome. Quel que fut le désarroi que lui inspirait sa propre impuissance face à la maladie, il rayonnait de joie et de la certitude d'être bientôt auprès du Père Éternel. Ce fut donc la digne fin d'une grande personnalité dont l'action se prolongerait désormais « de l'autre côté ».

Ce que j'ai beaucoup admiré, ce sont ces nombreux jeunes gens partis pour Rome afin de témoigner une fois encore du lien qui les attachait à ce grand pape. On dit de plus en plus que la jeunesse se moque bien de l'Église ; en l'occurrence, elle a apporté l'impressionnante preuve du contraire. C'est l'inverse : beaucoup de jeunes sont spontanément attirés par l'Église une fois qu'ils ont compris que le quotidien ne peut répondre à leurs questions ni donner un sens à leur vie, et qu'il faut tout de même quelque chose de plus pour y parvenir : la foi.

Au cours des deux semaines qui ont suivi, les gens autour de moi, y compris des journalistes, n'ont pas arrêté de me demander si mon frère allait devenir pape. Ma réponse était toujours la même : « Non, il ne le sera certainement pas ! » Le conclave n'élirait jamais un homme de son âge — il venait d'avoir 78 ans. La situation était différente dans le cas de Jean XXIII, car son prédécesseur, Pie XII, n'avait pas tenu de consistoire au cours de ses cinq dernières années de pontificat et n'avait plus nommé de nouveaux cardinaux. Le collège des cardinaux avait donc subi un certain vieillissement, si bien que l'on fut contraint d'élire un candidat assez âgé qui, à 76 ans, presque 77, était malgré tout encore plus jeune d'une bonne année que mon frère à la date du conclave de 2005. Mais à cette époque, le collège des cardinaux n'avait encore jamais été aussi nombreux. On trouvait beaucoup de grands talents dans toutes tranches d'âge, on n'avait donc aucun besoin d'élire l'un des doyens. À mes yeux, il était évident qu'on choisirait un homme plus jeune pour devenir le prochain pape.

J'ai même vécu en direct l'*habemus papam*. Ce jour-là, une journaliste m'appelle au téléphone, elle vient d'apprendre que la fumée blanche est apparue à Rome et veut savoir si j'ai des informations plus précises. Non, lui répondis-je en toute sincérité, « je ne sais rien ». Et j'ai allumé la télévision, j'ai vu ce qui se passait, comme tout le monde.

C'était le 19 avril 2005, deuxième jour du conclave. Lorsque le nouveau pape eut accepté son élection, les bulletins de vote furent brûlés à 17 h 40 et la fumée blanche devait sortir de la cheminée de la chapelle Sixtine. Mais c'est d'abord une fumée grise qui s'en échappa : on avait dû mal allumer le feu. Les croyants rassemblés sur la place Saint-Pierre et les quelque quatre mille représentants de la presse internationale présents à Rome s'interrogeaient encore sur la couleur du signal lorsque, à 18 h 06, les cloches de Saint-Pierre se mirent à sonner. Chacun sut alors ce qu'il en était et des dizaines de milliers de personnes affluèrent sur la place Saint-Pierre. À 18 h 40, le cardinal chilien Jorge Medina Estévez franchit les lourds rideaux de velours rouge de la loggia de la basilique Saint-Pierre. Il commença par saluer la foule en français, en italien et en allemand, puis poursuivit avec l'antique formule : « Annuntio vobis gaudium magnum : habemus Papam ! » *(« Je vous annonce une grande joie : nous avons un pape ! »). Il y eut une grande acclamation avant que le Chilien ne reprenne et ne donne le nom de l'élu :* « Eminentissimum ac Reverendissimum Dominum, Dominum Josephum ». *Ici, il a marqué une pause pour faire monter la tension…*

Lorsqu'il a prononcé le prénom « Josephum », Joseph, je me suis figé brusquement. J'ai compris que les choses devenaient difficiles, j'étais impatient d'entendre la suite.

Et le reste de l'annonce suivit : « Sanctae Romanae Ecclesiae Cardinalem Ratzinger. »

Et le nom de Ratzinger a effectivement été prononcé ! Je dois le dire très sincèrement, à cet instant précis, je fus abattu. C'était pour lui un grand défi, une immense mission, et je me faisais de graves soucis. Je ne voyais dans tout cela ni la pompe, ni la beauté, uniquement le défi et la charge de cette fonction qui, désormais, exigeait tout de lui. Et j'étais triste à l'idée qu'il n'aurait vraisemblablement plus de temps à me consacrer. Ce soir-là, j'avais donc le cœur lourd en me couchant. Toute la soirée, et jusqu'à l'après-midi suivant, le téléphone a sonné sans interruption, mais ça m'était parfaitement indifférent. Je n'ai pas décroché. « Qu'ils me fichent donc tous la paix ! », me disais-je.

Et je ne l'ai pas appelé non plus. Je me suis dit : de toute façon, je ne l'aurai pas, ils doivent être tellement nombreux autour de lui, à vouloir quelque chose de sa part. Il a appelé le lendemain matin, ou plus précisément, il a voulu le faire, mais comme je vous l'ai dit je n'ai pas décroché parce que ces sonneries perpétuelles me tapaient sur les nerfs. « Sonne toujours, tu n'as pas besoin de moi pour ça », disais-je à l'appareil. Alors que j'aurais eu mon frère au bout du fil ! Ma gouvernante, Mme Heindl, a fini par prendre la communication. C'est donc elle, et non moi, qui l'a eu la première à l'appareil.

Elle était bien sûr quelque peu choquée de découvrir que celui qui faisait obstinément sonner notre téléphone soit le

Pape en personne. Si je me rappelle bien, elle n'a pas réussi à me passer la communication, je ne sais plus pour quelles raisons. En tout cas, il a fallu un certain temps avant que nous puissions enfin nous parler. Aujourd'hui, Dieu soit loué, j'ai une deuxième ligne en haut, dans le séjour. Un ami me l'a fait installer lorsqu'il a su que tant de monde m'appelait et qu'il arrivait que je n'aille pas répondre quand mon frère cherchait à me joindre. Il est le seul à connaître le numéro du deuxième poste. Quand ce téléphone-là sonne, je sais que c'est mon frère, le Pape, qui m'appelle. Mais voilà, je ne l'avais pas encore à l'époque.

Au téléphone, il avait déjà l'air d'avoir retrouvé tout son flegme. Mais au moment de son élection, me raconta-t-il, il avait eu l'impression d'être frappé par la foudre. C'était si imprévisible, c'était arrivé d'une manière si soudaine, que l'intervention du Saint-Esprit était manifeste. Il s'y est rapidement soumis, parce que lui aussi y a reconnu la volonté de Dieu.

À présent que le cardinal Ratzinger avait été élu 265e successeur de saint Pierre, la prophétie de Jésus, qui portait sur le martyre du prince des apôtres à Rome, lui semblait destinée à lui aussi : « Mais quand tu seras devenu vieux, tu étendras les mains, et un autre te ceindra, et te conduira où tu ne veux pas » (Jean 21,18). Car une nouvelle fois, comme toujours dans sa vie, c'est un autre qui l'avait mené là où, en réalité, il n'avait jamais voulu aller.

Lorsque Benoît XVI célébra sa première messe en tant que pape, le matin du 20 avril 2005, il pensait toujours à son cher prédécesseur. Lorsque les cardinaux l'ont élu, il expliqua avoir tout d'un coup eu l'impression « de pouvoir voir ses yeux rieurs, d'entendre sa voix me dire : "N'aie pas peur" ». Une main puissante avait serré la sienne et l'entraînait à présent vers l'avant pour parachever ce que Jean-Paul II avait commencé : une Église qui, selon l'enseignement et le modèle du Christ, « regarde le passé avec sérénité et n'a pas peur de l'avenir ».

Cinq jours plus tard, lors de la première audience donnée aux pèlerins allemands qui avaient fait le voyage pour son entrée en fonction, il s'exprima encore plus clairement — et le fit en choisissant une métaphore éloquente : « Lorsque, peu à peu, le cours des votes me fit comprendre que c'est sur moi que le couperet allait tomber, si je puis dire, je me suis senti pris d'un grand vertige. J'avais cru avoir terminé l'œuvre de mon existence et pouvoir désormais attendre paisiblement la fin de mes jours. J'ai dit au Seigneur, avec une profonde conviction : "Ne me fais pas cela ! Tu en as de plus jeunes et de meilleurs, capables de s'atteler à cette grande tâche avec un tout autre élan et une tout autre énergie."

J'ai été très touché par une petite lettre que m'a écrite l'un de mes frères cardinaux. Il m'a rappelé que j'avais placé mon sermon, lors de la messe pour Jean-Paul II, sous l'égide des paroles lancées par le Seigneur à Pierre au bord du lac de Tibériade : "Suis-moi !". J'avais dit que Karol Wojtyla n'avait cessé de recevoir cet appel du Seigneur, qu'à chaque fois il avait dû céder et se contenter de dire : "Oui, je Te suis, même si Tu me conduis là où je ne voulais pas aller." Ce frère m'écrivait : Si le Seigneur te dit à présent "Suis-moi", alors rappelle-toi ce que tu as prêché. Ne te refuse pas ! Soi obéissant, comme tu l'as dit de notre grand pape retourné à son origine. Cela m'a profondément touché. Les voies du Seigneur ne sont pas commodes, mais nous ne sommes pas faits non plus pour la commodité, nous sommes faits pour le grand, pour le bon. »

Peu après, l'évêque Müller (*Gerhard Ludwig Müller, évêque de Ratisbonne*) m'a appelé et m'a invité à me rendre avec lui à Rome pour l'intronisation de mon frère, ce que j'ai bien entendu accepté de bon cœur. J'ai ainsi pu me rendre à l'aéroport avec lui et partir avec lui pour Rome dans la délégation de Ratisbonne. À Rome, j'ai d'abord logé dans l'ancien logement de cardinal de mon frère, car il était encore hébergé avec ses pairs dans la maison des hôtes du Vatican, la « Domus Sanctae Marthae » — ne serait-ce que pour des raisons de sécurité : il devait être sous bonne garde. L'appartement se trouvait juste en face du palais apostolique, mais en dehors de la cité du Vatican, sur la Piazza della Città Leonina. Le lendemain matin, je suis passé le prendre et l'on nous a conduits ensemble, en voiture, jusqu'à ses appartements. Une gigantesque masse humaine s'était rassemblée sous ses fenêtres, ils ont applaudi tout de suite, il les a brièvement salués et nous sommes entrés.

Georg Ratzinger lors de l'intronisation de son frère, le 24 avril 2005.

A-t-il changé ? Était-il toujours le même, ou bien sentait-on l'influence de l'Esprit saint, ce nouveau charisme que beaucoup disent avoir alors relevé chez lui ?

Il est resté le même, bien entendu, et ça n'a pas changé depuis. L'action du Saint-Esprit se limite à son activité officielle, mais l'homme n'a pas changé. Il ne s'impose pas de contrainte non plus, il ne tente pas de se dissimuler. Il se montre tel qu'il est, il ne veut pas se glisser dans un rôle ou porter un masque, comme d'autres le font peut-être. Peter Seewald, par exemple, le décrit comme un « pape charismatique » produisant un grand effet autour de lui ; mais je suis forcé de dire que ce n'est pas volontaire. C'est sans doute l'influence du Saint-Esprit qui lui confère un certain charisme lors de ses prestations publiques. Pour le reste, il est demeuré l'homme bon, aimable et modeste qu'il a toujours été, sans faux-semblants et chaleureux.

Vous a-t-il révélé pourquoi il a choisi Benoît comme nom de règne ? Est-ce un hommage à saint Benoît de Nursie (480-547), le grand fondateur d'ordre et père du monacat occidental ? Est-ce le pape intellectuel, Benoît XIV (1740-1758) ou le pape de la paix, Benoît XV (1914-1922), qui apportent ici leur parrainage ?

Je ne le sais pas moi-même. Mais un jour, nous avons discuté des noms de règne des papes, et il m'a confié qu'il trouvait que Benoît était un beau nom. C'était une discussion très générale, ça ne concernait pas du tout sa personne, mais il considérait que ce nom était beau et convenait bien à un pape, par sa sonorité comme par sa signification, le béni (du latin *benedicere,* bénir) qui est aussi une bénédiction pour d'autres.

Il a bien entendu une grande, une très grande estime pour saint Benoît. Il connaît les deux autres également, car ce furent de grands papes, mais il n'en a jamais vraiment parlé.

Je dirais donc plutôt qu'en l'occurrence, c'est saint Benoît de Nursie qui lui a servi de parrain, mais que ce sont aussi des raisons esthétiques et étymologiques qui l'ont amené à choisir ce nom.

Depuis, on a aménagé pour le frère du Pape un appartement spécial dans l'aile des invités du palais apostolique. Mais l'été, Georg Ratzinger habite chez son frère, dans la résidence d'été pontificale de Castel Gandolfo.

À ma visite suivante, au cours de l'été 2005, je crois lui avoir fait une grosse peur. C'était le 3 août dans l'après-midi, j'écoutais sur un CD une fugue de la Sonate pour piano de Beethoven lorsque tout s'est mis à tourner autour de moi. Je me suis évanoui un bref instant, et j'ai repris connaissance peu à peu. Lorsque le phénomène s'est répété, au dîner, mon frère et toute la tablée ont été très inquiets. Il a demandé à son médecin personnel, le Dr Renato Buzzonetti, de m'ausculter, et celui-ci m'a aussitôt envoyé à la clinique Gemelli de Rome, où l'on m'a posé un pacemaker. J'étais alité lorsqu'on m'a annoncé : « Le Pape vient vous rendre visite ! » La nouvelle a fait l'effet d'une bombe parmi le personnel de l'hôpital, les infirmiers et les médecins. Certains ont dit que c'étaient eux, à présent, qui avaient besoin de soins cardiologiques ! Il a pris l'hélicoptère pour se rendre de Castel Gandolfo à Rome, juste parce que les autorités romaines préféraient cette solution. S'il avait pris la voiture, les mesures de sécurité auraient perturbé la circulation. Je me suis beaucoup réjoui de sa visite, mais bien entendu un pape ne vient jamais seul. Il y avait aussi le préfet, l'archevêque Harvey, et son secrétaire, le Dr Gänswein, toute une petite troupe qui fit de cette visite au malade un grand et digne événement. Nous avons tout de même pu passer un bon quart d'heure seul à seul avant l'arrivée de la télévision.

En octobre 2005, les *Domspatzen* de Ratisbonne ont visité Rome. Ils étaient si heureux de pouvoir donner un concert à la chapelle Sixtine (*c'était le 22 octobre*) : on trouverait difficilement un cadre plus grandiose et plus inspirant — doté, qui plus est, d'une acoustique magnifique. Il y avait une immense tension, presque palpable, et chacun a donné ce qu'il avait de meilleur. Le Saint-Père s'est bien sûr beaucoup réjoui de cette visite en provenance de sa terre natale.

Un an plus tard, en septembre 2006, Benoît est revenu, peut-être pour la dernière fois, dans sa patrie bavaroise. Alors qu'il ne participe jamais, d'ordinaire, aux voyages du pape, Georg, cette fois-ci, ne s'est pas laissé priver du plaisir de l'accompagner dans l'un des principaux lieux de leur enfance commune.

Lorsque mon frère est venu en visite à Altötting, j'ai bien entendu quitté Ratisbonne pour m'y rendre. J'ai passé la nuit et pris mes repas chez les capucins. Juste avant la messe pontificale, j'ai rencontré le Pr Franz Mussner (*né en 1916*), qui enseignait l'exégèse du Nouveau Testament à Ratisbonne et

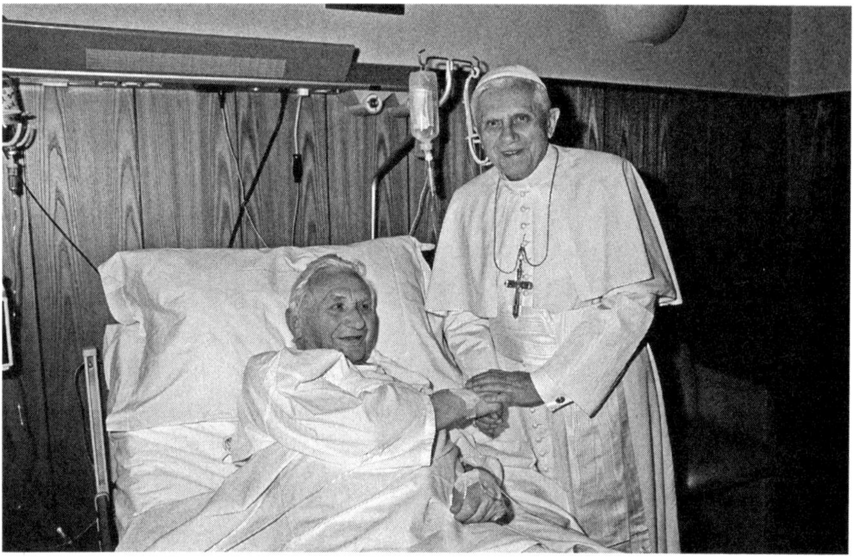

5 août 2005 : le Pape rend visite à son frère Georg à la clinique Gemelli.

vit aujourd'hui à Passau, sa ville natale, où il exerce les fonctions de chanoine. Il venait à l'époque de fêter son quatre-vingt-dixième anniversaire. Lorsqu'il m'a vu, il m'a annoncé que nous étions, lui et moi, les seuls à avoir le droit de porter une canne : c'était interdit à tous les autres visiteurs, pour des raisons de sécurité. Suivit une messe très solennelle et très belle, qui a visiblement ému les gens. Lors du repas, ensuite, je me suis enfin retrouvé à table avec mon frère, devant un rôti de porc croustillant aux *knödel*. Plutôt qu'une sieste, nous avons fait une petite promenade et « papoté » dans le jardin du monastère. Mon frère était si heureux de pouvoir enfin revenir sur sa terre natale. À l'époque, il a remis à la Vierge d'Altötting son anneau d'évêque, celui que Maria et moi-même lui avions offert pour son ordination épiscopale. Je l'avais gardé pendant toutes ces années, jusqu'à ce que sœur Birgit, une religieuse de Schönstatt qui assure le secrétariat de mon frère, lui donne l'idée d'offrir cet anneau à la Madone d'Altötting. Elle m'a demandé ce que j'en pensais. « Je suis tout à fait d'accord, répondis-je, car si je quitte ce monde l'anneau ira traîner je ne sais où ; là, il sera en sécurité, être auprès de la Mère de Dieu est la meilleure garantie qui soit. » Je me suis beaucoup réjoui de cette proposition et je l'ai approuvée de tout cœur. J'ai donc apporté l'anneau à mon frère, à Altötting, et il l'a déposé dans la chapelle de la Grâce.

Depuis Altötting, nous sommes partis pour Marktl, où nous avons visité l'église de son baptême, Sankt Oswald. Nous avons prié en silence devant le baptistère au-dessus duquel il avait été accueilli, soixante-dix-neuf ans plus tôt, dans la communauté de notre Sainte Église. Ensuite, il m'a emmené dans son hélicoptère jusqu'à Ratisbonne, j'étais assis face à lui pendant tout le vol. À Ratisbonne, l'accueil fut impressionnant. J'ai passé la nuit au grand séminaire, à côté de l'appartement de mon frère, car nous comptions célébrer ensemble la première messe, le lendemain matin.

De là, nous sommes partis pour la grand-messe pontificale, sur l'Islinger Feld. L'après-midi, le programme comportait son allocution à l'*Aula Magna* de l'université et des Vêpres œcuméniques. Ensuite est arrivé ce 13 septembre dont nous nous réjouissions par avance depuis si longtemps. Dès que l'on avait commencé à préparer le programme de son voyage en Allemagne, mon frère a demandé de pouvoir consacrer une journée aux rencontres privées. Ce jour-là, il a passé pratiquement tout le temps chez moi. Il n'y avait qu'un seul rendez-vous officiel au programme, le matin à 11 heures : la consécration du nouvel orgue dans la « Vieille Chapelle » (« Alte Kapelle »), qui avait à mes yeux une telle importance que c'en était aussi devenu une affaire privée. À l'origine, il devait se rendre directement du grand séminaire, où il passait la nuit, à l'« Alte Kapelle », dans la Schwarze-Bären-Strasse, mais il voulait déposer quelque chose chez moi avant de s'y rendre. Nous sommes donc allés dans la Luzengasse, où se trouve ma maison. Nous pensions qu'il faudrait prendre l'entrée la plus proche pour accéder à l'église, mais le chapitre de l'« Alte Kapelle » nous attendait côté nord, où nous avons eu un accueil solennel. Nous sommes arrivés à temps pour la grande consécration de l'orgue. Ensuite nous sommes rentrés chez moi. En chemin, nous avons rencontré le responsable de la communauté juive — malheureusement décédé depuis —, M. Hans Rosengold, que mon frère a remercié pour son hospitalité : il avait invité tout l'entourage du pape. Nous avons pris l'apéritif en haut, sur la terrasse de ma maison, et avons déjeuné au rez-de-chaussée. Il y avait là l'évêque, et un petit groupe avec son secrétaire, Monsignore Gänswein. Mme Heindl, ma gouvernante, nous avait préparé un repas délicieux qui faillit toutefois ne pas arriver jusque chez nous. Elle habite en face, Königsstrasse, et avait préparé le repas à l'avance en se disant que c'était le plus simple : il lui suffirait de traverser la rue pour apporter les plats, ce qu'elle faisait assez souvent. Mais ce jour-là, notre rue était barrée et la police n'a pas voulu la laisser passer ! Cette brave Mme Heindl a bien failli sortir de ses gonds : « Il n'y a pas de bombe dans cette marmite, mais la soupe du Saint-Père ! Et si vous ne me laissez pas passer, il n'aura rien à manger ! » Les policiers, embarrassés, ne savaient pas s'ils devaient la croire. Ils ne l'ont donc pas lâchée d'une semelle, et sont entrés avec elle dans la maison, jusque dans la cuisine, où ils ont constaté qu'elle disait vrai : elle était pratiquement chez elle et devait préparer le déjeuner. Elle nous a finalement servi une *Brezn-suppe*[1], du rôti aux oignons avec des spätzle, et pour finir une crème d'ananas. Tout était délicieux.

Après une petite sieste, nous sommes montés à Pentling. Nous nous sommes d'abord rendus sur la tombe de nos parents au cimetière de Ziegetsdorf. Là aussi, l'évêque et son secrétaire nous ont accompagnés. À Pentling, toute une foule s'était rassemblée, dont le couple Hofbauer, de très braves gens qui veillent de manière exemplaire sur notre maison. Nous avons finalement dîné dans notre maison. Mon frère

1. Soupe régionale composée notamment d'oignons, de lard, de bretzels et de bière (*N.d.T.*).

Benoît XVI remercie Mme Agnes Heindl, la gouvernante de son frère, pour le bon déjeuner.

s'est aussi allongé un petit moment, il était tout de même très fatigué et avait des maux de tête. Puis nous sommes repartis en voiture au grand séminaire. Il a beaucoup apprécié cette journée, il était presque comme si c'était une journée ordinaire. Il aime beaucoup la maison de Pentling, il s'y sent chez lui, car même le plus beau des palais n'a pas les attraits d'une petite maison familiale comme celle-là. Bien entendu, cette visite sur sa terre natale était avant tout un voyage pastoral. Mais c'étaient aussi, pour lui, des adieux à sa vie passée.

Depuis, il me téléphone plusieurs fois par semaine — moi, je ne l'appelle jamais. Il est beaucoup plus simple de me joindre : je suis presque toujours chez moi et je n'ai pas d'emploi du temps. Lui, en revanche, a presque toujours des rendez-vous ou quelque chose à faire, je n'ose pas le déranger. Bref, c'est lui qui m'appelle quand il a le temps, et moi qui attends qu'il le fasse. Je lui rends visite plusieurs fois par an. Je me rends bien sûr à Rome pour Noël, mais seulement le 28 décembre, lorsque les célébrations religieuses sont terminées, et je reste jusqu'au 10 janvier. Nous passons donc ensemble l'Épiphanie, que l'on célèbre encore plus en Italie qu'en Allemagne et qui, contrairement à ce qui se passe chez nous, est là-bas le jour où l'on offre les cadeaux. Je lui rends visite une deuxième fois au printemps, entre avril et juin. En 2009, par exemple, j'étais à Rome pour la Pentecôte, lorsque l'orchestre de chambre a pu jouer la Messe d'harmonie de Haydn à la basilique Saint-Pierre, le dimanche de la Pentecôte. Le chef d'orchestre m'avait invité et je ne voulais pas manquer cette occasion.

Sinon, je passe toujours le mois d'août, ou du moins la plus grande partie, avec mon frère, dans sa résidence d'été à Castel Gandolfo. Et pour finir, je suis aussi fréquemment à Rome en octobre ou en novembre, lorsqu'on m'invite à une grande manifestation musicale. Ce fut le cas en octobre 2007, lorsque l'orchestre symphonique et le chœur du *Bayerischer Rundfunk* ont donné la Neuvième symphonie de Beethoven dirigée par Mariss Jansons dans la salle d'audience de Paul VI.

J'avais eu auparavant à quelques reprises M. Jansons au téléphone, car mon frère avait souhaité que l'on chante aussi le *Tu es Petrus* de Palestrina *(le compositeur de la Renaissance Giovanni Pierluigi da Palestrina, env. 1525-1594)*. Au début, il a refusé, bien que ce soit un grand chef d'orchestre. J'ignore pourquoi. Il voulait faire jouer, à la place, l'*Ave verum* de Mozart ; mais ça, n'importe quel chœur religieux peut le chanter, nous n'avions pas besoin de l'orchestre symphonique et du chœur de la radio ! Bref, il a fini par céder, et ça a été un concert admirable. Quelques anciens *Domspatzen* sont membres du chœur ou de l'orchestre, ce qui m'a valu le grand plaisir de les retrouver.

Lorsque je rends visite à mon frère, nous parlons de tout : du passé, des problèmes liés à l'actualité internationale, des questions personnelles, de notre santé et, bien entendu, du temps qu'il fait…

Comment l'appelez-vous ?

Joseph, évidemment, toute autre idée serait inimaginable !

Il souffre beaucoup des nombreuses attaques lancées par les médias ?

En soi, il est très sensible, mais il sait aussi d'où viennent ces attaques et quels en sont les motifs, ce qu'elles cachent le plus souvent. Ça lui permet de les dépasser plus facilement, de les évacuer. En réalité, où qu'il aille, on lui témoigne le plus souvent une très grande sympathie.

Nous révélerez-vous son plus grand souhait ?

Je suis incapable de vous citer un souhait concret en particulier. Il espère seulement qu'il parviendra à remplir sa mission aussi bien que possible, et qu'il apportera sa part humaine à l'œuvre du Saint-Esprit.

Que sont, à vos yeux, les centres de gravité de son pontificat ?

Les centres de gravité sont ceux des situations auxquelles il doit faire face, ils sont donc plus réactifs qu'actifs. Il tient beaucoup à ce que la liturgie soit célébrée dignement et correctement. C'est déjà un vrai problème. Récemment, notre directeur de la musique diocésain estimait lui aussi qu'il n'était pas si facile de trouver de nos jours une église dont le prêtre célèbre encore l'office selon les règles de l'Église. Il y a tant de prêtres qui croient pouvoir ajouter quelque chose ici, changer quelque chose ailleurs. Mon frère souhaite donc une bonne liturgie, conforme aux règles, qui saisisse l'âme des gens afin qu'ils la comprennent comme un appel de Dieu.

Considérez-vous plutôt qu'il y a une continuité entre les pontificats de Jean-Paul II et de Benoît XVI, ou que votre frère a d'autres axes de travail ?

On ne peut pas dire ça. La réalité est différente : en majeure partie, les pontificats ne sont pas définis par la volonté du pape mais par les réactions et les réponses aux événements de leur époque. Les événements de notre temps dessinent une certaine continuité, il n'y a ni grands bonds ni grandes ruptures, mais des questions et des problèmes qui évoluent de manière linéaire, au fil des décennies.

Ce qui ne fait aucun doute, c'est que Jean-Paul II s'est laissé inspirer par mon frère dans de nombreux domaines, et qu'il avait aussi noué avec lui un contact intense. Il accordait une grande valeur à son jugement. Dans cette mesure, il y a déjà une certaine continuité, les deux pontificats ne se distinguent pas sur l'essentiel.

À quoi ressemble une journée ordinaire du Pape ?

Eh bien, je ne sais pas trop dans quelle mesure cela doit rester confidentiel, mais je pense que j'ai le droit d'en parler. Le matin, à 7 heures, il célèbre la sainte messe dans sa chapelle privée, puis il fait une brève contemplation et dit la prière du bréviaire jusqu'au petit déjeuner, à 8 heures. Jusque-là, nous sommes ensemble lorsque je suis en visite chez lui. Puis nous nous séparons et chacun rejoint son espace de vie personnel. Il se prépare alors aux événements de la journée, aux visiteurs qu'il reçoit en audience privée, à leurs souhaits ou requêtes. Cela exige déjà une préparation minutieuse — et il doit consacrer tout autant d'attention aux suites de ces rencontres.

Le mardi s'y ajoute la préparation à l'audience générale du mercredi matin. Il doit à cette fin, par exemple, travailler la prononciation des langues étrangères dans lesquelles il va saluer les pèlerins et groupes de pèlerins, des langues qu'il ne maîtrise pas toutes, bien entendu. Il écoute la prononciation correcte sur un magnétophone, puis il répète pour ne pas faire de trop grosses fautes et être bien compris.

Vers 13 h 15, les jours ouvrés, a lieu le déjeuner — le dimanche dès 13 heures. Ensuite, il fait une petite promenade sur le jardin suspendu du palais apostolique, car *Post coenam stabis vel passus mille meabis (« Après le repas, tu dois te reposer ou faire mille pas »).* C'est alors le temps de la sieste, mais il n'utilise pas tout ce temps pour se reposer, il écrit aussi des lettres et des cartes, et lit tout ce qu'il peut lire. En tout cas, je sais qu'il travaille pendant une bonne partie de la sieste. L'été, à 16 heures, nous récitons toujours notre prière du bréviaire ; vers 19 heures, il fait une promenade ou bien dans les jardins du Vatican, ou bien dans ceux de Castel Gandolfo, au cours de laquelle il dit la prière du chapelet avec son secrétaire, Monsignore Georg Gänswein. L'hiver, en revanche, quand le soir tombe de bonne heure, cette promenade a lieu dès 16 heures. Vers 18 heures, ce sont les audiences internes. Le matin, les audiences privées, où il reçoit surtout les évêques venus de l'étranger, les chefs d'État, etc., l'après-midi ce sont les audiences internes, au cours desquelles les directeurs des services de la curie font leur rapport et présentent des propositions sur les questions que le pape doit trancher.

Vers 19 h 30, on sert le dîner ; à 20 heures il regarde les informations. Vers 20 h 30, il fait encore une petite promenade sur le jardin en terrasse ou bien, en hiver, dans les couloirs de la maison. Puis on dit les complies, la prière nocturne de l'Église, c'est la fin de sa journée de travail. Le plus souvent, nous nous asseyons après dans le salon et nous parlons un peu.

Vous regardez aussi la télévision ? Le Saint-Père a-t-il une émission préférée ?

Autrefois, il y avait encore, avant les informations, la série *Rex* dont le héros est un chien policier. Nous la regardions toujours parce que nous aimons bien les chiens nous aussi. Nous connaissons bien le propriétaire du berger allemand « Rex » qui joue le rôle principal, M. Helmut Brossmann. Il n'habite pas loin de Ratisbonne. C'est aussi lui le manager des *Kastelruther Spatzen*[1], ou encore de la *Puppenkiste* d'Augsbourg[2]. Il a déjà organisé deux ou trois choses pour les *Domspatzen*. Originaire des Sudètes, il s'est converti à la foi catholique il y a quelques années. Un chanoine de l'« Alte Kapelle » l'a catéchisé et je suis son parrain de confirmation.

1. Groupe de chanteurs folkloriques du Tyrol du Sud. (*N.d.T.*)
2. Théatre de marionnettes d'Augsbourg. (*N.d.T.*)

C'est un grand amateur d'animaux. Outre son élevage de bergers allemands, d'où sont issus les deux chiens qui jouent « Rex », il a encore tout un parc animalier, dont le fameux élevage de saint-bernard au col du même nom. Pour le reste, il est rare que mon frère regarde la télévision, tout au plus de temps en temps une vidéo en rapport avec le Vatican, une béatification ou une canonisation imminente.

On dit que depuis que vos yeux ne fonctionnent plus aussi bien il vous lit le bréviaire pendant que vous lui jouez de la musique…

C'est exact, il me fait la lecture du bréviaire : après la messe, au petit matin, les vêpres l'après-midi et les complies le soir, parce que je ne peux plus le faire seul. Le soir, avant de nous coucher, il me demande parfois de lui jouer encore un lied. Je lui joue alors au piano un cantique ou un chant populaire, par exemple « Im schönsten Wiesengrund », mais aussi des nocturnes comme « Der Mond ist aufgegangen » ou « Adieu zur guten Nacht[1] », des choses toutes simples. Pendant l'Avent et la période de Noël, ce sont bien entendu des chants de Noël, comme il convient.

Il se couche assez tôt ?

1. On trouve facilement des enregistrements de ces chants très populaires sur Internet. *(N.d.T.)*

Oui, en réalité il ne travaille plus après le dîner, ça a toujours été comme ça. Il peut avoir une concentration immense, il travaille très vite et très efficacement. Mais jamais vraiment la nuit.

Qu'est-ce que cela signifie, pour vous, d'être « frère du Pape » ?

Oh, personnellement, ça n'a pas changé grand-chose, les évolutions ont été plus apparentes que profondes. Il est vrai que je présente tout d'un coup, pour beaucoup de gens, un intérêt que je n'avais pas auparavant. Je reçois ainsi beaucoup d'appels, y compris de la presse et des autres médias, on me rend souvent visite et j'ai pu nouer des contacts que je n'avais pas jusqu'alors. Dans un premier temps, cela a semé un certain trouble dans ma vie ; mais fort heureusement, cela s'est peu à peu calmé.

Pour le reste, je dois l'avouer, pas grand-chose n'a changé non plus dans ma relation avec mon frère. Dans la prière, seulement, on présente désormais au bon Dieu de tout autres sollicitations. Mais le rapport personnel est resté le même.

En guise de postface

Soixante années de prêtrise (2011)

Le 29 juin 2011, le pape et son frère ont fêté leur « jubilé sacerdotal de diamant », le soixantième anniversaire de leur ordination comme prêtres, le 29 juin 1951, à la cathédrale de Freising. Deux jours plus tôt, le prélat Georg Ratzinger avait pris l'avion pour Rome à cette fin. Après une célébration privée dans la chapelle privée de Benoît XVI, il assista à partir de 9 h 30 à la grand-messe pontificale donnée pour la fête religieuse des saints Pierre et Paul à la cathédrale Saint-Pierre. Même si le cœur de cette cérémonie de près de trois heures fut la remise du pallium à quarante archevêques métropolitains issus de vingt-quatre pays des quatre continents, Benoît XVI évoqua tout de même dans son sermon cette journée qui le marqua plus que tout autre événement dans sa vie pourtant bien animée « "Je ne vous appelle plus serviteurs, mais je vous appelle amis" (Jean 15,15). [...] Soixante ans après le jour où j'ai été ordonné prêtre, j'entends de nouveau avec ferveur, à la fin de la cérémonie d'ordination, notre très vieil archevêque, le cardinal Faulhaber, nous adresser ces mots de Jésus d'une voix devenue un peu fragile et pourtant toujours ferme, à nous, les nouveaux prêtres. Selon l'ordonnancement liturgique de l'époque, cet appel symbolisait l'attribution explicite aux prêtres nouvellement ordonnés du pouvoir de pardonner les péchés. [...] Je savais et je sentais qu'à cet instant-là, ce n'était pas simplement une expression cérémoniale, et que c'était plus qu'une citation des Saintes Écritures. Je savais qu'à cet instant-là, c'était Lui-même, le Seigneur, qui s'adressait à moi d'une manière tout à fait personnelle. Avec notre baptême et notre confirmation, Il nous avait déjà attirés à lui, Il nous avait admis dans la famille de Dieu. Mais ce qui se passait désormais était tout de même encore plus que cela. Il m'appelle ami. Il m'admet dans le cercle de ceux auxquels Il s'est adressé jadis, dans la salle de la Cène. Dans le cercle de ceux qu'Il connaît d'une manière toute particulière et qui font Sa connaissance d'une manière particulièrement singulière. »

Peu avant son départ pour Rome, j'ai demandé à Georg Ratzinger une sorte de résumé, une brève rétrospective de sa propre vie de prêtre et de la carrière inhabituelle de son frère. Au cœur de cette interview il y avait la question de savoir ce que signifie, au juste, le fait d'être prêtre à notre époque.

Monsieur le Domkapellmeister, *lorsque vous vous retournez sur ces soixante années, en toute franchise : la décision d'entrer dans la prêtrise était-elle la bonne ? Cela vaut-il la peine de répondre à l'appel du Seigneur ?*

Sans aucun doute ! Je ne peux pas imaginer que ma vie se soit déroulée autrement. Dès l'enfance, c'était mon but, et je ne l'ai pratiquement jamais perdu des yeux. Cela vaut aussi pour mon frère. Même si tout ne s'est pas exactement passé comme ce que nous avons prévu, l'orientation s'est immédiatement et clairement imposée. Nous avons donc suivi ce chemin en assumant toutes les conséquences, et je ne peux dire qu'une chose aujourd'hui : je suis profondément reconnaissant au bon Dieu de m'avoir donné la force de parcourir ce chemin sans tergiverser. On se sent guidé, commandé. La vie réserve à chacun certaines difficultés, mais quand vous avez un si bel objectif, un objectif qui vous comble à ce point, quand vous sentez la proximité du Seigneur, et que le chemin qui mène à lui peut être aussi droit, on ne peut que s'exclamer, de tout son cœur : *Deo gratias ! (Rendons grâce à Dieu !)*

Un prêtre reçoit-il donc plus qu'il ne donne ?

Je le crois bien, oui, on peut dire cela !

Lorsque j'ai tenu un séminaire à la communauté de l'Emmanuel, à l'Emmanuel School of Mission (ESM) à Altötting, j'ai lu la devise de ces jeunes chrétiens engagés dans la mission, et qui m'a extraordinairement plu : « Give all, get more ! » — *« Donne tout, reçois plus encore ! » Cela vaut-il aussi pour la prêtrise ?*

Oui, c'est exact, sans hésitation. Surtout lorsqu'un prêtre s'occupe de direction de conscience, lorsqu'il s'engage véritablement en faveur des hommes, sans regarder sa montre du coin de l'œil, il reçoit souvent d'infinies gratifications. Hélas, à B., pendant un certain temps, il y a eu un prêtre pour déclarer publiquement : « Je ne me laisse pas envahir[1] ! » C'était une caricature de prêtre, car quiconque pense ainsi n'aurait en réalité jamais dû être ordonné. Celui qui prend vraiment à cœur la direction de conscience et voit en chacun de ceux qu'il rencontre un homme qui veut aller vers le Christ, même en sachant qu'il n'est qu'un faible prêtre, celui-là reçoit tant d'échos inattendus. Et je ne pense pas seulement ici à la gratitude de ceux qu'il accueille, mais à de multiples sources. C'est alors, seulement, que l'on sent qu'être prêtre est une véritable bénédiction. Quand on devient une bénédiction pour d'autres, le Seigneur nous récompense mille fois ; on est véritablement béni. Dans cette mesure, être prêtre et pouvoir servir le Seigneur est vraiment un idéal.

Quels ont été les plus beaux moments de votre vie de prêtre ?

C'est difficile à dire. J'ai toujours aussi compris mon activité musicale comme une direction de conscience, car dans tout ce que nous chantions, même si ce n'étaient pas des chants liturgiques, il s'agissait de transmettre aux hommes

1. Sous entendu : par mes ouailles. *(N.d.T.)*

quelque chose de la grandeur de Dieu. Même la musique profane, dès lors qu'elle ne nous éloigne pas de Dieu, nous transmet quelque chose de la majesté de Sa création.

Mais si vous m'interrogez sur les plus beaux moments de ma vie de prêtre, je dois vous répondre qu'il s'agit des moments où nous avons pu contribuer à une messe solennelle, lui donner forme par une superbe musique, dans un bel espace religieux, devant les fidèles nombreux et en adoration, dans le recueillement, et que règne un silence qui n'est pas créé artificiellement ou sur ordre, mais qui vient de lui-même, précisément par ce recueillement. C'est un office qui participe de tous les sens de l'être humain : la vue, l'ouïe, mais aussi l'odorat, avec l'encens qui joue un grand rôle. Ce sont des moments de bonheur que l'on n'a pas, sous cette forme et avec cette intensité, dans les concerts profanes, aussi beaux soient-ils ! Cet enthousiasme, ce sentiment d'être comblé, porté, que l'on ressent lors d'une sainte messe solennelle, cela vient d'ailleurs, j'en suis persuadé.

Pensez-vous que la musique soit une forme plus subtile de la prière ?

Je serais tenté de le dire, oui ! La prière de l'homme, qu'il s'agisse de la prière à voix haute, de la prière commune ou encore de la prière silencieuse, personnelle, trouve tout de même ses limites. Lorsqu'il chante les louanges de Dieu, lorsqu'il les met en musique, en revanche, l'homme est saisi entièrement, et pas seulement dans sa personne, dans sa présence. Cela lui donne une autre dimension inatteignable par le seul mot dit, pensé ou médité.

La musique est donc aussi un chemin menant à Dieu ?

Cela ne fait aucun doute. Elle peut aussi être un chemin qui éloigne de Lui — pensez par exemple aux chants de défilé de l'époque hitlérienne ou à certains produits de l'industrie mondiale du divertissement, qui ne font qu'attiser les passions humaines. La musique peut être un instrument du diable, mais elle est aussi un instrument de Dieu.

Revenons à votre frère, le Pape. Au cours de cet entretien, nous avons suivi le chemin exceptionnel qui l'a mené du statut de fils de gendarme à celui de chef de l'Église mondiale, et le temps est venu de tirer un bilan. Quelle est votre opinion : y a-t-il une ligne continue dans la vie de Benoît XVI ? Ou est-il devenu pape par un gigantesque hasard ?

Si l'on pose la question sous un aspect purement humain, c'était bien entendu un hasard. Mais si, en tant que croyant, l'on observe toute sa vie et son déroulement, on comprend alors qu'une volonté supérieure l'a conduit droit à ce but — qui n'était pas sa volonté ! Regardez comme ce chemin a été rectiligne : du petit enfant de chœur à l'évêque, en passant par l'étudiant en théologie, le chapelain, le professeur, le prélat… chaque barreau de l'échelle a un sens, marque une étape, une progression, non parce que mon frère le voulait ainsi, non par ambition, mais parce que quelqu'un le poussait à accomplir chacune de ces étapes. S'il a cédé à cette pression, c'est en réalité par volonté de remplir consciencieusement son devoir, en s'efforçant constamment de se conformer à la mission qui lui a été confiée.

Il y a beaucoup de prêtres ambitieux dans l'Église, et même de véritables carriéristes. A-t-il jamais été ambitieux ?

Ambitieux, non, il ne l'a jamais été, vraiment pas ! Mais il était toujours conscient de son devoir et a fait tout son possible pour porter la charge qu'on lui avait imposée. Il avait toujours des doutes, il se demandait à chaque fois si c'était la meilleure manière possible d'accomplir ce qu'on exigeait de lui, s'il faisait vraiment tout ce qu'il pouvait pour être à la hauteur de la confiance que d'autres plaçaient en lui.

S'est-il jamais attendu, ne serait-ce que très vaguement, à être un jour élu pape ?

Non, certainement pas. Lorsque Hans Küng affirme que mon frère a toujours visé une position dans la hiérarchie religieuse, c'est une pure absurdité. Je le connais trop bien. Il était persuadé qu'il avait un talent spécifique pour communiquer la théologie, et la grâce de penser et de vivre cette foi correctement, et que c'était en réalité pour cette raison qu'il était un bon professeur. Et c'est précisément ce qu'il a voulu être, ni plus ni moins, c'est en cela qu'il voyait son destin. Il n'a jamais pensé aux distinctions et aux honneurs, quels qu'ils soient, tout cela lui a toujours été plutôt désagréable.

Il voulait donc servir, tout simplement. Il voulait être, comme l'affirme sa devise, un « collaborateur de la vérité » ?

C'est exactement cela, tout à fait.

Et tout le reste est allé de soi ?

Oui, c'est allé de soi. Je connais aussi quelques prêtres qui font tout pour recevoir titres et honneurs, mais lui, ça n'a jamais été son genre. Ce qui l'a toujours préoccupé, c'est le fond. Il voulait remplir sa mission aussi bien que possible. Il a reçu certains talents pour le faire et devra un jour rendre des comptes sur ce qu'il en a fait.

Dès son entrée en fonction, il s'est qualifié de « simple ouvrier dans la vigne du Seigneur », et il se considère sans doute tout à fait sincèrement comme tel. On voit bien, lorsqu'on le rencontre, que c'est un homme profondément humble et modeste. On a toujours l'impression qu'il fait preuve d'une certaine prudence dans sa manière d'aborder les choses, qu'il commence par regarder autour de lui comment les gens réagissent. Les applaudisse-

ments, les honneurs, les cadeaux, la foule en liesse, tout cela semble, dans un premier temps, lui être désagréable…

… justement parce qu'il sent très clairement cette frontière entre l'homme et sa fonction, et qu'il connaît ses propres limites. Il sait bien entendu que tout cela ne le concerne pas en tant que personne, mais en tant que pape, missionné par une entité supérieure. Il sait faire la part des choses. En tant que pape, on doit tout prendre le cœur ouvert, en tant que personne il ne lui appartiendrait pas de le faire.

Que lui souhaitez-vous pour l'avenir ?

Je souhaite de tout cœur à mon frère d'être autant que possible épargné par les problèmes de santé et de pouvoir accomplir correctement et sans entrave son office de successeur de Pierre. Et puis je lui souhaite qu'un jour, « de l'autre côté », là où nous devons tous passer notre « *ex-amen* », il réussisse son examen à lui devant le portier du ciel, et que tout finisse bien. Mais de cela, je ne doute pas.

Après tout, toute sa vie durant, il a commencé par demander ce qu'était la volonté de Dieu, puis il a mis tout son cœur à s'efforcer de Le suivre là où Il le menait.

Remerciements

Je remercie tous ceux qui ont permis la parution de cet important témoignage sur la vie du pape Benoît XVI. J'adresse avant tout mes profonds remerciements au prélat Georg Ratzinger. Au cours des neuf mois qui se sont écoulés entre notre première rencontre et la parution de ce livre, j'ai constamment pu éprouver sa modestie, son amabilité et sa bonté d'âme. J'ai ressenti chacune de nos rencontres comme un cadeau. Je remercie aussi de tout cœur Mgr Georg Gänswein, secrétaire personnel de Sa Sainteté, le Pape, pour sa rapide relecture de mon manuscrit et ses idées précieuses.

Ce projet n'aurait jamais vu le jour sans Roswitha Biersack, de « Deutschland pro Papa », et son assistance spontanée. Elle a accompagné tous nos entretiens, les a transcrits, et a relu les manuscrits. Je lui adresse un très chaleureux « Dieu vous le rendra ! ». Mes remerciements vont aussi, bien entendu, à Mme Sabine Beschmann qui, en l'une des heures les plus difficiles qu'ait connues l'Église catholique en Allemagne, a fait naître l'association « Deutschland pro Papa », porte-voix et alliance active de tous les catholiques fidèles à Rome.

Je remercie tout particulièrement Son Excellence Mgr Gerhard Ludwig Müller, évêque de Ratisbonne, qui a en quelque sorte été notre hôte, mais aussi les organisateurs des célébrations du jubilé sacerdotal de diamant du Saint-Père à Freising, le 18 juin 2011, et notamment le Pr Rudolf Voderholzer, de l'« Institut Papst Benedikt XVI. ». Merci également à Son Altesse Sérénissime la princesse Gloria von Thurn und Taxis pour l'intermède rafraîchissant le jour de notre première interview. Je remercie également mes amis et soutiens à Rome, dont Fr. Louis Thevalakara, Arturo Mari, Francesco Sforza et les collaborateurs du « Servizio Fotografico O.R. », mon collègue Paul Badde, Guido Horst, Michaela Koller, Benjamin Greschner, Peter Seewald et Roland Noé.

J'ai reçu, pour la constitution de l'iconographie, l'aide du Pr Rupert Berger, de Traunstein, ordonné la même année que Joseph et Georg Ratzinger, de l'archiviste de la ville de Traunstein, Franz Haselbeck, de Guido Treffler, des Archives épiscopales de Munich ; du chercheur régional et biographe du pape Johann Nussbaum, de Rimsting ; des aimables collaboratrices de la Maison du Pape à Marktl-sur-l'Inn et de Mme Kathi Stimmer-Salzeder, chercheuse régionale et musicienne d'église à Aschau. Je remercie également Irmgard et Peter Huber, les habitants de la maison du pape à Aschau, pour leur hospitalité et leur assistance, Mme Kalweit, de Ratisbonne, pour ses précieux renseignements, et le « peintre du pape », Walter Andreas Angerer le Jeune, pour la rencontre inspirante que nous avons eue à Traunstein.

Mes remerciements tout particuliers vont à Mme Agnes Heindl, la gouvernante de M. le *Domkapellmeister*, pour son hospitalité et sa cordialité revigorante — y compris de la part de ma « fille chien », Lucy, qui a eu du mal à se séparer de sa cuisine. J'adresse mes remerciements personnels à ma fiancée, Yuliya, qui a dû se passer de moi pendant les semaines que j'ai vécues en Bavière, pour sa compréhension et son inspiration constante. Et je n'oublie naturellement pas ma mère, Renate Hesemann, ma tante Angelika Puls, ma tante Ursula Niedermeier, sa fille Christa Becker et son petit-fils si créatif, Christian Becker.

Last but certainly not least, je remercie mon éditrice, Mme Brigitte Fleissner-Mikorey, pour son enthousiasme spontané, sa confiance dans ce projet et les circonstances particulières de sa mise en œuvre, ma directrice d'ouvrage, Mme le Dr Iris Forster, Mme Anja Volkmer pour son excellent travail auprès de la presse, et toute l'équipe des éditions Herbig.

À tous ceux que je ne peux citer ici, mais qui ont apporté, d'une manière ou d'une autre, leur contribution à la naissance de ce livre, un grand « Dieu vous le rendra ! »

Puisse cet ouvrage contribuer à ce que d'autres découvrent aussi le projet de Dieu pour leur existence !

Bibliographie

Asenkerschbaumer, Dionys, Helm, Winfried et Raischl, Ludwig, *Geburtshaus Papst Benedikt XVI. Marktl am Inn*, Marktl, 2009

Benoît XVI et Seewald, Peter, *Lumière du monde*, traduit de l'allemand par Nicole Casanova et Olivier Mannoni, Paris, Bayard, 2010

Birkenseer, Karl, *Papst Benedikt XVI. in Regensburg*, Ratisbonne, 2006

Borghese, Alessandra, *In the Footsteps of Joseph Ratzinger*, Londres, 2008

Hamberger, Joachim, *Papst Benedikt XVI. in Freising*, Freising, 2007

Hesemann, Michael, *Hitlers Religion*, Munich, 2004

Id., *Der Papst, der Hitler trotzte*, Augsbourg, 2008

Id. et Tkachova, Yuliya, *Benedetto ! Benedikt XVI. — Die Kirche ist jung*, Munich, 2005

Just, Barbara et Hammann, Jörg, *Mein Herz schlägt bayrisch*, Munich, 2006

KIRCHINGER, Johann et SCHÜTZ, Ernst (éd.), *Georg Ratzinger (1844-1899). Ein Leben zwischen Politik, Geschichte und Seelsorge*, Ratisbonne, 2008

KOPP, Matthias, MARI, Arturo et RING-EIFEL, Ludwig, *Der Papst in Bayern*, Fribourg, 2006

LÄPPLE, Alfred, *Benedikt XVI. und seine Wurzeln*, Augsbourg, 2006

LAUBE, Volker, *Das Erzbischöfliche Studienseminar St. Michael in Traunstein und sein Archiv*, Ratisbonne, 2006

MAI, Klaus, *Benoît XVI,* Bergisch Gladbach, 2005

NUSSBAUM, Johann, *« Poetisch und herzensgut ». Die Spuren des Papstes und seiner Familie in Rimsting*, Rimsting, 2006

Id., « Ich werde mal Kardinal ». Wurzeln, Kindheit und Jugend von Papst Benedikt XVI., Rimsting, 2010

PFISTER, Peter (éd.), *Joseph Ratzinger und das Erzbistum München und Freising*, Ratisbonne, 2006

Id. : Geliebte Heimat. Papst Benedikt XVI. und das Erzbistum München und Freising, Munich, 2011

RATZINGER, Joseph, *La Foi chrétienne hier et aujourd'hui,* traduit de l'allemand par E. Ginder et P. Schouver, Paris, Cerf, 2005

Id., Ma vie : souvenirs, 1927-1977, traduit de l'allemand par Martine Huguet, Paris, Fayard, 1998

Id. et SEEWALD, Peter, *Le sel de la terre : le christianisme et l'Église catholique au seuil du IIIe millénaire : entretiens avec Peter Seewald*, traduit de l'allemand par Nicole Casanova, Paris, Flammarion, 2005

Id., *Voici quel est notre Dieu : croire et vivre aujourd'hui : conversation avec Peter Seewald*, traduit de l'allemand par Joseph Burckel, Paris, Mame, 2005

SALZEDER, Kathi, *Joseph Ratzinger — Papst Benedikt XVI. Kinderjahre in Aschau am Inn (1932-1937)*, Aschau, 2006

SEEWALD, Peter, *Benedikt XVI. Ein Porträt aus der Nähe*, Berlin, 2005

Id. (éd.), *Benedikt XVI. Leben und Auftrag*, Augsbourg, 2006

VODERHOLZER, Rudolf, SCHALLER, Christian et HEIBL, Franz-Xaver (éd), *Mitteilungen Institut Benedikt XVI.*, Années 1-3, Ratisbonne, 2008-2010

ZUBER, Anton, *Der Bruder des Papstes. Georg Ratzinger und die Regensburger Domspatzen*, Fribourg, 2007

Crédits photographiques

Archives Johann Nussbaum, Rimsting : 21, 34
Anton Messerer, Rickering : 25
Archives Michael Hesemann, Düsseldorf : 40, 47, 71
Wilma Jetzfellner, Chieming : 65
Irene Walter, Munich : 79, 103
Archives Papsthaus Marktl : 80
Archives Kathi Stimmer-Salzeder / Gemeinde Aschau : 82, 99, 102
Josef Strehhuber, Steinhöring : 113
Archives de la ville de Traunstein : 123, 179, 208
Peter Freiwang, Rosenheim : 147
Archiv Georg Ratzinger : 156, 158, 235, 241
Erzbischöfliches Archiv (Archives épiscopales) de Munich : 197, 202, 258
Album de prémices du Dr Rupert Berger aux Archives de la ville de Traunstein : 200 (Oswald Kettenberger, Traunstein), 205 (Gustl Tögl, Munich)
Ullstein Bild — Breuel-Bild, Berlin : 286
Servizio Fotografico de L'Osservatore Romano, Cité du Vatican : 290, 294

Cahier couleurs
Archives Georg Ratzinger : 1-3
Servizio Fotografico de L'Osservatore Romano, Cité du Vatican : 4-8

Table des matières

Composé par Nord Compo Multimédia
7, rue de Fives, 59650 Villeneuve-d'Ascq

Achevé d'imprimer en France en octobre 2011
par Normandie Roto Impression s. a. s. à Lonrai
Dépôt légal : octobre 2011. — N° d'impression : 113619